spot

context is all

SPOT 8
**留下我悲傷的故事：蓮娜・穆希娜圍城日記**
*Блокадный дневник Лена Мухиной*



作者：Lena Mukhina（蓮娜・穆希娜）
譯者：江杰翰
責任編輯：冼懿穎
美術編輯：BEATNIKS
封面設計： 三人制創
校對：呂佳真

法律顧問：全理法律事務所董安丹律師
出版者：英屬蓋曼群島商網路與書股份有限公司台灣分公司
發行：大塊文化出版股份有限公司
台北市10550南京東路四段25號11樓
www.locuspublishing.com
TEL：（02）8712-3898　FAX：（02）8712-3897
讀者服務專線：0800-006689
郵撥帳號：18955675　戶名：大塊文化出版股份有限公司

總經銷：大和書報圖書股份有限公司
地址：新北市新莊區五工五路2號
TEL：（02）8990-2588　FAX：（02）2290-1658
製版：瑞豐實業股份有限公司

初版一刷：2014年5月
定價：新台幣 480 元
ISBN：978-986-6841-54-5

Printed in Taiwan

# Блокадный дневник Лены Мухиной

# 留下我悲傷的故事……。

## 蓮娜・穆希娜圍城日記

蓮娜・穆希娜 著——江杰翰 譯

# 前言　圍城嚴冬

В．М．柯瓦丘克（Ковальчук）
А．И．盧帕索夫（Рупасов）
А．Н．奇斯契科夫（Чистиков）1

圍城！列寧格勒（Ленинград，今日的聖彼得堡〔Санкт-Петербург〕）歷史上再也沒有更恐怖的歲月了。一九四一年六月二十二日，法西斯德軍進攻蘇聯（СССР）的那個夏日，列寧格勒居民怎麼也沒預料到，再過不到半年，地獄便會降臨……

十六歲的列寧格勒女學生蓮娜．穆希娜（Лена Мухина）的日記，奇蹟似地自那可怕的時日保存下來，當中描述最後一段平靜的日子和大戰初期面臨戰爭迫近的城市，以及平和、手無寸鐵卻長時間飽受戰火煎熬的居民。日記裡不但可見撼動人心的坦率與孩童的純真，更能讀到成熟的練達。作者的天分無庸置疑——不曾間斷的緊張氛圍攫住讀者，令人不忍釋卷，一口氣讀完。這本日記引領我們共同感受作

者的遭遇，體會平凡的市井小民、「小人物」的人生悲劇與英勇氣節——他們維繫國家的存亡，和偉人們一同寫下歷史。

首先，讓我們簡明扼要地談談戰爭第一年——包括一九四一至四二年的冬天，也就是圍城中最可怕的「死亡時期」——列寧格勒及其居民的故事。這樣的歷史背景讓我們得以更清楚地了解蓮娜．穆希娜和她的同學、親友所經歷的許多事件。

城市的面貌在戰爭的最初幾天就已經變了樣。短短幾周內，列寧格勒遍布敵軍轟炸時用以掩蔽的塹壕與溝道網絡，軍人和民眾裝有防毒面罩的袋子格外引人注目。商家店鋪的櫥窗和許多雕像都以木質擋板或沙袋堆垛保護，公寓和機關場所的門窗玻璃糊上了白色或藍色的交叉紙帶，著名的克洛德馬塑像2也離開基座，躲進先鋒宮（Дворца пионеров）的花園裡避難。商店和儲蓄所的隊伍、軍事委員會動員和志願者的行列以及火車站疏散撤離的人群——一開始，這座城市彷彿驚惶不安的蟻丘。

當戰爭在遠方展開，向列寧格勒進擊，包括蓮娜．穆希娜在內，約有五十萬名列寧格勒居民不只一次來到西部區域建築防禦工事。一九四一年九月初，在蘇軍的頑強抵抗下，威廉．馮．里布（Вильгельм фон Лееб）元帥率領的北方集團軍

（Север），依舊成功地由南方和西南方突破這座涅瓦河（Нева）上的城市。九月八日，德軍與自北路進擊的芬蘭軍隊共同包圍了列寧格勒，超過二百五十萬人難逃厄運，緩慢地步向死亡。拉多加湖（Ладожское озеро）成了圍城與大陸的唯一聯繫——歷史上的冰上道路（Ледовая дорога），日後被稱為圍城列寧格勒的「生命之路」（Дорога жизни）。

九月五日希特勒表示，「今後列寧格勒是次要的戰場。」意味著將不會施以極大的武力攻佔這座城市。德國海軍司令於九月二十九日發布的指示「關於彼得堡的未來」（О будущности города Петербурга）中，預先決定了列寧格勒的傾頹：「建議嚴密封鎖列寧格勒，以全口徑火砲射擊和不間斷的空襲轟炸將其夷為平地。若因為城裡的情況而引發投降的請求，則將予以拒絕，因為居民生存和飲食的問題不能、也不該由我方解決。在這場戰爭中……保留這座大城裡即便是一部分居民的性命，對我方而言，一點利益也沒有。」

但列寧格勒當局依舊擔心德軍突破防守，進入這座城市，因此擬定了「Д計畫」（План Д）：一旦面臨德軍直接佔領的威脅，即破壞五萬八千五百一十座設施。除此之外，布爾什維克黨市委會建立了黨的地下組織，以計畫對侵略者的抵抗，防範

德軍佔領列寧格勒。

列寧格勒人並沒有立刻發現城市陷入包圍。德軍部隊兵臨城市南郊已經是公開的祕密——用不著敏銳的觀察力也能察覺。問題在於——芬蘭軍隊在距離城市北緣三、四十公里處停滯下來，而且並未部署長程火砲。相較之下，面臨砲擊的列寧格勒北方區域比南部及市中心要危險得多，因此市民無法確信列寧格勒已經遭到包圍。直到十一月初，當存糧幾乎消耗殆盡，當局才終於向列寧格勒人透露真相。

沒有人知道這座城市將被圍困八百七十二個晝夜，但列寧格勒人早在九月就已經清楚地感覺到戰爭逼近的氣氛。每日，平靜的街坊遭受轟炸與砲擊，市民被迫一天數次、長時間的待在避難所裡。最初人們對首批遭到摧毀區域的好奇很快地轉變成對轟炸和砲擊的恐懼，接著，在飢寒交迫之下，又被冷漠無感的心理取代。漆黑一片的天氣令人高興，晴天和明月高照的夜晚則因為助長了德軍轟炸的機會而教人討厭。然而，壞天氣並未能拯救城市免於砲擊——在圍城前六個多月裡，僅有三十二天砲彈未在街上爆炸。

飢荒席捲列寧格勒。七月起實施糧食配給制度，一九四一年九至十一月間，麵包的發配額度五次下修。十一月二十日，兒童、受撫養者和職員的配額不幸下探

一百二十五克——這是著名的「圍城配額」，而勞工與工程技術人員則是二百五十克。肉食、油類、糖和其他食物的配給額度也急遽銳減。夏日和初秋的生活成了遙不可及的回憶——曾經，商店與食堂開門營業，無需糧票就能購買一般店鋪裡貨架上的食物。

對許多人而言，就連取得額度內的食物也並非易事。夜裡人們就在商店佔位排隊，但有時送來的麵包只夠滿足上百人的隊伍中幸運排在前頭的二、三十個人。何況，那算是什麼麵包！其中混雜了麩皮、油渣、全麥麵粉、纖維……有時添加物的分量甚至高達百分之四十。列寧格勒人的餐桌上出現了新的食物：包心菜外層的菜葉和榨碎的大豆油粕——戰爭爆發以前，它們是餵養牲畜的飼料。人們開始食用渡鴉、鴿子和貓犬，將木工膠煮成凝凍，把松子煎成餅。一間工廠曾經嘗試以工業中用來代替黏膠的澱粉製品——糊精——生產白麵包，但出爐的麵包和甜餅卻會黏牙。人們終究還是找到了方法：將一湯匙像是碎穀物般細散的糊精放進嘴裡，配水吞下，問題就都解決了……

飢荒迫使部分的居民不得不食屍和食人。屍體柔軟的部分被切下食用或在黑市販賣。食人者不只殺害陌生人，有時就連親人和自己的孩子都成為犧牲品。食人行

為被列為犯罪項目，而且執法非常嚴格：自一九四一年冬天至一九四二年終，列寧格勒與列寧格勒州計有近二千人因此項罪行遭到逮捕。日後居民糧食供給的狀況顯著改善，食人和食屍的現象才終於消失。

虛弱衰竭和隨之引起的營養不良造成非常可怕的後果。「面容、臉型都改變了，人就像是行屍走肉，大家都差不多，屍體則是慘不忍睹。」一位歷經圍城歲月的列寧格勒人回憶道：「蠟黃的面容恐怖極了，還有明顯呆滯的眼神。不像是手腳疼痛的折磨，而是全身都在衰敗，精神狀態經常陷入混亂。蠟黃的臉、呆滯的眼神，幾乎連聲音都喪失了，從聲音根本無法分辨是男是女，全是顫抖的聲音，人——失去了年齡和性別。」

死亡隨處可見。自一九四一年十二月六日至十三日的一周內，僅僅在街上就有八百四十一具屍體。一九四二年一月列寧格勒有十萬一千五百八十三人死去，二月——十萬七千四百七十七人，三月——九萬八千九百六十六人，四月——七萬九千七百六十九人。在這幾個月裡，平均每一個小時便有一百一十至一百六十人死亡。安葬成了難題，一九四二年二月的某些日子，光是在皮斯卡廖夫墓園（Пискаревском кладбище）便累積了約二萬至二萬五千具未下葬的遺體。沿著

道路，屍堆綿延一百八十至二百公尺，高度達二公尺。為了改善這樣的情況，當局下令在伊若爾斯克磚廠（Ижорский кирпичный завод）和第一磚廠（Первый кирпичный завод）的窯爐內火化部分的屍體。

許多列寧格勒人都記得一九四一年十二月二十五日。「太好了，太好了！」蓮娜．穆希娜以這樣的字句開始日記中的記事。這天起居民糧票的麵包配額增加了七十五至一百克。但單憑一份配糧根本不可能生存，市民千方百計尋求額外的糧食：購買、用貴重物品或雜物交易、以血換取，或從來自俄國大陸或前線的親人手中獲得食物，抑或在當局下令設立的醫務站裡休養力氣。有的人以偷竊維生，還有人試圖使用偽造的糧票……「吃得多一些的存活下來，吃得少的──死去。」一位「圍城人」說出這樣簡單卻準確的道理。

也有人提到，「飢餓和寒冷──這就是圍城的心理感受。」這年的冬天來得又早又嚴寒，第一場雪在十月中就已經降臨列寧格勒的街道。城市遭到圍困的消息令人驚惶，人們擔心屋內的暖氣將會停止，畢竟列寧格勒一向依賴柴薪和木炭的輸運，如今卻是完全無法指望了。當局一聲令下，木造的房屋、圍欄、小亭子和體育場裡的看台都成了燃料，但早在初冬中央的供暖系統便已停止運作，住戶只好在屋內搭

起自製的臨時暖爐，能生火的都成了燃料——家具、書本、架子和廢棄房屋的地板和門板。

在供暖系統斷線後，自來水管和下水道跟著停止運作，澡堂和理髮店也只好關門。市民告別往日的整潔，再無心思和力氣去注意個人衛生，洗衣服成了耗費天大精力的苦差事。廢棄的房間和建築、烏黑的階梯都成了廁所。在某些庭院裡的確設有收集穢物的土坑或大箱子，然而並不是所有的住戶都有力氣或意願辛苦地走到那裡。

自十一月中列寧格勒陷入一片漆黑。只有特定的機構可以使用電燈，住屋值日室裡獲准點亮強度最微弱的燈泡。在窗戶為了保暖而掛上簾布、牆壁因酷寒而結霜的房間裡，燈泡、小油燈和其他燈具暗淡的燈光怯生生地閃爍著。

播音器裡節拍器規律而不曾中斷的敲擊聲、來自前線斷斷續續的戰情通報、列寧格勒廣播電台的節目、空襲警報、砲彈爆炸的聲音和遠方的砲響打破一片死寂。

一九四一至四二年冬季，這座城市又變了樣。街上覆蓋著不尋常的潔淨白雪——數百間輕重工廠皆已疏散或停工；停止供電之後，數十列有軌電車和無軌電車的車廂滯留在各自的軌道上，冰封凍結；列寧格勒人佝僂的身影在街道、河流和運河上刻出一道道蜿蜒曲折的路徑。

強烈的絕望讓許多人覺得奮鬥求生毫無意義。人們變得冷漠無感，甚至連失去至親都不再是巨大的傷痛。但大多數人依舊渴望生存——這樣的希望成為驚人的動力，在部分人身上喚起機敏和最高尚的道德素質，另一些人則準備好為了自己而犧牲他人——有時甚至是自己的親人。不過大多數的列寧格勒人仍未喪失人性。

不可思議地，即使面臨極其艱困惡劣的環境，勞工仍持續維修武器，部分學生依舊讀書上學，醫院照常服務……蓮娜·穆希娜和同學們一起參加了新年慶典。似乎所有身處圍城之中的學生都記住了節慶中耶誕樹旁的舞蹈、各式各樣的表演，和——最重要的——餐會。精神生活也並未完全停擺：即使是一九四二年的一月初，在列寧格勒依舊播映藝術電影和紀錄片，節目也在劇院的舞台上演出……

蓮娜·穆希娜計畫在晚春離開列寧格勒。那時候人們憑藉著自己的力量，清除了城裡的屍體和髒污，拯救城市免於無法避免的瘟疫——列寧格勒已經脫離險境，宛若重生。有軌電車恢復行駛，公園和花圃搖身一變成了菜園。熬過冬天、存活下來的男孩們已經敢出門踢足球，甚至有人把握晴朗的好天氣曬黑了皮膚。人們提到，女士們已經盡可能打扮得雅致漂亮。並非所有人都渴望離開列寧格勒，對他們來說，最可怕的已經過去了，因此有些人甚至是被迫撤離這座城市。然而，戰爭依舊近在

咫尺——城市周遭圍繞著防禦工事，人們擔心突來的襲擊，儲備燃料，不忘第一個圍城冬天的教訓。火砲持續射擊，轟炸再起，又帶走數百名平民百姓的生命。

距離突破圍困還有漫長的八個月，而鳴放禮砲慶祝列寧格勒完全解除圍城狀態，則是一年又八個月之後的事了。

圍城究竟奪走了多少人的性命？誰也無法計算清楚。大多數歷史學者認為，死亡人數超過八十萬人。

1 譯註：В．М．柯瓦丘克（一九一六—二〇一三）為著名歷史學家、歷史學博士，俄羅斯科學院聖彼得堡歷史研究所（Санкт-Петербургский институт истории Российской академии наук）主任研究員，列寧格勒圍城史專家；А．И．盧帕索夫——歷史學博士，俄羅斯科學院聖彼得堡歷史研究所俄國現代史部門主研究員；А．Н．奇斯契科夫——歷史學博士，俄羅斯科學院聖彼得堡歷史研究所俄國現代史部門主任。

2 譯註：指阿尼奇科夫橋（Аничков мост）上的馭馬雕塑，十九世紀俄國藝術家彼得・卡爾洛維奇・克洛德（Петр Карлович Клодт）作品。

26

22 июня 1941

В 12 часов 15
на слышали
тов. Молот
~~ела~~
Он сообщил
в 4 часа
войска
ния войны
наступлени
Западной
самолеты
Киев, Жит
Каунас к

# 目次

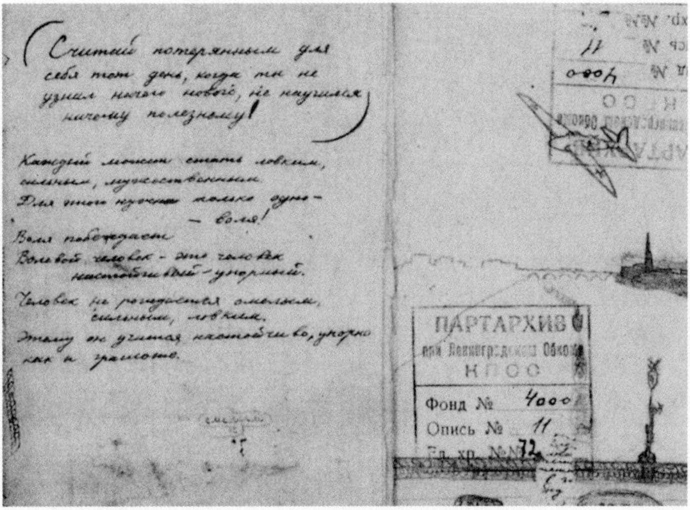
(Считай потерянным для себя тот день, когда ты не узнал ничего нового, не научился ничему полезному!)

Каждый может стать ловким, сильным, мужественным. Для этого нужно только одно — воля!

Воля побеждает

Волевой человек — это человек настойчивый — упорный.

Человек не рождается смелым, сильным, ловким. Этому он учится настойчиво, упорно как и грамоте.

ПАРТАРХИВ при Ленинградском Обкоме КПСС

Фонд № 4000

Опись № 11

Ед. хр. № 72

本書中日記作者明顯的筆誤已經過修正，不另外加註。原文的用詞和風格特色予以保留，標點符號大致按照現代中文的要求。手稿簡寫、缺略的詞句補充於方括號中，模糊無法辨識處以「＊」標示，語意不明的字詞則加附註解。

若沒有學會任何新的、有益的事物，你便是浪費了這一天！

只要下定決心，人人都能變得機靈、堅強、剛毅。

意志力戰勝一切。

意志堅定的人是頑強、不屈不撓的人。

人並非生而勇敢、堅強、機靈，

為此，必須堅持不懈地學習，就像識字讀書一樣。

蓮娜・穆希娜

一九四一年五月二十二日──一九四二年五月二十五日

# 今天是五月二十二日

整夜都在讀文學，清晨五點才睡。今天早上十點起床，繼續硬背討厭的文學，直到十二點四十五分出門去學校。

我在門口看見艾瑪、塔瑪拉、羅莎和米夏．伊利亞雪夫，全都已經通過考試，看起來開心極了。他們祝我們好運。我和柳夏．卡爾波娃與沃瓦打招呼。上課鐘聲還沒響，我們在大廳裡等候。除了沃夫卡．科里亞契卡，男生們都在我們這一組。我問沃瓦來不來得及複習所有的內容，他說沒能全部讀完。我還想再多說些什麼，但他跑去找其他男孩了。

鈴聲響起，我們沿著階梯上樓，走進教室。大家都緊張兮兮，而我卻很平靜，

因為我非常肯定自己絕對不可能通過考試——作者的生平、日期全都混淆在一起，除此之外，有些部分甚至還沒看完。坦白說，比起為自己，我為別人擔心的還多一些。

我和柳夏在倒數第二張課桌坐下，我們前面坐著廖尼亞、楊尼亞，中間則是沃夫卡[1]。開始點名了。我的心思不在考試上，而是想著沃夫卡——並不是為他擔心，我甚至希望他不及格——不，我是想和他交往，與他說話，感覺他停留在我身上的目光，盡可能地跟他親近。如果沒能通過考試，他會變得憂愁、抑鬱，我好喜歡看他這樣。當他憂鬱的時候，我覺得他離我很近，好想把手放在他的肩膀上，安慰他，讓他看著我的雙眼，溫柔地、感激地微笑。而此刻，他就離我這麼近，稍微伸出手，便能觸碰到他擱在我們桌上的手肘。但不，我不能這麼做，他離我好遠，坐在後面的女孩們會察覺我的動作。他的身旁還坐著同伴們，他們會發現，那可就不好了。怎麼不好？我自己也不知道。我坐著，手撐著頭，讓誰都看不到我正注視著沃瓦。不，不是注視，只是單純地望著他。光是看著他的背、他的頭髮、耳朵、鼻子和臉上的表情，就能帶給我快樂和很大的滿足。沃瓦側著身子坐著，看著正在回答問題的季姆卡[2]，不時和楊尼亞、廖尼亞交談。至少看我一眼吧，為什麼和他們說話、使眼色，卻待我像是個不存在的人呢？不過，我又怎麼能跟他們比？沃瓦不是女孩，

我也不是男生。我哪能例外呢？畢竟他也從來不多看其他女孩一眼。我一失神，在桌上趴了一會兒，而當我再次望向他——不，我辦不到。我在害怕什麼呢？他，親愛的沃夫卡，就像在劇院那時候一樣，穿著同一套西裝，臉上掛著一樣的微笑。我的膽怯消失無蹤，我知道，他就是我的最愛，我這樣想，一點也不覺得難為情。我拿來柳夏抄有文學課重點的筆記本，並在封面上寫下：「祝你通過考試拿五分[3]。」然後碰了一下他的手肘，將我所寫的往前挪給他看。他馬上轉過身來，非常開心地、燦爛地笑了，也祝福我考試順利。我含糊地說了些什麼，然後搖搖頭，想要告訴他，我肯定會不及格。

接著輪到我了。我在第二張課桌前坐下，連一眼都沒回頭看同學，所以沒有見到沃夫卡，也不知道他對我的命運感不感興趣。我坐在位子上，知道自己身後坐著尚未被點到名的同學，還有沃夫卡。真希望那時候沃瓦也能想著我，為我擔心。或許吧，我還真不知道。不久之後叫到他，他坐到我前面的位子。

我拿到很可怕的考題。第一題和第二題我都不會，所以決定稍候片刻，換一份題目，不然也沒有其他辦法了。沃瓦坐在位子上，屈著身子，想必是非常緊張，把才寫滿的紙張撕碎、握在手裡，然後撥亂自己的頭髮，思考了一會兒，又再動筆作

答。他兩、三次轉過頭來，其中一次我們的眼神交會了，他無助地看著我，我則疑問地望著他。會答嗎？他意味不明地搖搖頭，然後又開始振筆直書……

我換了題目，瞥了一眼，立刻明白自己還有機會。

一、普希金[4]詩歌的主題

二、感傷主義

三、《當代英雄》[5]的結構

第二題我很熟悉，第三題也是，第一題還需要再想想，不過我知道，文學這科考試是過了。沃瓦已經準備好，他坐在課桌的邊緣，頻頻回頭張望。我非常努力地回想普希金的詩，沒有看他，但還是見到他正在為我操心。他肯定知道我拿了第二份題目，而且看到了我沮喪的樣子。這就是最糟糕的地方——每當如我所願，有人注意到我，我便會盡可能地讓自己不被發現，因為我害怕身旁的人們會察覺到一些什麼。真是愚蠢，不是嗎？但就是如此。沃瓦看著我的眼睛（在說話的時候，他總是直視對方的雙眼，這是我一直無法辦到的），問我會不會答。我肯定地點頭，他這才放下心來。

接著，他在格利什卡[6]之後回答問題。他答題精確、清楚而且快速，不必答完，

也沒有被問到額外的問題就通過了考試。然後輪到我了。沃瓦離開教室，我只得忘了他，不知道他究竟是關心我，在門外看我答題的狀況，還是一高興就忘了我，找朋友們去了。畢竟他也不是時時刻刻都想著我。

於是，感覺像是重擔從肩上卸下，兩科考試結束了。

今天一整天我都無所事事，心情平靜了下來。還有三天，還來得及。像往常一樣，我一旦稍微放鬆就很難收心，一天的時間就這樣不知不覺地過去。聽了廣播《德國民謠》（Немецкие баллады）。我非常喜歡民謠，節目結束之後，一口氣讀完了普希金所有的民謠作品。幸好，這個世界上沒有污穢不潔的鬼魂，不然我們的日子可就難過了。

現在已經將近十點了，而我答應媽媽九點就要上床睡覺。她隨時有可能過來，一旦發現我沒有遵守承諾，那可真沒面子，簡直是太慚愧了，但我寫得正起勁，欲罷不能，實在沒辦法結束。

現在我決定要更詳實地寫日記，以後讀起來應該也會覺得有趣吧。天啊，阿卡[7]進房間來了，而我還沒上床睡覺。「你保證過的，該睡了[8]。」「好，好，好，」我說，「馬上。」然後繼續寫（阿卡走出房間了）。我想要將自己所有的感受都寫進日記

裡——所有的，所有的，就像畢巧林[9]一樣。讀他的日記是一件多麼有趣的事啊。不過我犯了個錯誤，我寫在媽媽的記事本上。她可能會生氣，但算了，我再想辦法說服她吧，也是時候了，該把東西都放回原位。

1 譯註：沃瓦、沃夫卡皆為瓦洛加的暱稱。

2 譯註：季姆卡、季馬皆為迪米特里的暱稱。

3 譯註：俄羅斯傳統的評分制度為五分制——三分及格，五分為滿分。

4 譯註：A·C·普希金（Пушкин，一七九九—一八三七）為十九世紀俄國作家，被譽為俄羅斯詩歌的太陽。

5 譯註：長篇小說《當代英雄》（*Герой нашего времени*，一八四〇）為十九世紀俄國作家M·Ю·萊蒙托夫（*Лермонтов*，一八一四—一八四一）的代表作品之一。

6 譯註：格利什卡、格利沙皆為格利高里的暱稱。

7 阿卡（Ака）——羅莎莉亞·卡爾洛夫娜（阿莎莉亞·康斯坦丁諾夫娜）·克倫姆斯—史特勞斯（Розалия Карловна [Азалия Константиновна] Крумс-Штраус，一八六六—一九四二）。根據家族裡流傳的說法，羅莎莉亞·卡爾洛夫娜為英國裔，一九一七年革命之前在俄羅斯地主家庭擔任教師。一九三〇年代她和蓮娜·穆希娜與「蓮娜媽媽」住在城郊大街（Загородный проспект）二十六號之六的同一個房間裡。

8 手稿此處語意不清。

9 譯註：畢巧林（Печорин）為萊蒙托夫小說《當代英雄》的主角，小說中部分的章節以畢巧林日記的形式呈現。

## 23／V

糟了！沒人叫我起床。我十點鐘才醒來，又沒做早操。聽了兒童廣播節目《亞孟森的少年時代》（*Юность Амунсона*）[1]。他是多麼堅毅的一個人，只要立定目標，便一定達到。假如我是男生，一定會向他看齊。但我從來沒有讀到過有這樣自我要求的女生，而我又不敢當第一個。

我多麼希望，沃瓦可以夢想成為極地探險家、勘測者或是登山員，但他似乎對此並不感興趣，不想在冰川裂隙裡「傷」透腦筋。不過還是應該問問他。什麼時候問呢？或許我該去度假小屋拜訪他，討論九年級的事情、他的未來，還有我的——當然，如果他願意和我聊聊的話。也許我誤會了，他根本不喜歡我。不，不可能，

他還是喜歡我的，哪怕只有那麼一點點。

嗯，該讀書了。背德文。

已經晚上十點了，回來繼續寫。我去了柳夏・卡爾波娃的家，知道了考試成績。沃瓦、格利沙、米夏・伊利亞雪夫、廖瓦、廖尼亞、楊尼亞、艾瑪、塔瑪拉、柳夏、貝芭、卓雅和羅莎拿了五分。季姆卡、米夏・茨普金還有一些同學——四分。其他的則是三分：基拉、我、柳夏、莉妲・克列門季耶娃、莉妲・索洛夫耶娃、亞夏・巴爾干……

白天我沒做什麼事，晚上才開始好好讀書，熟讀了四個章節。今天我和柳夏去小花園[2]散步，人很多，像螞蟻窩一樣。維卡不在那裡。

我依舊覺得空虛，像是缺少了什麼。即使和柳夏去散步，去她家裡，一切還是不如我想的那樣。不，柳夏無法滿足我，但我也不知道該找誰了。這樣的感覺在當下準備考試的時候尤其強烈。我偏好兩個人一起溫習，特別是德文這一科，柳夏卻想自己念。她和我根本不合拍，這我早就知道了。好嫉妒班上的其他同學，艾瑪和塔瑪拉，羅莎和貝芭，柳夏也和別人一起準備考試。其他女孩全都安排好了，男生也都一直彼此保持聯絡。想獨處的時候，沃夫卡就自己讀書，當他厭煩了一個人，

同伴們馬上就圍繞在他身旁。不只是沃夫卡，他們全都如此。而我則是徹徹底底孤獨一人，沒有朋友——男生、女生都沒有。

有時候媽媽會安撫我，要我親她，但我總是悶悶不樂，因為腦袋裡全是不開心的想法。好想痛哭一場，或是放聲大叫。表面上我能克制自己，但內心實在沒有辦法，始終感覺到一種缺憾。當媽媽不在家時，我希望她回來，但她在家的時候，我又不想看到她，不想聽到她的聲音。她們讓我厭煩，媽媽和阿卡都是。

我想要新的面孔、新的遭遇——新的，任何新的事物，但沒有，而我無可奈何。我想要立刻出發，逃去一個遙遠的地方，如此一來，便不用看見任何人，不用聽見他們的聲音——任何人。不，我要去找關愛我的、知心的好友，向她訴說我的哀愁——所有、所有的哀愁，這樣一來我應該會覺得好一些。

但我如此寂寞，身邊一個人也沒有，這一切又該向誰訴說？告訴媽媽，她會親我、安撫我，然後說：「那又該怎麼辦呢？」她以為我沒有朋友，是因為我比較優秀，大家都不如我。真傻，她不明白的太多、太多了。我是如此平凡，和其他人沒有兩樣。不過是我的腦袋裡有比較多的想法罷了，但那不是優勢，而是缺點。不停地思考，更重要的是，踏出的每一步我都仔細地分析、考慮——這難道不是缺點嗎？

如果我能想得稍微少一些，便能快樂一些，日子也能過得輕鬆一點。

唉，該睡了。

1 指羅爾德·亞孟森（Руаль Амундсен，一八七二—一九二八）——挪威極地探險家與勘測者，於一九〇三至一九〇六年，首次穿越西北航道（Северо-Западный проход），自格陵蘭航行至阿拉斯加，並於一九一一年十二月率先抵達南極。

2 指位於穆希娜居住的城郊大街二十六號對面、十五和十七號之間的小公園。

# 五月二十八日

考了德文，一切順利。我們有十三個人拿了五分，沃瓦得到四分。不知道是怎麼回事，他拿到很簡單的題目，卻答得勉強及格而已。明天要考代數。很快，很快我就自由了，我有好多的計畫。

今年夏天我們不會去度假小屋。沒有錢，不過也沒有必要，這樣反而更好，我已經好久不曾在城市裡度過夏天。我一定要工作，給自己買些衣服。我已經十六歲了，卻沒有一件像樣的、「時髦」的衣服。除此之外，從六月七日開始，我要每天學習德文。這樣一來，上了九年級才能做個好學生，也才不會被人說「表現不佳」。

此外，我很慚愧，化學考試竟然只拿了三分，勉強及格而已。我經常看到……[1]安娜·

尼基弗爾洛夫娜和她的阿季卡……[2]不，上了九年級，化學一定要拿到五分。九年級要考化學，這一整年我得用功讀書，然後在考試中拿到五分。為此[3]

1 手稿此處無法辨讀。
2 手稿原文如此。
3 手稿原文語句未完。

# 五月三十日

天氣很好，我卻開心不起來。今天是媽媽的生日，但我們什麼也沒有。媽媽去工作賺錢了。沒錯，我們是沒有餓著，但這也不是什麼值得高興的事情。這些日子以來，我們總是靠別人的錢過活，媽媽借了又借，我們到處欠債，在公寓裡根本抬不起頭來。我們從來不曾過得這麼糟。

昨天考代數。沃瓦得到四分，我拿了五分，柳夏則是三分，至於其他人我就不清楚了。二十八日整個晚上我都待在沃夫卡家裡。沃瓦、我跟季馬一起做代數的例題和練習，但大部分時間都在閒聊。沃夫卡會很機智地瞎扯。我和他的關係變得比冬天時要好，如今他總是像對待好朋友一樣和我打招呼，這讓我非常開心。總之，

和他在一起——也就是在他家裡——的時間越長，我就越少意識到自己對他的愛戀，不過一旦久不見面，我又開始愛他。本來我計畫這個夏天無論如何都要準備好去拜訪他，待個一天，但現在我改變主意了，那是多餘的，不必這麼做。最好整個夏天都別和他碰面，秋天見了面再像老朋友般問候他，這樣一來我們會更加親近。夏天分開之前，一定要請他拍張特寫的相片，然後秋天一見面時讓他再拍一張。不論是對我，或對沃瓦自己來說，回顧他一個夏天的改變都會是件很有趣的事情。除此之外，我還想拿到季姆卡的相片，他已經答應我了，還有米夏．伊利亞雪夫、艾瑪、柳夏．伊凡諾娃、塔瑪拉．阿爾捷米耶娃和貝芭，但要拿到這些人的照片可能會比較困難一點。

明天我要考幾何學，之後就只剩下兩科考試——解剖學和物理。我不怕解剖學，但很擔心物理。準備考試的時間非常少，只有兩天。更糟的是，我們這組早上九點考物理，老師精神正好而且要求嚴格。第二組就幸運多了，到時候他已經累了，甚至會打起盹來，回答起問題來自然輕鬆容易。

沃夫卡真的是個非常好的男孩，如果九年級時他能當上主席[1]那就太棒了。不過這只是幻想而已，他現在肯定是連想都不願意想。算了，那是他的事情。

在沃夫卡家裡我如魚得水，非常自在。每次去過他家之後，我總是感覺很好，精神飽滿而且活力充沛。

代數輔導課結束之後，同學們聚集到薇拉．尼基季奇娜身旁，沃瓦和其他男生站在窗邊。我走近黑板，靠著，叫了沃瓦一聲。他很快地轉過頭然後向我走來，廖尼亞也跟在他身旁。

「你解代數習題了嗎？」

「沒有。沒做，我不想算。」

「來，我們一起算吧。」

「噢，蓮娜，我真的不想。」

「你知道嗎？沃瓦，」我一面說，一面用粉筆在黑板上塗鴉，「有幾題我完全忘了該怎麼解，我明天可能會考不及格。」

「你少來，明天的題目會很容易的。」

「不管，我去找你，好嗎？」

他點頭，說：「廖卡[2]，到我那裡去。那些特別的解法我不會，來做幾題吧。」

「不了，沃夫卡，現在真的不行。」

男孩們一起離開學校，我走在沃瓦旁邊，然後是楊尼亞。我說：「沃夫卡，你德文怎麼答得這麼差？」沃瓦什麼也沒說，楊尼亞代他回答：「怎麼答得不好？他可是拿了四分。」

「問題不在成績，在於他答得不好。」

「那你答得就好嗎？」

「這是另一回事。現在我講的不是自己，而是沃夫卡。」

「蓮娜，若你在考試前看到他，你就不會這樣說了，那時候的他就像臨終的哈姆雷特一樣。」

剛剛我在去小花園的路上遇見格尼亞．尼古拉耶夫，我和他打招呼，聊了一會兒。我一直是個笨蛋，現在也一樣。明明能夠跟他多聊聊、打聽些事情，但我這傻子卻話沒講幾句就和他說再見。他咧嘴微笑，問道：

「過得怎麼樣？考試成績如何？」

我這個笨蛋，竟然急急忙忙回應，甚至沒有跟他握手道別，就頭也不回地跑開。而他，大概是回過頭來看了我一眼，心裡想：「真是可笑。」我真是有夠傻，簡直

是個白癡，好不容易遇見了格尼亞，卻沒能好好和他說話。不，如果下次在別的地方遇見他，我一定要為我的笨拙失禮向他道歉，然後問問他最近過得好不好、夏天有什麼計畫，可以問的很多。最後，還可以跟他要張相片。

1 指班會主席。班會為班級的學生自治組織。

2 譯註：廖卡為廖尼亞的暱稱。

# 五月三十一日

今天是五月的最後一天，明天就是六月——夏天了。幾何學考試我拿了四分，真是幸運，抽到這麼簡單的題目。現在只剩下解剖學和物理了。

老實說，我只花了三個小時準備幾何學——昨晚的兩個小時和今天早上一個小時，不過幾何學是不可能考不及格的。莉妲・索洛夫耶娃什麼都不知道，第一份題目不會，第二份一樣答不出來，還是考了三分。如果換作是我，一定會聰明一點，她真是什麼都不懂。

現在我已經不能再去找沃夫卡了——沒有藉口了，會有點尷尬。我好想跟他說：「你知道嗎？沃瓦，真可惜我不是男生，不然就能常常來找你。在你家裡我覺得很

自在。以前我總可以拿溫習代數或幾何學做藉口，現在沒有理由，我就不方便來找你了。」不過我擔心他會生我的氣，說：「你可真是『聰明』啊。對我來說，男生和女生根本沒什麼差別。」或者其他類似的話。

算了，還是去念解剖學吧。

# 六月二日[1]

解剖學我拿了五分。幾乎所有人都拿了五分。

今天的天氣非常糟糕，先是下了冰雹，接著又飄起大片的雪花。寒風刺骨，太陽時不時探出頭來，卻又很快消失不見。

只剩下一科物理。時間不著痕跡地流逝，夏天馬上就要到來，好多事情在未來等著我。這個夏天一定會不同以往。去年夏天是虛擲時光，我以蘇維埃女學生的身分保證，這個夏天絕對不一樣。其實一點也不難，只是一分一秒都不能鬆懈。是這樣的，學生在面臨考試的時候，道德感會大大提升：他知道，必須用功準備才能回答問題、應付考試。但通過考試之後，他會感覺到一種空虛，像是一切都已結束，

接下來什麼都沒有。有些人就栽在這裡，通過考試……接下來的一切彷彿都理所當然了。在街上閒逛，去看電影，一個月只翻開書本一次，每天早上十點鐘起床，晚上十二點睡覺。如此日復一日，度過整個夏天，直到開學的日子突然降臨。

不過只要能夠克服懶惰，這個夏天將會全然不同。懶惰，什麼是懶惰呢？懶惰是蘇聯女學生無法容忍的缺點。也就是說，一定要戰勝懶惰。

我打算這樣度過這個暑假。

七點起床，跟著收音機做早操。

假期開始的時候，我會跟媽媽一起到普希金諾[2]工作。利用休息的時間散步。五點鐘離開那裡，七點就一定能回到家。七點半到八點半學習德文，然後喝茶、聽收音機或讀書。十點三十分洗澡、做體操，十一點上床睡覺，在節目正有趣的時候關上收音機。

媽媽在普希金諾的工作結束之後，我們會一起畫圖。我將這樣分配時間：七點起床，聽收音機做早操。九點開始工作，下午四點結束。去散散步。回到家之後喝點茶，跟阿卡學一個小時德文，然後讀書、聽收音機。

1 手稿原文為「五月」。

2 普希金諾（Пушкино）位於莫斯科州，此處作者指的應是列寧格勒近郊的小城普希金（Пушкин）。

# 六月四日

明天要考物理。我第一輪考，所以明天早上是沒什麼可以寄望的了，而我又如此散漫懈怠，像是在展示自己的委靡不振。真不好意思承認，我完全無法定下心來。剩下最後一科考試，只要再努力一下，我就自由了。難不成要我在最後一刻放棄？沒力氣了。不，不，這不會發生的。我現在就要開始讀書，就算是念到一點鐘吧，反正明天一定要通過考試。如果我沒能通過考試，那豈不是太可笑了——那我就是徒勞地耗盡了自己最後的一點精力。

這就是最後的測驗了。鼓足剩餘的力氣吧，蓮娜，然後明天，明天你就自由了。自由，你明白嗎，自由。

我可不是膽小鬼，明天一定要考好物理！

# 六月五日

我自由了。物理拿了五分，徹夜苦讀沒有白費。就這樣，接下來是我應得的休息。假期開始了。你好，自由。

# 六月六日

媽媽和阿卡不忍心叫醒我，我睡到十點才起床。阿卡把茶送到床邊，我正要喝，突然響起兩聲電鈴。媽媽去開門，我聽見她和一個男人說話的聲音，腦中閃過一個念頭，應該是誰送舞台模型[1]或其他東西來了。我立刻熄了燈，摘下眼鏡，用棉被裹住自己。媽媽不知道對誰說了聲「等一下」，然後走進房間問我：「沃瓦來拿書，讓他進來嗎？」

「沃瓦嗎？當然，讓他進來吧。」

「不好意思這麼早來，我來拿書。」

「媽媽，把書給他吧，在架子上。我正想把書送去給你。」

「你看，我早你一步先來了。」他拘謹地笑著說。

媽媽動手在書架上翻找。

「沃瓦，這本她已經讀過了。」然後她拿《列維恩》[2]給他看。

「不，我要的不是這些，是課本。」

這時我才想起沃瓦負責將教科書交給學校[3]。

媽媽開始收拾書本，「沃瓦，你坐吧。」她一刻也不停地說。

「不用了，沒關係，我站著就好。還有人在等我。」

媽媽又問了他打算上哪裡過暑假，他說還不知道。

「沃瓦，存點錢和我們一起去伏爾加河[4]吧。」

「我去哪裡弄到這麼多錢？」

我跟他說，「沃瓦，無論如何這幾天再過來一趟，我們談談九年級和其他的事情。」

他想了一下，回說：「好的，我再過來。」

當他離開時，我又說了一次：「沃瓦，請再過來喔。」他沒有回答。

「怎麼，沃瓦，你得決定到每個人的家裡收書本嗎？」

「對。」

「你已經去過哪些人家了？」

「還沒有，我從你開始。」

「為什麼從我開始？而不是羅莎或柳夏呢？」

他問了柳夏的電話，說正要去羅莎那裡。

後來我知道，他去找了羅莎，也給柳夏打過電話了。

下午一點，我照沃瓦說的到學校領錢。回收書本的教室裡一包包書籍從地面一直堆到天花板，班上的同學都在這裡：沃瓦、楊尼亞、米夏·伊利亞雪夫、亞夏、塔瑪拉、羅莎、柳夏·伊凡諾娃。

我們一起離開學校，首先是女生：羅莎和塔瑪拉走在一邊，然後是我，男孩們跟在後頭。女孩們像是陌生人一樣，沒有和我說再見。我已經走出學校幾步，不得不回過頭來，這時候男生們剛好走出學校。沃瓦向我鞠躬，更準確地說，他不是鞠躬，而是道別。他應該不會來找我了，而我當然也不會去找他。九年級我們在班上見面的時候，我會問他為何沒來，並邀請他再過來找我。又或者不需要了？再看看吧。

1 按比例縮小的舞台框架，有拱門、圖板、活板通道口、懸吊裝飾的支架、照明設備等等。

2 指《葉甫根尼．列維恩：證詞、回憶錄、隨筆》（*Евгений Левинэ [Eugen Leviné]: Речь перед судом, воспоминания, наброски*），伊蓮娜．埃亨戈爾茨（Елена Эйхенгольц）譯，莫斯科，國際革命救濟協會中央委員會（ЦК МОПР）出版社，一九二七。艾根．列維恩（Эйген Левине，或葉甫根尼．列維恩，一八八三—一九一九）於一九一九年四月擔任巴伐利亞蘇維埃共和國執行委員會代表，遺孀羅莎．列維恩（Роза Левинэ）著作《蘇維埃共和國在慕尼黑：附葉甫根尼．列維恩傳》（*Советская республика в Мюнхене. С приложением биографии Евгения Левинэ*）亦在蘇聯出版（莫斯科：聖彼得堡，一九二六）。

3 一九四〇年十月二十六日，根據人民委員會（СНК）的決議，針對中學高年級及高等教育機構學生實施付費教育。在列寧格勒，八至十年級學生的家長必須負擔每年二百盧布的學費。雖然官方解釋這項措施的原因，為「勞工福利水準的提升」和政府教育支出的不斷增長，但額外的二百盧布對於許多家庭——尤其是家中育有不只一個孩子的家庭而言——都是預算上沉重的負擔。部分家庭購買二手舊課本節省孩子在學業上的花費。

4 譯註：伏爾加河（Волга）是俄羅斯的主要河流之一，流經歐俄，注入裡海，具有極大的經濟、航運價值，對民族文化與藝術影響深鉅。

## 六月七日

今天開始認真的生活。七點十五分起床，跟著收音機做早操、洗臉、梳頭、摺被子，然後到小花園去。那裡一個人也沒有，脾氣暴躁的警衛正要結束打掃的工作。花園裡非常舒適，鳥兒唱著歌，在矮樹叢間飛來飛去。

我回到家裡，聽了關於潛艇水手的廣播節目。蘇聯潛艇水手的訓練和生活是多麼地辛苦，多麼地不簡單。舉例來說，他們要學習在黑暗中摸黑操控潛艦。每個船員的個別表現都攸關艦上所有人的性命。工作責任是這樣分配的，就連廚師都不只準備伙食，一旦戰爭警報發布，他還必須趕到自己武器編組的崗位上。日復一日，指揮官和戰士們一起操練，一旦敵人來襲——無法避免地，戰爭的爆發只是遲早的

問題——我們一定能夠勝利。我們知道自己憑藉著什麼而戰，為何而戰，為誰而戰。

有一次，戰士們——飛行員和潛艇水手舉行聯誼交流，聊到各自的專業。飛行員說，潛入海底深處，不，那真是太可怕了，還是在天空飛行好。水手回應，凌空飛越陸地和海洋才嚇人，還是在水裡[1]像魚一般游泳好得多。

昨天買了兩本九年級的文學課本，發現課程內容很廣，所以決定現在就開始讀。從屠格涅夫[2]開始，剛好我手上就有。

現在讀《羅亭》。

從書裡摘錄：

「沒有什麼比意識到自己做了蠢事更令人難受的了。」

「這也是一種算計：戴上冷漠、慵懶的面具，或許別人還會以為他的才能被埋沒了呢！但仔細一看，他根本什麼才能也沒有。」

「只要否定一切，你就很容易被當作是聰明人。」

1 手稿原文為「在陸地之下」。

2 譯註：И．С．屠格涅夫（Тургенев，一八一八—一八八三）——十九世紀俄國作家，《羅亭》（*Рудин*，一八五六）為其長篇小說作品。

# 六月八日[1]

今天臨時決定，打了電話，然後去找塔瑪拉。一路上我還在思考著應該和她聊些什麼，但一切都很順利，塔瑪拉與我有許多共同點。我沒有時間記下所有的細節，已經十二點了。

就說這個吧，我告訴她很多關於沃瓦的事情，而且提議：「明天一起去找沃瓦。」除了塔瑪拉，我是不會對任何人這樣說的，畢竟沃瓦並不特別喜歡我們班的女生，但塔瑪拉是個例外，他和她相處得很好。在提議的當下，我馬上就明白她會答應，雖然這是在去找她之前我完全沒有預料到的。

一開始塔瑪拉說，如果沒有任何理由，去找沃瓦會有點彆扭，但我熱情地勸說，

告訴她沃瓦是非常好的男孩，在家裡完全是另一個人……她就答應了。

男生和女生這樣疏遠，不像真正的朋友到彼此家裡作客，這是不對的，我們再也無法忍受了。我們決定去找沃瓦，理由也想好了：塔瑪拉向他借書，而我將兩本書還給他。不知道接下來會如何，真是太有意思了。或許，在我們面前將會開啟什麼其他的機會，說不定我們三個人會成為很要好的朋友。一切都還不清楚，但我已經感覺到精神振奮，又得到了新的方向、新的希望、新的夢想。或許，我們不能三個人都變得非常要好，但誰知道呢！這樣做還能讓我跟塔瑪拉熱絡起來，塔瑪拉就是我想要的，她或許能夠成為我真正的朋友。

當然，未來的事情沒有人知道。

1 手稿原文為「六月七日」。

# 六月九日

發生了這樣一件不能不記錄下來的事情，我盡量長話短說。

今天的班級會議在教師辦公室舉行，我們拿到了成績單。會議結束之後我們決定回家。班上的男生先一步離開，女孩們不知道是在哪裡耽擱了，我決定不等她們，自己一個人先走。在衣帽間裡我遇見男孩們，他們已經穿好衣服，和我跟同樣正要回家的塔瑪拉道別之後就離開了。我和塔瑪拉決定上樓看看舞會是不是已經開始，順便問問女孩們有什麼打算。我們和她們在樓梯上相遇。大家一起走出學校，在門口停下腳步。艾瑪說：「噢，女孩們，我真不想回家，我想跳舞。」結果在場的女生（人數還不少）：塔瑪拉、貝芭、艾瑪、羅莎、卓雅、娜嘉和迪夏都非常想跳舞，

不是在學校，也不是單獨跳，而是和男孩們一起，到某個人的家裡去。大家開始埋怨：可惡的討厭鬼、無賴、壞蛋——全都是在說男孩們，他們一走了之，留下我們在這裡煎熬。有人說，假如告訴男生我們想要跳舞，他們一定會二話不說，馬上答應。於是另一個人提議：「女孩們，讓我們好好為他們上一課吧。」計畫馬上就準備好了，其中一個人打電話給季姆卡、米夏或格利什卡，說我們有很棒的主意，要他們五分鐘後到學校來，而我們則躲在學校對面的門口盡情地嘲笑他們——我們決定就這樣把陰謀付諸實行。

我們來到郵局，打算從那裡打電話。郵局裡人很多，娜嘉和卓雅去打電話，我們留在建築鷹架的陰影下等候。不久後她們回來了，格利什卡和米夏不在家，季姆卡不想說話，掛斷了電話。就這樣，我們的計畫終究是失敗了。

我們在原地站了許久，思考著應該怎麼辦。我們多麼需要這些男孩們，像是荒漠中的旅人需要水一樣。我們徒勞地左顧右看，遍尋不著他們，差點沒因為懊惱、憤恨和委屈而死去，但男孩們還是不想過來。我們覺得自己是世界上最不幸的一群人，而我們越是愁苦，想要見到他們的渴望就越發強烈。

我們相信男生們正在某個地方溜達，決定四處走走，直到遇見他們為止。簡

而言之，無論如何今天都要找到他們。我們走著走著，突然有人大叫：「他們在那裡！」所有人都轉頭望向娜嘉所指的方向，終於看見他們了——我們期盼已久的男孩們。他們也發現了我們，紛紛停下腳步，驚訝地抬起手來，然後友善地一起穿越馬路。我們開始交談，而我立刻發現，原本炙熱的、想要見到男孩的渴望一瞬間冷靜下來，我們覺得這樣才不會丟臉。談話沒有持續多久，大家就各自離開了。直到男生們已經走遠，我們才明白自己做了什麼蠢事。

「女孩們，我們這是在幹什麼。怎麼分開了？不是要跟他們跳舞嗎？」

「走！」

「去哪？」

「去找他們。」

「走！」

我們轉身跟上，加快腳步，最後乾脆跑了起來。我們也無法解釋，不知道自己想從他們身上得到什麼。我們只想追上他們，不讓他們再一次離開視線。

我們和男孩之間的距離快速地縮短，大家忍不住哈哈大笑。在十步之外，他們終於無法不聽到我們的聲音。他們頻頻回頭，加快腳步。到了郵局，他們轉進入

口，躲在那裡，笑得喘不過氣來。我們快步經過，轉進拉斯耶斯日亞街（Разъезжая улица），然後繼續往前走，一直走到米夏他家，才終於決定是時候該回頭了。「女孩們，如果遇到他們，我們就假裝沒看見。」我們轉身，開始往回走，走到薇拉．普羅高菲耶娃她家，見到男孩們正沿著另一邊走。他們看見我們，向我們鞠躬，米夏．伊利亞雪夫還併足鞠躬。我們又走了一段路才停下腳步，望向他們。他們站著談天說笑，看著我們，然後就到基拉．克魯奇科夫那裡去了。這時大家才醒悟過來。我們究竟做了什麼？我們羞恥得要命，他們是不會放過我們的（不過，隔天一點異樣也沒有，像是什麼事情都沒發生，看來男孩們都非常有教養）。

我和女孩們開始激烈的爭執。我幫男生們說話，她們則嚴厲批評。漸漸地我開始退縮，最後她們勝利了。我妥協了，不過有一點，不論她們——尤其是羅莎——的攻勢如何凌厲，我也不能退讓。他們說沃瓦比所有的男孩加起來還要壞。她們這樣批評沃瓦，讓我無言以對。「愛面子、自以為是、目中無人！強迫所有的男孩隨著他的笛聲起舞。高高在上，像是領袖一樣。是誰開始獻殷勤？是沃夫卡！誰開始愚蠢的遊戲，打聽誰愛誰、喜歡誰？是沃夫卡！誰想出給女生外套的方法？是沃夫卡。而你，蓮娜，竟然還要我們相信他是個好人。」

「我很肯定，」她繼續說：「當米夏．伊利亞雪夫當著所有男生的面嘲笑你的時候，沃夫卡也沒有站在你這一邊。」

「你是說，」我問，「他也在笑我？」

「當然，難道不是嗎？」羅莎肯定地說。

我沉默不答。和她爭什麼呢？她對自己所說的每一句話都深信不疑，雖然在我聽來非常可笑，因為我清楚知道沃瓦的各種面貌——在家裡、在學校、在晚會上……他是完全不同的。

而沃瓦甚至不知道自己能夠吸引其他的男孩。他根本沒有察覺，一切在他看來都很平常。不，不，不，真是大錯特錯了。羅莎根本是亂扯，她完全不了解他。又或者，她以為他愛上了我，所以忘了她，想從我這裡搶走他。真是胡說八道。

# 一九四一年六月二十二日

十二點十五分全國都在收聽莫洛托夫同志的演說[1]。

他說，今天凌晨四點，德軍在尚未宣戰的情況下沿著我西方國界展開攻擊，敵機轟炸基輔、日托米爾、敖得薩（Одесса）和考納斯等城市，已經有兩百人喪命[2]。五點，德國領事[3]代表政府向我國宣戰，也就是說，德軍朝我們攻來了。就這樣，我們所能預料最糟糕的狀況成真了。

我們將會贏得這場戰爭，但要取得勝利並不容易，這可不是芬蘭[4]。這將會是一場激烈而殘酷的硬仗。

目前化學物質還未被應用在戰爭之中，但毫無疑問的，我們即將面對[5]。

已經是晚上十一點三十分了，戰情通報還沒有發布。收音機裡不斷傳來戰爭歌曲、詩歌和戒嚴與動員的公告。飛機在城市上空盤旋，雖然知道握著方向舵的是蘇聯的飛行員，但還是令人不安。

畢竟敵軍轟炸機的引擎也將會這樣咆哮，真是太可怕了。難怪我們苦等不著戰情通報，即使是再微不足道的勝利都會被報導出來，可見目前還沒有任何進展。戰爭正在前線開打。

從街上回來的人們說，外頭正播放著歌曲，戰士們接受徵召，踏上征途。妻子、孩童和心愛的女孩們正在為他們送別[6]。

同志們，勝利屬於我們！

深夜兩點，我被淒厲的警報聲驚醒，和媽媽趕緊穿上衣服，躲進廚房裡。四周一片寂靜，沒聽見飛機的聲音。接著，遠處傳來幾聲悶響，我們緊挨著彼此，心想：「是炸彈！」但依舊沒有聽見飛機的轟鳴。爆炸聲越來越近，之後就不再逼近。是我們的防空高射砲！我們仔細聆聽，砲火非常猛烈。院子裡，警笛大聲號叫，砲火不曾停歇，蒼白的天空上雲朵漠然地浮動，星星閃耀其間。真是太嚇人了！半個小時後警報解除，我和媽媽衣服也沒脫就躺在床上睡著了。

1 指蘇聯外交事務人民委員B・M・莫洛托夫（Молотов）關於德國背信對蘇俄發動攻擊和大祖國戰爭（Великая Отечественная война）開始的演說。

2 莫洛托夫在談話中提到，德軍對日托米爾（Житомир）、基輔（Киев）、塞瓦斯托堡（Севастополь）、考納斯（Каунас）等城市的轟炸已造成兩百餘人傷亡。

3 指德國駐蘇聯大使B・馮・德・舒倫堡（фон дер Шуленбург）。莫洛托夫在談話中表示，馮・德・舒倫堡已於六月二十二日早晨五時三十分代表德國對蘇宣戰。

4 譯註：指一九三九至一九四〇年間的冬季戰爭（Зимняя война，又稱蘇芬戰爭）。蘇聯險勝，卻也因此暴露了紅軍的缺陷與不足，間接促成希特勒發動對蘇戰爭的決定。

5 手稿原文如此。

6 作者所記有誤。六月二十二日志願者抵達各軍事委員會。根據蘇聯最高蘇維埃主席團（Президиум Верховного Совета СССР）一九四一年六月二十二日的命令，軍事動員自六月二十三日開始。一九〇五至一九一八年間出生，居住於列寧格勒軍區（Ленинградский военный округ）、波羅的海特別軍區（Прибалтийский особый военный округ）、西部特別軍區（Западный особый военный округ）、基輔特別軍區（Киевский особый военный округ）、敖得薩軍區（Одесский военный округ）、哈爾科夫軍區（Харьковский военный округ）、奧廖爾軍區（Орловский военный округ）、莫斯科軍區（Московский военный округ）、阿爾漢格爾斯克軍區（Архангельский военный округ）、烏拉爾軍區（Уральский военный округ）、西伯利亞軍區（Сибирский военный округ）、伏爾加河沿岸軍區（Приволжский военный округ）、北高加索軍區（Северо-Кавказский военный округ）和外高加索軍區（Закавказский военный округ）的後備軍人接受徵召，進入軍隊與艦隊服役。

# 一九四一年六月二十三日

早上發布了大家等待已久的戰情通報。

一九四一年六月二十二日清晨四時起，希特勒正規軍越過邊境，深入我國領土，大規模的轟炸機隊在平靜的城鎮和村莊投下炸彈。德軍已經在六點遭遇紅軍正規部隊，慘烈、血腥的戰鬥持續了六月二十二日一整天，結果德軍在前線各處都遭受極大的損傷，已經撤退，僅在少數幾處向前推進，佔領我方距離國界三十至四十公里的城鎮。

德軍轟炸機空襲我國境內城市與村莊，我軍則以戰鬥機及高射砲迎戰，擊落敵軍轟炸機共計六十五架。

英軍統帥邱吉爾將軍表示會盡力協助俄羅斯，而他們也將接受美國的援助。希特勒錯估情勢，以為德軍能夠在冬天來臨之前拿下蘇聯，最後徹底控制西歐。他認為，他在西半球的對手已經疲弱，無法阻止他實現更進一步的計畫。但他失算了，我們將會夜以繼日、以加倍的力量痛擊敵人。我們會竭盡所能幫助俄羅斯，拯救人類遠離暴政霸凌。今天早上，在庭院和頂樓的工作已經展開。人們趕著在院子裡架設防毒避難所，這個避難所將會佔用整個地下室的空間。頂樓的隔板和小房間也全被拆除，如果頂樓因為轟炸起火，這些木造的隔間將會是絕佳的易燃材料。

伊凡．伊凡諾維奇（Иван Иванович）不久前才回來。他帶著七十名手下，整夜都在烏捷爾尼[1]挖壕溝。他們沒有見到敵軍的飛機——敵機都飛得很高，好避開高射砲——但聽見了敵機的轟鳴，也目睹了高射砲的砲火。關於轟炸，他們一無所知。看管院子的人好像有說，另一隊飛機突破了封鎖，在「布爾什維克」工廠投下炸彈[2]。不知道這個消息是真是假，但我想他並不是在散播謠言，他比我們消息靈通多了。

但，老實說，我們——我們的公寓還沒有準備好面對攻擊：我們不知道醫護點、

洗滌站的位置，也不清楚避難所和防空部隊（ПВО）在哪裡。爆破彈和燒夷彈落下時該怎麼辦？我知道應該蓋上砂土，但我們公寓裡並沒有砂。我認為，應該像電影裡一樣，糊好紙袋，填進砂土，然後疊成小堆，放置在走廊上每一戶的門邊。

我和媽媽去了戰神廣場[3]，廣場中央架設了六門防空砲，裝有砲彈的箱子層層堆疊，禁止人們接近。

從今天起城市變了模樣。

1 烏捷爾尼（Удельное）位於列寧格勒西北近郊，今日劃歸聖彼得堡市內。
2 一九四一年九月六日德軍首次對列寧格勒進行大規模轟炸。
3 一九一八至一九四四年間戰神廣場（Марсово поле）改名為革命犧牲者廣場（площадь Жертв Революции）。

# 六月二十四日

昨夜我們睡得很安穩。

白天我在街上散步。車爾尼雪夫橋[1]附近的圓形花園周邊，銀色的防空氣球[2]看起來像是橫躺著的魚。氣球用鋼纜繫住，一旁堆放著瓦斯氣瓶。在奧斯特洛夫斯基廣場（площадь Островского）和先鋒宮（Дворца пионеров）的花園裡，大家正加緊趕工，挖掘一個人深、一公尺寬的壕溝。在工作的人群之中，可以見到不少知識分子模樣的人。

家家戶戶的院子裡都凌亂地堆放著防毒避難所的建築材料，許多院子裡還運來了沙。

今天接到通知，要我五點準時到學校集合。

我到了學校，淺藍色的大廳裡來了六十幾個人，大都是女生。校長簡短地告訴大家，我們的力量是不可或缺的。我們班來了米夏·伊利亞雪夫、楊尼亞、沃瓦·科里亞契卡、塔瑪拉、貝拉·卡茨曼、加利亞·維洛克、莉妲·索洛夫耶娃和卓雅·貝爾金娜。

不久之後，在場的同學們全都被分成小隊：男生兩組，女生五組。我們都被分在同一組，組長是瑪雅·車布塔列娃。我們要完成所有總部交辦的任務。

該睡了，不知道今晚會是怎麼樣的夜。

1 車爾尼雪夫橋（Чернышев мост）即為今日的羅曼諾索夫橋（мост Ломоносова）。

2 戰爭期間列寧格勒上空部署有妨礙德軍空襲的空阻氣球和監控敵軍砲隊的觀測氣球。早在六月二十二日城內便已經設下棋盤式的空阻氣球陣列，共計有三個團，三百二十八個。每一處據點設置有兩個相同的氣球，視環境情況分別升空或縱列串聯。氣球透過電動絞車以鋼索牽制，每一道鋼索都設有炸彈。個別升空的空阻氣球升至離地二至二·五公里高的空中，垂直串列的氣球高度則為四至四·五公里。

# 六月二十五日

夜晚平靜地過去。白天有兩次空襲警報，我和其他女孩躲在學校的防空避難所裡。是這樣的，早上瑪雅打電話通知我，學校的窗戶必須上膠補強，於是我們開始工作。我們大約有二十個女孩，和我同班的有瑪雅、塔瑪拉、莉妲・索洛夫耶娃和妮娜・亞歷山德洛夫娜。第二次警報解除之後我就回家了，我藉口要去吃點東西，很快會回來，但卻沒再回到學校。剩下不過兩、三間教室，即使少了我，他們也能完成工作，而我有更重要的任務。我和一組我們公寓裡的婦女一起將板子從閣樓拖到地下室。我們一口氣工作了四十分鐘，非常快速，像是輸送帶一樣。然後我休息了一會兒，六點鐘又開始工作。即使是健康的男性，這樣的工作也都非常吃力。不

過我們兩人一組，一起搬運厚重的板子，身為女人，我們辦到了。

晚上八點在合作社[1]舉行住戶大會。區委員會的宣傳員報告完畢之後，我們討論了所有重要的問題。媽媽報名加入了公寓的急救志願隊，隊裡總共有六個人。

明天又是忙碌的一天，而現在應該去檢查公寓，然後便上床睡覺了。

今夜又會如何呢？

1 合作社（ЖАКТ）全名為住宅租賃合作社。依據蘇聯中央執行委員會（ЦИК）與人民委員會於一九三七年十月十七日頒布之「城市住房資源保存與住宅經濟改善條例」（О сохранении жилищного фонда и улучшении жилищного хозяйства в городах），廢除合作社，住宅交由地區蘇維埃政府或國家企業管理，不過作者依舊習慣稱公寓住宅的辦公室為合作社。

# 六月二十五日[1]

一早學校就召集學生，將我們分成小組，我報名參加了消防組。接著我們將沙土搬上頂樓，但後來我因為沒有力氣，就回家了，大概是昨天用力過度受了傷。

每天早晨六點播送情報局[2]最新的戰情通報。前線持續上演激烈的戰爭，我方佔了上風。戰場上德軍喝得爛醉。羅馬尼亞軍隊後方部署了法西斯砲兵部隊，敵軍士兵還是一有機會就向我們投降。德國的經濟狀況一天比一天糟糕，為了保障軍隊和境內勞工的生活，法西斯分子掏空被他們佔領的國家最後一分的存糧。在荷蘭、比利時、南斯拉夫、保加利亞、法國、羅馬尼亞、挪威、丹麥和其他地方，不滿的

情緒正在升溫蔓延，對這些血腥暴徒的憤恨也漸漸累積。在已經淪陷的國家，人們的一字一句、每一個可疑的微笑都可能招來監禁、槍決或被送進集中營的命運，但他們無視於駭人的恐怖威脅，反而更加不顧一切地公開表達對法西斯主義者的恨意。在國內，德軍遭遇比在前線更加危險的敵人——飢餓的、被法西斯政權逼到極端的廣大民眾。關於這一點，法西斯主義者非常清楚。進犯蘇聯就像是溺水者想要抓住浮木的最後嘗試，彷彿窒息者絕望地企圖吞下賴以生存的氧氣。

法西斯分子誤以為自己擁有戰無不勝的軍隊，揮軍蘇聯，計畫佔領烏克蘭、白俄羅斯和我國其他的區域，試圖挽救國內的經濟。不過他們錯了。就算德軍的武裝比我們精良許多，我們依舊會勝利，因為他們缺乏團結一致的精神。士兵們被迫走上戰場，他們感到疲憊，掛念親人，不想和蘇聯打仗。不只是一般的士兵，就連法西斯飛行員和坦克砲手都已經身心俱疲，渴望投降。

當兩架戰機在空戰中遭遇，同樣是最新的款式，相同的飛行員素質，勝利的永遠是我們的飛行員。原因只有一個，敵機飛行員精神渙散，無法承受壓力，只好先一步放棄，而只需要抓住一個猶豫的片刻，堅持下去的飛行員就能主宰整片天空。這樣的飛行員一定是蘇聯的飛行員，因為他捍衛著自己的祖國、親人和朋友，因為

他有必勝的把握，相信自己的夥伴會在危急時刻挺身而出，奔赴救援。同時，敵軍的飛行員沒有自信能從纏鬥中勝出，不相信勝利，不信任自己的夥伴，因為在關鍵時刻大家都只顧自己，救自己的飛機、自己的生命。他沒有信心，因為他通常不明白自己飛來攻擊的原因。

只有最頑固的法西斯飛行員能夠在戰鬥中保有信心，對我軍帶來傷亡，但面對我方堅毅沉著的飛行員，就算是他們，也無法堅持太久。我們的飛行員具備英勇的氣概和團結的精神，隨時準備犧牲自我，全都接受一流的訓練，通過體力和心理的重重考驗，判斷精準，絕不冒不必要的風險，而且機智靈巧，充滿自信。

我們蘇聯的口號一定能夠戰勝敵人：「人人為我，我為人人！」

1　手稿原文如此。

2　情報局（Информбюро）為蘇聯重要的新聞傳播機構，於一九四一年七月二十四日設立，附屬於人民委員會之下，由蘇聯共產黨中央委員會（ЦК ВКП[б]）直接管轄，在大祖國戰爭期間主要負責彙整前線戰況、後方工作和游擊隊活動等消息，提供廣播、報章雜誌等新聞媒體使用。

# 六月二十八日

四點鐘空襲警報響起，我們躲進地下室，但幾乎整棟房子的人都留在原地，沒人下去避難。五點警報解除，我們走上街道，燦爛耀眼的斜陽從弗拉基米爾鐘樓[1]後方傾瀉而下，好多防空氣球在陽光下閃閃發亮，真是漂亮極了，讓我流連街上不想回家。駛來貨運電車，上面載著牛奶桶和一箱箱的瓶裝牛奶。一切如此美好，多麼的快樂，多麼的平靜。

1 指列寧格勒市中心弗拉基米爾教堂（Владимирский собор）的鐘樓。

# 七月一日

兒童的撤離已經進入第三天[1]。每天早晨，巴士從各個合作社、幼兒園和兒童機構，將一至三歲或更大的孩童載運到火車站，有的到維捷布斯克，有的到十月火車站[2]。每一百個孩童由一位領隊和一名保母照料，大家的心情都非常沉重。今天葛麗塔、伊拉、熱尼亞都出發了，瑞貝卡·格利高里耶夫娜非常走運，擔任領隊，跟著離開。已經兩天沒有空襲了。收音機播送與戰爭有關的節目，講到警覺和保密防諜的重要，不斷提醒聽眾，列寧格勒正處於戰爭狀態，教導人們躲避空襲和撲滅燒夷彈、燒片的方法[3]。

城裡各處防空洞、戰壕和溝道的修築工事幾乎都已完成。頒布了關於義務勞動

和強制繳交無線電發射器的命令[4]，如此一來，這些設備才不會被敵人利用。我們在後方已經有夠多的敵人。空降是他們最喜愛的策略，大量的部隊從空中來襲，多虧蘇聯人民、集體農場工人和勞動者的機警，多數敵軍在著陸時就被殲滅，其餘的則被內政人民委員會（НКВД）的特別部隊和勞動者協力逮捕。不過還是有許多漏網之魚，穿著警察制服或混入人群在城裡遊走。這些傘兵破壞者的任務包括：獲取情報，炸毀重要據點，縱火破壞集體農場，散播謠言引起恐慌，招收新成員，破壞無線電、電報和電話通信系統。

其中也有女人。關於這些間諜，城裡流傳著各種荒謬無稽的傳說和謠言，像是有人說，不久之前才有兩架敵機在涅夫斯基[5]降落。

但也不能完全對這些謠言充耳不聞，在被警察拘留的人們當中有許多「外人」。在前線，殘酷的戰爭持續進行著，每一位戰士都是祖國的英雄。敵人非常陰險狡猾。舉例來說，敵人的機槍手躲在母牛——活生生、再普通不過的母牛——後方，試圖接近我軍的戰士。在另一處，敵人以偽裝成女人的士兵做掩護。我們的戰士們憑藉著無比的勇氣和英雄氣概迎戰，敵人卻不愛光明正大的對決，總是陰險地設下狡猾的圈套。

已經有三架 Ю-88[6]飛到我們這邊來了。許多敵軍士兵也來投靠我們，未來還會有更多。

1 兒童的撤離於一九四一年六月二十九日開始。當天，一萬五千一百九十二名孩童透過十個鐵路運輸隊自十月火車站（Октябрьский вокзал）、維捷布斯克火車站（Витебский вокзал）和華沙火車站（Варшавский вокзал）撤離。

2 今日的莫斯科火車站（Московский вокзал）於一九二三年至一九三〇年代初期稱十月火車站。詳見С・Ф・塞瓦斯季亞諾夫（Севастьянов），《起義廣場》（*Площадь Восстания*），列寧格勒：列寧格勒出版社，一九八七，頁七三。

3 根據М・澤菲洛夫（Зефиров）、Д・焦格捷夫（Дёгтев）和Н・巴任諾夫（Баженов）的說法，地區防空隊（МПВО）的成員宣稱，以塗抹上磷的錫箔片製作而成的特殊燃燒炸彈為燃燒片。詳見《伏爾加河上的卐字：德國空軍對決史達林防空部隊》（*Свастика над Волгой. Люфтваффе против сталинской ПВО*）。此處作者所指為磷燃燒散射空投炸彈。一九四一年七月十八日《列寧格勒真理報》（*Ленинградская правда*）「市民備忘」（*Памятка для населения*）專欄中一篇名為〈如何對付燃燒炸彈〉（Как бороться с зажигательными авиабомбами）的文章裡，對這種炸彈的描述如下：「磷燃燒散射空投炸彈的金屬外殼中澆灌黃磷或白磷，內部裝置炸藥，用以引爆炸彈並散射磷質。爆裂四散的磷接觸到空氣中的氧便會起火燃燒，燃燒時間取決於炸彈的大小，一般大約十至十五分鐘。此類炸彈主要用於點燃易燃物品。」

4 列寧格勒蘇維埃（Ленгорсовет）執行委員會於一九四一年六月二十七日首次決議，徵召市民參與義務勞動工作。隔日，列寧格勒蘇維埃通過關於列寧格勒、普希金、科爾皮諾（Колпино）、彼得霍夫（Петергоф）、史特列爾納（Стрельна）和喀琅施塔得（Кронштадт）等地區居民在五日內繳交無線電發信、接收器材的命令。

5 譯註：涅夫斯基大街（Невский проспект）為列寧格勒的主要街道。

6 譯註：Ю-88為二次大戰期間德國空軍的主力轟炸機。

# 七月二日[1]

慘烈的戰役正在前線各地上演，我們的戰士憑藉著極大的勇氣攔阻、削弱敵軍的進擊。法西斯分子不但在數量上勝過我們，而且訓練精良、武裝齊備。他們不在乎任何犧牲，為了達到目的不擇手段。敵軍有自己的計畫和策略，他們非常危險，但無論如何我們都將贏得這場戰爭。

葛麗塔、伊拉和熱尼亞剛剛離開。伊拉和熱尼亞非常興奮，認為將有不得了的大事發生。

我們的軍隊棄守利沃夫（Львов）了。

1 手稿原文為「六月」。

# 七月五日

無視慘重的傷亡，德軍繼續推進斯摩稜斯克（Смоленск）。在莫斯科和列寧格勒，民兵部隊正在動員[1]。不久前史達林透過收音機發表了演說[2]。志願軍人的隊伍從街上走過。

昨天和沃瓦在一起。他是多麼好的一個人，年輕、有活力又樂觀開朗，幻想著越過卡累利阿地峽[3]，玩笑開個沒完。我真是喜歡他。

今天我花了三個小時（十二點到三點）從駁船上卸下磚頭。這是義務勞動的一部分，工作還算輕鬆，可惜沒有工資。

得快點去找份工作，是時候該幫忙媽媽了。

在國外，對法西斯主義的憎恨和對我們偉大祖國的同情都正在增長。

噢，沃夫卡！我願意付出一切，只為了每一天都能時時刻刻見到你。語言根本無法表達我對他懷抱的情感。

無法用文字表達，卻又想要表達。

這些感覺只能用心表達啊！……

1 一九四一年六月二十七日北部方面軍（Северный фронт）軍事委員會決議建立一支十萬人的志願軍隊。列寧格勒於六月三十日開始組織民兵部隊，莫斯科第一支民兵師則在一九四一年七月初成軍。

2 И·В·史達林於一九四一年七月三日透過廣播發表談話。

3 譯註：卡累利阿地峽（Карельский перешеек）是連接斯堪的納維亞半島與歐亞大陸的狹窄區域，地峽兩側分別為芬蘭灣和拉多加湖，二戰期間芬蘭與蘇聯軍隊在此地交鋒。

# 七月十一日

過去幾天有十一次空襲警報。

七日——四次

八日——三次

十日——三次

十一日——目前一次

這座城市已經成了軍事陣地。搭載士兵、裝備和彈藥的車輛、運送燃料的油罐車和野戰廚房，或朝涅夫斯基那頭或往反方向疾馳而去。每天早上還有大砲、坦克和裝甲車。所有車輛都被偽裝成綠色，車裡的戰士像是身處真正的樹林裡。

九日在側路渠（Обводный канал）挖了四個小時的壕溝。

# 七月十七日

七月十二日接到通知，要我到合作社去。媽媽去了解原因，畢竟根據最新的命令，中學生不屬於合作社管轄。不久之後她回來了，一臉焦急不安。

「蓮娜，快收拾收拾，你要出門三天。他們說要多帶點麵包、糖和其他的食物。」

將近十二點，我來到合作社，一手提著背包，另一隻手上拎著裝有棉被和枕頭的包袱。除了我之外，合作社還派出了五個人：兩個女孩——不久前剛滿十歲的阿莉亞跟卓雅，和三個男孩——尤拉．貝克、皮耶加和阿哈邁德。

我們先到真理街上的麵包工業大樓[1]，接著再去維捷布斯克車站搭火車。列車

掛的是近郊客車的車廂，我坐在開著的窗戶旁。經過五個小時的車程，晚上十點，當我們到達塔爾科維奇[2]的時候，太陽已經西沉到樹林後方。我們按照指示分成小組，待在灌木叢裡，因為隨時可能有空襲，所以不能生火。大家很快地在樹叢中四散開來，開始吃東西。我們和其他合作社一起，緊挨著總菸草工業局[3]的工人們。當我們繼續上路，天色已經黑了。鏟子礙手礙腳，走起路來非常不便，若沒有鏟子，我就能一手提一個包袱，但鏟子佔據了手上所有的空間。我們走得很快，這樣比較不會被蚊子叮咬。

我們經過一個很大的工人聚落，穿越難走的深溝，然後步上鐵軌。越過鐵路地基，更深入樹林裡。小路像蛇一般蜿蜒曲折，一會兒向上，一會兒向下，像是沒有盡頭的煎熬。接著是平緩卻累人的上坡，我們的步伐因為疲憊而踉蹌，腳還不時陷入路旁的流沙之中。四周一片寂靜，大家或單獨、或三五成群的一起向前走，努力不發出聲音。緊繃的神經瀕臨極限，大家都聽說過敵人的空降部隊，如果他們躲藏在樹林裡，我們該怎麼辦才好？若此刻機槍忽然開始掃射，呻吟聲和喊叫聲將填滿夜晚的靜默，在這片荒山野嶺之中，誰來拯救我們？

又拐了一個彎，眼前展開了這樣的畫面：我們正站在山脊之上，山坡緩緩地向

河谷低降，開闊而平靜的河水表面在月光下閃耀著銀白色的光輝。霎時間，傳來馬達響動的聲音，一片漆黑之中竄出飛機的黑影。我們面面相覷，心裡想著同一個問題：究竟是敵機還是自己人？飛機在河上低飛，真是嚇人[4]，幾乎就從我們的頭頂上飛過。雙引擎的，看樣子是輕型的轟炸機。飛機漸漸離我們而去，機翼和機尾突然閃爍白色和黃色的燈光，我們就這麼站著好長一段時間，定睛看著這些閃動的光點。

引擎聲沉寂下來，我們上路了。向下，向上，向左，向右，沿著路，我們艱難地往前走。我實在沒有力氣繼續下去了，只好把手上的鏟子交給別人。大家都開始擔心，懷疑這一切都是在計畫之中——先是折磨我們直到精疲力竭，然後將我們遺棄。就在這個時候，大家看見遠方木房子的輪廓。終於可以待在溫暖的地方，喝杯熱茶，睡覺休息。但我們的期待落空了。走在小鎮主要的街道上，見到院子裡、柵欄邊排成一列，到處都是像屍體一樣躺著休息的人們，我們知道，自己的下場也差不了多少。我們得知村莊裡已經沒有可以落腳的地方，必須到村子後頭安頓休息。於是，我們又上路了，但走了又走，這村落像是沒有盡頭，道路拐了個彎，屋舍又無止境地延展開來。據說村子裡已經容納了八千人，全是列寧格勒的居民，四處可

見並排躺臥著的人們。終於，我們來到最後一間小屋、棚子，村莊到此為止。我們緩慢地走到路邊，卸下行李，然後在草地上安頓下來。草地是濕的，但也沒有更好的辦法了。無意間，我看見角落有白色的東西，原來是擱在地面上老舊的木板屋頂。我躺在上面，感覺比草地乾燥得多。我蒙住頭，把自己包在棉被裡，滿足地伸展身體，很快就進入夢鄉，熟睡得跟死人一樣。一覺醒來，太陽才剛剛升起，草地在第一道陽光的照耀下閃閃發亮，鳥兒賣力歌唱。不久後我們知道，直到晚上六點以前都是自由活動的時間。

我不知不覺走到一個坐落於奧列傑日河（Оредеж）沿岸高處的大村莊，多麼漂亮的地方。我們在小沙灘上游泳、曬太陽。我們得知此處已經沒有食物，但很快就會送來。

六點鐘組長集合所有的隊員，要我們去工作。

工作從晚上六點開始，持續到清晨六點，每工作五十分鐘休息十分鐘，十二點到一點吃飯。

在晚上九點的那一次休息時間，我聽見熟悉的……[5]

1 指真理街（улица Правда）十號的食品工業勞工文化大樓（Дом культуры работников пищевой промышлености）。

2 塔爾科維奇（Тарковичи）火車站位於列寧格勒州盧加區（Лужский район）。

3 指總菸草工業局（Главтабак）旗下的國營烏利茨基第一菸草工廠（Первая государственная табачная фабрика им. М.С. Урицкого）或列寧格勒蔡特金菸草工廠（Ленинградская табачная фабрика им. Клары Цеткин）。

4 手稿此處語意不清。

5 手稿原文語句未完。

# 八月二十五日

我剛回到家。

---

妮莉亞·克列諾切夫斯卡亞。紅軍電信站（Красноармейская АТС）2-16-42。

---

基拉·薩米什莉亞耶娃。波多爾斯克路（Подольская улица）二十三號之二十。

---

薇琪亞·拉赫曼：紅軍電信站2-34-63。

我們學校和其他幾間學校一起在杜捷爾霍夫[1]附近挖掘壕溝。

我們：我、娜塔莉亞·阿列克謝耶夫娜、瓦莉亞·柯洛布科娃、廖瓦·利卜曼、尤拉·切列科夫斯基一行人搭乘電車，在將近十二點到達杜捷爾霍夫，途中還趕上了塔瑪拉和她的母親。終於抵達學校，一個小時後，我們已經在工地了，我在利—利—傑米亞吉（Ли-ли-Демяги）的生活就此展開。這個芬蘭村莊規模不大，坐落在丘陵之上，村子裡住了許多芬蘭人。我在這裡度過整整十八天。一開始，生活很平靜，我們早上七點鐘起床，八點就到工地。每工作五十分鐘休息十分鐘，空檔時在巨大的乾草堆下走走或躺在陰影裡休息。十二點，值日生送來午餐，然後我們工作到晚上六點鐘，六點一刻就回到住處了。從遠處就能看見我們居住的學校，是位在山脊之上、很大的單層鄉村房舍，屋前有一條窄小的溝道，一條小路從溝道中間穿過，四周圍繞著平緩的丘陵小坡。學校距離工地不到半公里，屋子裡有兩間教室、走廊和前廳。最初是這樣安排的：女生、男生各住一間，我們的房間裡住了十五中學的女生，隔壁則是一些不認識的男孩。在十五中學的女孩之中，我最喜歡卓雅和瓦莉亞。卓雅已經滿十六歲了，但看起來只有十三、四歲，生得一副孩子般天真無

邪的臉蛋，身材嬌小勻稱，留著兩條亮棕色的小辮子。她的五官很好看，鵝蛋臉、高額頭、灰眼珠、直而稜角分明的眉毛、漂亮的小鼻子，還有不那麼好看的寬嘴巴。這嘴巴為她的臉孔增添了某種天真純樸、帶點哀傷的味道。

瓦莉亞——高個子，身材勻稱苗條，暗褐色的頭髮剪得很短，寬臉龐，顴骨突出，有雙棕色、細長、愛笑調皮的眼睛。

她的臉蛋絕對算不上好看，但卻有種誘人而別具深意的表情。一天晚上，我們聚在一起，她們和大家分享自己的戀愛經驗。原來，卓雅完全不像她給人的第一印象，不是個天真無邪的孩子，恰恰相反，她根本是個「壞女孩」。她說，曾經有許多男孩愛過她，但她都只是玩玩而已。她被親過三次——在額頭、後腦杓和臉頰。

「像去年我在克里米亞（Крым）的療養院裡，」卓雅說道，「一個男孩愛上了我。他叫謝遼夏，愛我愛得死去活來。我也愛上了他。有一次我生病，被隔離起來，但他就是不肯離開我。我發高燒，躺在床上，迷迷糊糊地睜開眼睛，總能看見他坐在身邊的椅子上，看起來好悲傷，穿著白色罩衫，多麼溫柔地望著我。」

卓雅閉上雙眼，過了一會兒，她激動地扭來扭去。

「你們知道嗎，有一次真的好糗，一點都不誇張，我想去洗手間，尷尬死

了……」卓雅害羞地笑著說。

「後來……我的病好了。在療養院裡，女生和男生住在不同的房子裡，有一天我在房間，女孩們突然叫我。

『卓雅快來，謝遼夏找你。』

我跑出露台，迎面遇見他。

『我是來道別的，卓雅。我必須離開了，我們大概再也沒有機會見面了。再見。』

他站在那裡，沉默了一會兒，突然用手掌捧著我的雙頰，一把將我拉近，在我的額頭上親了一下。你們知道嗎，女孩們，他就這樣緊緊地貼著我，好溫柔、好溫柔地吻我。然後又突然轉身跑走。我再也沒見過他了。」

過了幾天，這些女孩們都離開了。然後沃瓦、米夏、楊尼亞和基拉·克魯奇科夫[2]來了，待了三天。我們很少碰面，我完全沒有機會和沃瓦說到話。我有些害怕，沒能拿定主意接近他，而他們也沒有來找我，於是我和沃瓦就像是陌生人一樣。他離開之前我在走廊上遇見他，請他到我們房間來，我好詳細跟他說說自己在這裡的生活，並託他將明信片轉交給媽媽。這時候他在我面前又變成一個老實正直的好人。

我們緊緊地握手，他祝福我一切順利，然後就離開了。我去了工地，晚上回來，一踏進房間，簡直傻了眼——房間裡擠滿了活潑的男孩們，還抽著菸，吵鬧得不像話。

我就這樣認識了十五中學的人。他們來了十六個人，一位老師，十三個男生和兩個女生。其中一個女孩竟然是我認識多年的朋友妮莉亞・克列諾切夫斯卡亞，她以前在我們學校念書，和我同班，後來搬家了，現在在十五中學。另一個女孩是她的朋友基拉・薩米什莉亞耶娃。而就在當天晚上，雖然很暗，我還是仔細地觀察了一下，注意到一個在人群之中非常突出的男孩。

他的同伴們大約都十七、八歲，說話的聲音低沉，而這個叫安德烈的男生，中等身材，比其他人都矮，熱情活潑，說起話來是男孩子高而尖的聲音，看起來還不到十五歲，我甚至以為動員十五歲青少年執行特別工作的命令已經生效了[3]。

男孩們一個個開始抽菸，安德烈坐在自己的位子上，時不時與鄰座的同伴交談。我心想，還不錯，這男生不抽菸。正巧就在這時候安德烈站起身，從大衣口袋掏出一個扁平的東西，將菸塞進嘴裡，靈巧地在靴底一劃點燃火柴，然後抽起菸來。這是我第一次看見他的臉孔，一眼就非常喜歡這個男孩。

「安德留哈[4]，把火柴扔過來。」他拋過火柴，然後大搖大擺地穿過房間，往

門口走去。

「噢！」

「該死，你會燙到我的。」

「哦，這位美女叫什麼名字呢？」

「你待會就知道了，沒看到我正拿著熱開水嗎！」

這就是安德烈和瓦莉亞．柯洛布科娃認識的經過。喝過了茶，男孩們都出去了。我們女生正準備入睡，安德烈和佐利亞卻走進房間抽起菸來。

「你們兩個，不要抽菸，房間裡很悶。」瓦莉亞說。

「能不能告訴我，是誰在那裡吱吱叫啊？」佐利亞說。

「不是叫，是說，你少看不起人了。」瓦莉亞回應。

有人走到瓦莉亞身旁，俯身向著她，就在她的面前劃燃火柴，照亮她的臉。

瓦莉亞將火柴吹熄。

「哎呀，是你呀。」安德烈說。

然後他又在我面前點燃了火柴。

我說：「後面的女生都已經睡了。」

「安德烈，你這笨蛋，幹嘛點火柴？還不快熄掉。」

「我們在跟女孩們認識認識。」佐利亞回答。

「好個認識。女孩們，請原諒他，這傢伙無賴是出了名的。」

「欸，薩什卡，你別搗亂，」安德烈說，「現在沒事了，不然我們怎麼知道那些女生是誰，睡夢中被殺了都不知道。」

有人大聲地衝進房間。

「我……靠……我跟你說，我們贏了！」

「夠了，有女生。」傳來安德烈的聲音，「噓，說話客氣一點，這裡有女生。」

「看樣子她們都已經睡得很熟了。」

「女孩們，你們睡了嗎？」

一陣靜默。

「女——孩——們，你們睡了？……」

我們默不作聲。有人點燃火柴，照亮了房間。

「睡了。」

我們就過著這樣的生活——愉快，熱鬧，一點也不平靜。

隔天安德烈和瓦莉亞留下來做值日生，在大家回來之前就已經燒好熱開水、整理好房間，還洗好了餐具。大家七嘴八舌地誇讚他們。

安德烈說：「我的瓦莉亞不是普通女孩，她比黃金還珍貴。」

「有這樣的老婆就太好了！」

「結婚！結婚！」大家叫嚷起來。

「那還用說，新郎答應了。」

「新娘答應了嗎？」

「怎麼還要問新娘？」安德烈說，「她快樂得都不知道該說什麼好了。」

瓦莉亞努力地抵擋向她逼近的男生們。

「你們走開啦！都傻了是不是？」

「全都放開她！」安德烈命令道，「你們不知道該怎麼跟女生相處，這可是有訣竅的。」

瓦莉亞笑得喘不過氣來，其他人也是。

「瓦莉亞是聰明的女孩，你們別亂想，」安德烈說著，轉身牽起瓦莉亞的手，「你現在是我的妻子了，直到永遠。好嗎？好嗎？」

「好好好——只要你別再煩我，累死人了。」

「她答應了！她答應了！」大家全都大聲嚷嚷，「恭喜你！安德留夏！新婚快樂！」

安德烈笑著：「謝謝，謝謝，各位慢用！」

男孩們從房間蜂擁而出。瓦莉亞倒在床上，滿臉通紅地笑著，用幸福的眼神環視我們：

「這些傢伙。我簡直累壞了。」

然後轉過身，背對著我們躺下，把臉埋進枕頭裡。

安德烈出現在門邊。

「瓦莉亞，快來，沒有你不行啊！」

瓦莉亞卻動也不動。

安德烈走近她，瓦莉亞用雙手遮住臉。安德烈蹲下身來看著她。

「瓦莉亞，怎麼了，你這是在幹什麼？」

他靠近她。我聽見他的低語。

「瓦莉亞，你怎麼——受委屈了？瓦莉奇卡[5]，我們只是開開玩笑而已。你在生我們的氣？是嗎？瓦莉亞，回答啊。原諒我們，我們太亂來了。你原諒我們嘛，以後不會了。」

「安德烈，走開啦！」

安德烈一下子挺直身子站了起來。

「哼，你這人，去你的，扭扭捏捏的，連個玩笑都開不起。」

他走向門口。

「瓦莉亞，最後一次問你，要不要來幫我們？」

瓦莉亞馬上抬起頭。

「幫什麼？」

安德烈像是憂心忡忡地說：「嗯，我們，你知道，想要煮咖啡。」

「就這點小事？你們難道不會嗎？」

「那你還不來幫忙？」安德烈回道。

「笨蛋。」

瓦莉亞跳起身來。

「早答應不就好了。還在那邊磨磨蹭蹭，真受不了你們女生扭扭捏捏的……」

安德烈說著，又笑嘻嘻地補上，「而且還是我老婆呢！」

「你最好別在那邊老婆老婆的。」

她跑出房間。

安德烈從窗台上拿了杯子，也跟著離開，嘴裡唱著：「我們結婚吧，我的愛。」

空閒的時間我幾乎都和塔瑪拉在一起。我們登上學校對面的山丘，隨性所至哼唱歌曲，或思考像什麼是愛、該怎麼換個方式解釋「純真」之類的問題。

有一天，工作結束之後，我獨自躺在小山丘的斜坡上，心裡想著許多人和事。七點左右，天氣晴朗溫暖，陽光和煦。一張張熟悉的臉孔掠過我的腦海，「我們結婚吧，我的愛！」這句話突然清楚地在我耳邊響起。我彷彿看見安德烈挺直身子站在我面前，他的表情無所顧忌，甚至有些粗魯大膽。他英挺俊俏，一綹波浪的鬈髮垂落在高高的額頭上。天啊，為什麼沃夫卡就不能像他一樣。於是，沃夫卡的身影接著浮現——高䠷挺拔，那麼好看。為什麼他不愛我，我好希望他能夠愛我，就像

謝遼夏愛著卓雅，我又有哪裡不如她呢？

在劇院裡，我們並肩坐著看《一杯水》6。我偷偷瞄了他一眼，他就在我身旁，那麼親近卻又那麼遙遠，我好想要伸手碰他。但他沒工夫注意我，正全神貫注地看著舞台上的表演。

是他，凌亂的頭髮上戴著舊的無邊小圓帽，趴臥著，雙手托著臉頰，若有所思地看著某個地方。我們往城裡去，火車不停地飛馳，偌大的貨車車廂發出哐啷哐啷的聲響。我側著身子，舒適地躺在木頭板架上層，隔著一個人的位子躺著沃夫卡，米夏．伊利亞雪夫睡在他身旁。

是他，轉過身來，幸福的、孩子般的微笑在他沉思的臉上綻放。他一言不發，只是看著我，親切地笑著，是那種想和朋友分享心情的時候才會露出的微笑。我注視著他幸福的、炯炯有神的雙眼，也開心地笑了。沃瓦很少有這樣的心情，我們就這樣望著彼此好長一段時間，默默無語卻心有靈犀。

是他，和同伴們站在街角。全都穿著白色衣服，吸吮著冰棒。這麼平靜、對一切都不感興趣，彷彿世界上再也沒有什麼能夠驚動他。

在學校，在以前校長的辦公室裡，我站在暖爐旁，沃瓦和我媽坐在沙發上。我

們看著對方，他又露出那熟悉的笑容，不知道想表達什麼。是他覺得快樂，還是因為見到了老朋友而開心，又或者是其他的緣故……

飛機嘈雜的聲響打斷了我的思緒，我回到現實。一群十五中學的男生從隔壁的山丘上喧鬧地下來，哼著歌，不停吟唱著：「走！走——」他們朝我所在的山腳而來，現在我聽清楚歌詞了，是很粗俗、下流的歌曲，讓人想起從前利戈夫斯基的流氓[7]。接著他們唱起另一首歌，稍微好一點，我甚至有點喜歡，於是記住了下面這些：

航行吧，咱們盜賊的小船！哈——哈！[8]
河流將引你向何方？
這就是偷盜的生活！哈——哈！
在一條船上，有福共享，有難同當。
……

阿烏爾卡永遠不會當洗衣工！哈——哈！
偷兒絕不改行做廚師。
髒兮兮的推車會弄髒手！哈——哈！
那才不是我們幹的活。

我們居無定所，四海為家！哈——哈！
方舟就在河流上漂泊。
錢財、女人和伏特加！哈——哈！
我們走到哪兒都推崇。
……

偷兒永遠不會當洗衣工！哈——哈！
絕不會挑另一條路走！
髒兮兮的推車會弄髒手！哈——哈！

任何麻煩也難不倒你我。

大家都在這裡：薩什卡、佐利卡、安德烈、熱尼卡、納捷爾、廖夫卡。

順道一提，納捷爾的事。納捷爾不是綽號，而是他真正的名字。他叫納捷爾，姓阿夫夏爾，是波斯人，看上去十八、九歲，但其實才剛滿十六歲而已。高個子，肌肉發達，身材不錯。他臉龐黝黑、骨骼突出，有個東方人的大鼻子，鼻梁上有小小的突起，還有一雙東方人的黑眼珠和鬈曲的黑髮。納捷爾幾乎貝雷帽不離身，而且非常適合他，比任何人戴起來都要好看。他算是個非常帥氣的男孩，長得很像西班牙人。後來，和他同班的妮莉亞告訴我，納捷爾是個非常善良、正直的人，只不過有時候對朋友有點粗魯，不過那也只是有時候罷了。

傳來喊叫聲，男孩們紛紛讓開，搏鬥開始——佐利卡和熱尼卡打起來了。關於佐利卡的兩三事：他個子也高，身材挺拔，還算英俊，是個猶太人。他是無人能及的無賴，沒有良心，絲毫不知道羞恥，對女孩粗魯無禮，說起話來口無遮攔，像是開砲一樣。

我不喜歡他蠻橫、迅捷而灼透的眼神和粗厚的嘴唇。正是佐利卡日後從城裡搬

來留聲機，整晚播放一張又一張的唱片。他是個爵士愛好者，對克拉芙季亞・舒爾仁柯（Клавдия Шульженко）和艾迪特・烏喬索娃（Эдит Утесова）[9]之類的歌手非常癡迷。他總愛在女生面前賣弄，而他的厚顏無恥卻總是讓我們反感。

他們打得厲害，誰也不讓誰。在地上翻來滾去好一陣子，看來是熱尼卡佔了上風。

關於熱尼卡：他是個非常普通的男孩，沒什麼特別的，長得也算好看，有個短翹的鼻子。他歡快而且活潑，喜歡在女生面前出鋒頭，舞跳得很好，跳完舞總是併足鞠躬，靈巧地從嘴裡吐出小煙環。他戴著藍色的無邊帽。

大家開始喊叫、起鬨，接著熱尼卡伸出手，拉佐利卡站起身來。這時安德烈不知道從哪裡滾來一顆破舊的輪胎，男孩們開始踢足球。安德烈當守門員，另一邊則是佐利卡。安德烈一跛一跛地走到邊上，換下長褲，我這才看見他左腿上纏著繃帶。

他在輪胎旁站起身來，大聲地喊：「喂，你在那裡做什麼？守門員怕了嗎？」然後開始很得要領地模仿起守門員不安的樣子。他叉開雙腿，然後整個蜷縮起來，跳來跳去，向前伸出腦袋。

球賽開始，結果佐利卡是個差勁的守門員，沒能擋下一顆球。安德烈倒是表現得非常好，沒有漏掉任何一顆。矮小靈活的他來到對方球員腳下，劃掉球，將他們趕走，當其他人試圖將他絆倒，他總是能利落地躲避。就連叫罵也很出色，在場上最常聽見他宏亮的咒罵聲。我看膩了，就走開了。

當天晚上我去拿牛奶，提著瓶子走在回程的路上，迎面走來兩個人，正在交談。我退到一旁讓他們先過，看了一眼才知道是安德留夏和瓦莉亞・柯洛布科娃。安德烈盛裝打扮，穿著散腿的褲子和好看的毛料上衣。瓦莉亞頭戴嶄新的白色小帽，肩膀上披著安德烈的外套。兩個人手勾著手走著，身材非常相配，安德烈不疾不徐地和她說話，那麼平和安靜，簡直令人難以置信，這竟然是剛才還在踢足球、毫不客氣地叫罵的那個安德烈。熱辣的妒火像針一樣刺痛著我，我又回頭看了一眼那對已經走遠了的身影，然後慢慢走回住處。當我回到學校，還不到十點，但天色已經完全暗了下來。過了十一點，大家幾乎都睡了，瓦莉亞才和安德烈一起回來。最初我覺得奇怪，但後來也就習以為常了，他們每天晚上都出去約會，有時候很晚才回來。我也不再嫉妒他們了，畢竟他們都十八歲了，而我才十六歲。會輪到我的，到時候我也能玩個過癮。

不過卓雅才十六歲就已經跟男生約會，還接吻了。

這也就是我這個年紀的興趣所在，像瓦莉亞一樣約會玩樂，享受旁人羨慕的眼光。

唉，我這是在說些什麼呢。

在我們還沒有留聲機時，男孩們每天都為我們舉行爵士音樂會。他們表演得還算不錯，和諧地唱著低音，只有安德留夏高而輕柔的嗓音非常突出。他們以人聲配樂，呼號、打舌頭、尖叫，表演得很精采。他們最愛的歌曲有〈塔紐莎〉[10]和〈高加索有山〉：

卡拉佩特愛上美人塔瑪拉[11]，

塔瑪拉打從心底不願和他湊成雙。

（接著安德烈唱塔瑪拉的聲音：）

啊，去你的，老卡拉佩特！

我丈夫是年輕的阿哈邁德。

讓他聽見你說的話，
你準備和腦袋分家。
（所有人：）
高加索有山，最雄偉的山。
山腳下有庫拉河（Кура），好混濁的河。
誰敢爬上山，跳下來，
很可能和生命說再見。
晚上卡拉佩特找到阿哈邁德。
（某人獨唱：）
「噢，阿哈邁德，你想要發財，交出塔瑪拉來，
我要帶她去提比里斯（Тифлис），娶她做太太。」
（所有人：）
阿哈邁德說：
（某人獨唱：）
「我才不在乎，

女人這麼多，錢卻不夠用，
把老婆帶走，再一起喝酒。
丟了一個，還能找來五個！」
（所有人：）
高加索有山……
……
我們都是高加索人，
最喜愛美酒和佳人。
如果美人欺騙了我們。噢—噢—噢—噢—噢！
隨便找個女人走，
磨利短劍和匕首。
然後殺死她，
讓她逃不了。

---

我一無所知[12]，

也不想知道。
我愛你，
至少我明瞭。
親愛的，承認吧，
愛的折磨
你知不知道？
（更加熱情：）
白天我受盡煎熬，
夜裡也無法睡覺。
我一無所知
也不想知道。
但你的微笑
我已經忘不了。
我真不知道
該怎麼辦才好。

女孩，你已經抓住我的心！
女孩，不要如此無情，
女孩，我早就不能沒有你。
你是我的快樂，我的心！

我不願你難過，
就讓這一切成為祕密。
我對你無盡的思念，
和期待偶然的相見。

我住在有音樂的房間[13]，
我們有鋼琴和薩克斯風，
還有四個喇叭音響，
每個房間都有留聲機。
我也有一台小留聲機，

但不放來聽，
它折磨著我，
音樂讓我快抓狂。

我到底像誰？
家人都覺得奇怪。
才聽到歌，
我立刻就會唱了。

我到底像誰？
古怪的個性讓我傷透腦筋。
才剛愛上這女孩，
看，她已經跟別人走了。
噩夢一場！

有幾個晚上，大家開開心心、鬧烘烘地聚集在學校前，佐利卡的留聲機大聲播放著音樂。我感到厭倦，便從這團喧鬧中離開，沿著小徑到山丘下去，遠處的爵士樂聲、叫嚷和笑聲漸漸平息了下來。

山腳下一片靜謐，萬籟俱寂。我環顧四周，真是美好的夜，巨大耀眼的星星從高處俯瞰著我。多麼暖和、寂靜的夜晚啊。輕柔的微風吹撫我的頭髮，我開始同情自己，心思逐漸被憂愁佔據。我在溫暖的乾草上坐下，想著想著，腦海裡又浮現悲傷的想法：在這裡，我孤身一人，無人聞問。每個人都有自己的掛念、悲傷和喜悅。安德烈和瓦莉亞此刻正在某處約會，瓦莉亞是多麼地幸福。為什麼我得不到幸福呢？為什麼？塔瑪拉現在想必已經幸福地睡了，她應該不會想這些蠢事。又或者她也有同樣的煩惱？誰知道呢。

為什麼沒有人陪在我身邊？這樣的夜，真是可惜，浪費了美好的夜晚。我不願獨處，卻也不想要喧鬧，只希望能夠與相愛的人一起度過。但沒有人愛我。我愛他，但我對他的愛戀卻只帶來煎熬。畢竟他不愛我，甚至根本不知道我愛著他。既然都已經知道不會有回應，我又何必向他表白呢？真是遺憾，我的十六歲就要這樣白白過去了。以後當然會有人愛我，但那是未來，未來又有什麼用呢？我現在就要，現

在，就在我十六歲的時候，我想嘗嘗被愛的滋味。

一個人獨自度過這樣美妙的夜晚，真是苦悶極了。沃瓦大概已經睡了，在列寧格勒或其他地方，在頂樓值班。不過這又與我何干？那些討厭的、沒有感覺的臭男生。

我慢慢回到學校，在留聲機旁邊停下腳步。唱機裡流淌出探戈的音樂，安德烈收起唱盤，音樂停止了。他關上留聲機。有女孩朝他跑來：

「安德烈，繼續放吧！」

「不了，女孩們，今天這樣就夠了。量少滋味多嘛！」

「安德留夏，放完背面嘛。」

他取出其中一張唱片。

「安德烈，這是什麼？」

「跳舞嘍！女孩們，最後一支華爾滋！」

華爾滋樂聲揚起，安德烈邀請其中一位站著的女孩共舞。他靈巧地摟住女孩的腰，和緩而溫柔地帶著她，輕輕地來回擺動，然後旋轉——快速地、巧妙地、漂亮地旋轉……音樂結束了，安德烈謝過舞伴，走向留聲機，拿出唱片，放進盒子裡。

「安德烈，再放最後一首嘛。又不會怎麼樣。」

安德烈抽出發條把手：「不，女孩們，今天誰也說不動我了。」

「才不到十一點耶。」

「一樣。女孩們，該睡了，小小年紀這麼晚還在外頭溜達是不好的。」

1 杜捷爾霍夫（Дудергоф）為列寧格勒紅村區（Красносельский район）歷史悠久的村落，坐落於杜捷爾霍夫湖東岸，一九五〇年改名莫札伊斯克鎮（поселок Можайский）。

2 前文提及此人時姓氏拼寫略有不同，作克魯奇科夫（Крутиков）。

3 指列寧格勒蘇維埃執行委員會一九四一年八月九日的決議——「徵募市民參與義務勞動辦法」（О порядке привлечения населения к трудовой повинности）。此命令動員十五至五十五歲男性及十六至五十歲女性執行義務勞動工作，其中包括勞工、職員、大學生、中學高年級生和工廠技術學校的學徒。根據當局八月一日的統計，勞動人力達到一百四十五萬人，考量勞動資源，委員會最後動員了超過六十萬二千人執行地區防禦工事的修築工作。

4 譯註：安德留哈、安德留夏皆為安德烈的暱稱。

5 譯註：瓦莉奇卡為瓦莉亞的暱稱。

6 改編自尤金・史克里布（Эжен Скриб，一七九一—一八六一）劇本《一杯水，或後果與前因》（*Стакан воды или Следствия и причины*，一八四〇）。

7 利戈夫斯基路（Лиговская улица，即今日的利戈夫斯基大街〔Лиговский проспект〕）一帶在革命以前及蘇聯初期被視為列寧格勒最敗壞的區域之一。

8 〈航行吧，咱們盜賊的小船！哈——哈！〉（Плыви ты, наша лодочка блатная! Ха-ха!）是一九三〇年代的犯罪歌曲，又作〈航行吧，咱們偷盜的小船〉（Плыви ты, наша лодка блатовская）。

9 譯註：兩人皆為蘇聯時期紅極一時的歌手。

10 〈塔紐莎〉（Танюша）指著名歌手彼得・列申科（Петр Лещенко）的歌曲〈塔季雅娜〉（Татьяна），由馬克・馬里雅諾夫斯基（Марк Марьяновский）填詞作曲。

11 此為歌曲〈高加索有山〉（На Кавказе есть гора）的其中一個版本，是彼得・列申科的表演曲目之一，作者不詳。

12 此為歌曲〈我一無所知〉（Ничего не знаю）不精確、不完整的改編版本。〈我一無所知〉由Г・瓦爾斯（Варс）作曲，Ф・列夫連（Реффрен，菲立克斯・康納爾斯基〔Феликс Конарский〕）填詞。這首狐步舞曲收錄在Е・波多（Бодо）演唱、一九四一年戰爭爆發前不久發行的唱片中。

13 改寫自Л・О・烏喬索夫（Утесов）曲目〈爵士迷〉（Джаз-болельщик），В・И・列別捷夫—庫瑪奇（Лебедев-Кумач）作詞，作曲者不詳。

# 八月二十九日

今天蓮娜媽媽告訴我一個可怕的消息。她終於決定讓我知道，我的媽媽[1]已經過世了。我依舊無法相信，還不能接受這個事實，但已經感覺到孤寂的空虛向我襲來。沒有任何言語能夠形容我們對彼此的感情，只有親生的母女能夠如此相愛。

你是我明亮的星辰！
你是我曠野裡的花朵！
我親愛的小鳥兒，
你是多麼的美好。

沒有詞語能夠比擬我可愛的蓮娜，

世界上再也沒有比她更好的女孩。

我的雙手顫抖，內心悸動。七月一日她就已經不在了。

---

一九四一年七月一日，在和德軍血腥的戰爭中你結束了四十四年的生命，對你的死，我竟然知道得不多。

媽媽，我最親愛、最珍貴的媽媽，你已經離開我們了。這叫我該如何承受？心要碎了，這是命運給我的第一個打擊。我不停顫抖，害怕極了。快去塔瑪拉那裡。

我好想快去找沃夫卡。不想留在家裡，什麼都看不順眼。

---

德軍攻下了第聶伯羅彼得羅夫斯克[2]，據說他們正一步步逼近加特契納（Гатчина）。城裡在修築永久火力點（ДОТ）[3]，列寧格勒正變成一座堡壘。

我多麼希望能夠有個心愛的人。在這樣可怕的時刻，我們會彼此立下誓言，若能夠存活下來，幾年之後就要互許終身，永不分離。

噢，真是太慘了，我好難過。現在，親生的媽媽已經不在這個世上了，我多麼希望能夠有人愛我。

我多麼哀痛，不停地顫抖。這就是我的第一個打擊。不過十六歲，我就已經遭逢如此的劇變，接下來會有什麼樣的命運等待著我？我不知道。

成千上萬的人在前線喪命，其中包括和我同年、十六歲的男孩們。

今天依照伏羅希洛夫（Ворошилов）新發布的命令，我得以免除特別勞動的工作[4]。我才十六歲，而根據新規定，特別勞動只徵募十八歲以上的女生和十六歲以上的少年。今天塔瑪拉來找我，我們一起度過了愉快的時光。她告訴我許多有趣的事情，然後我朗讀屠格涅夫的短篇小說〈狗〉（Собака）。

接下來回憶過去：

一天晚上，有人衝進我們的房間，大喊：

「大家快看，飛機起火了！」

可想而知，所有的人都衝出房間。我們看見前方的田野裡三團巨大的烈火熊熊燃燒，黑色的濃煙向上竄升。果然，有三架飛機正在燃燒，後來我們知道，其中一架是我們的戰鬥機，另外兩架則是德軍的轟炸機。烈焰燃燒了整整一個晚上，直到隔天早晨殘骸依舊冒著煙。我們平靜的日子就此結束。大概四天之後，我們已經習慣了空戰就在頭頂上進行，飛機瘋了似地旋繞，機槍紛亂地噠噠射擊。高射砲彈在空中呼嘯，在高處爆炸的模樣清楚可見：先是火紅的閃光，然後是輕飄飄的白煙，像是展開了的降落傘，最後漸漸消散。高射砲的射擊也風格各異，有的轟隆，有的咆哮，有的則是幾聲悶響，有時候就像音樂會一樣，非常可怕。震耳欲聾的隆隆砲聲繚繞整個地區，一個新的聲音穿透其間，高而尖銳刺耳——那是砲彈呼嘯的聲音。

砰，砰——咻……砰！砰，砰——咻……砰！轟，砰，砰——咻……砰！

敵人的飛機微弱但頑固、不祥的嗡鳴和這些聲音融合在一起。敵機勉強可見，像是乾淨蔚藍的天空上微小的白點或雲朵上的小黑影。就在那裡！有九架敵機。高射砲發狂似地擊發，而它們依舊飛翔著，難纏、堅決地朝籠罩在淡藍色薄霧之下親愛的列寧格勒飛去。難道高射砲打得不夠高？不，這九架飛機四散成小組，轉向一邊，往上爬升，躲進雲層或朝太陽飛去。突然，其中一架飛機落在同伴後頭，飛得

越來越低，引擎發出不對勁的聲音，周圍閃爆火花，還冒出白煙。接著飛機後頭拖著灰色的煙霧，緊緊跟著，糾纏不休。

「著火了！看啊，著火了！」身邊的人們大叫。

「哪裡？」

「那裡啊，看到沒，後面有灰色的煙。」

「看到了，那也叫著火？」

「那當然嘍。」

我找到正在墜毀的飛機。它越飛越低，雖然非常平緩，但依然是在下降，灰色的煙霧越來越大。敵機緩緩飛到山後頭，然後——媽呀——傾向一邊，幾乎是筆直地墜落到山的後面。

「完蛋嘍！」有人說。

---

現在我要寫下很久以前發生的事情。那時候我和合作社的人一起搭車來到達塔爾科維奇站（Тарковичи），在那裡工作了三天。我們從晚上六點工作到清晨六點，

真是難熬，每到後來都是精疲力竭，剩下的力氣只能勉強回到住的地方。我們站都站不太穩，頭暈目眩，直到晚上六點，一整天的時間都全身癱軟地躺在光禿禿的板子上。我們太過疲累，還沒得到足夠的休息就得繼續接下來的工作。哪裡來的力氣呢？我們幾乎沒有吃東西。第一天我們什麼也沒拿到，第二天配得一百克的麵包，三點左右又領到一小鍋黍米粥。但那是什麼粥啊，即使非常飢餓，我還是覺得難以下嚥，費了很大的力氣才忍住不吐出來。

那天駁船運來食物，五點的時候我們每個人拿到五十克臘腸、一百克乳酪和麵包。船上還有賣肉餡餅、豌豆肉罐頭和檸檬水，不過都是要花錢的。

挖掘工作進入第四天，我才收工回來，裹著被子躺在板子上，過沒幾分鐘就已經進入深沉的夢鄉。不久之後，我在半夢半醒之間聽見低語聲。

「隊長要擬一份十六歲的人的名單，好像要送他們回家了。」

一個女人說：「嗯，這樣也好，他們已經完全沒有力氣了，可憐的孩子。」

聽到這裡，我徹底清醒過來，用手肘撐起身體。卓雅已經列好清單，我也名列其中。一開始我怕是在做夢，不敢相信自己的耳朵，又擔心他們突然改變主意。大家都對我們投以羨慕的眼神。

「女孩們，你們要離開了，真是幸運！」他們七嘴八舌地說。一個十七歲的女孩特別氣惱：「天啊，為什麼我不是十六歲！」

「親愛的，」一位女士說道，「我們何時才能再見到列寧格勒？說不定永遠都見不到了。」

我躺下，心想，莫非真的是命運大發慈悲，難道我真的能逃離這個地獄？然後隊長來了，我永遠也忘不了他是多麼好的一個人。當他走近我們開口說話時，已經接近六點了。

「女孩們！收拾自己的行李，然後帶著這張名單去總部，我隨後就到。而我們，」他轉向其他人說道，「顆伴們，上工啦！」

「那我們什麼時候才能離開？」

「我也不清楚，沒人能夠預測。不過我知道，我們越快完成工作，就越早上路。」

我們趕緊收拾東西，跟大家道別。很難形容其他人有多麼嫉妒我們。來到總部，那裡已經擠滿了人，原來全是病患。我們待在一旁，來了一群吉普賽人，不久之後全都離開了，只有一位和我們年紀相當的吉普賽女孩朝我們走來。

她說要幫我們占卜，大家先是拒絕，但她賴著不走，最後我們只好答應，她為大家用糖占卜，最後我也禁不住誘惑。

「照這上面看來[5]，我親愛的小姐，你很快就會遇見自己的白馬王子。那是非常偶然的機緣，你會得到難以言喻的幸福快樂。」

她說話很快，像是在唱歌，一下子看看我，一下子又望向鏡子。

「幸福的坦途將在你的前方展開，這條道路會引領你遇見你的白馬王子，他會帶給你極大的幸福。」

「你怎麼知道，」我問，「我的王子是白的不是黑的？」

「我親愛的小姐，是我的鏡子告訴我的。」

「你少騙人了，」有人說道，「你那根本是普通的鏡子。」

「如果是普通的鏡子，那又是另一回事了。」她說，憤怒的眼神一閃而過，隨後又甜美地笑了，繼續占卜。

但我問她：「如果你的鏡子不是普通的鏡子，那請告訴我，我的白馬王子叫什麼名字？」她看了我一眼，兇惡的眼神帶著責備。

「好，這就有意思了」旁邊的人們紛紛應和。

「瓦洛加，」她含糊地說，然後又異常熱情地開口唱道：「小姐，你親愛的丈夫將為你帶來極大的幸福！你會過著非常快樂的日子，不會有任何的不幸。」

這是吉普賽女孩的預言。一個半小時之後，我果真意外地遇見沃夫卡。在和他相遇之後，通往列寧格勒的路途上我只感覺到幸福。

生命中的巧合多麼奇妙啊！

1 指蓮娜·穆希娜的生母瑪麗亞·尼古拉耶夫娜·穆希娜（Мария Николаевна Мухина）。因為母親長期身患重病，蓮娜長期與母親的親生姊妹「蓮娜媽媽」——阿姨伊蓮娜·尼古拉耶夫娜·別爾納茨卡亞（Елена Николаевна Бернацкая）同住。

2 紅軍於一九四一年八月二十五日撤出第聶伯羅彼得羅夫斯克（Днепропетровск）。

3 指碉堡等小型的長期防禦作戰工事。

4 指列寧格勒防禦軍事委員會在一九四一年八月二十九日的決議——「徵募居民執行列寧格勒防衛義務勞動工作」（О привлечении населения к выполнению в порядке трудповинности работ по обороне Ленинграда）。

5 手稿此處語意不清。

# 九月二日

「敵人已經兵臨城下。在非常接近列寧格勒的地方，紅軍戰士們正在英勇地作戰！……」收音機裡播音員這樣說。

我睡著了，但聽人們說，昨天夜裡的砲擊聲比過去清楚得多。

從今天起減少糧票的配額，現在我們一天只能拿到一公斤的麵包了[1]。

剛才沿著街上走，順道進商店逛逛，四處皆是一片空蕩蕭條。「俄羅斯甜點」（Роскондд）店裡的糖果、點心雖然總是價格昂貴，但至少豐富多樣。現在櫃台卻是空的：沒有點心，也沒有蛋糕，所有的窗戶都封上了木板。駛過兩輛卡車，第一輛

拉著拖板，載運著殘破的戰鬥機機身，少了螺旋槳，尾翼也折斷了，上頭蓋著帆布。繪有紅星的機翼在另一輛卡車上，也已經毀壞。這樣的景象真叫人哀傷。

我親身經歷了一直以來只從收音機、書本和親人口中得知的感受，幸好牆壁還沒有因為砲擊而震盪大響，牆上也還未破裂生出孔洞。

1 自一九四一年九月二日起，列寧格勒居民的麵包配額如下：勞工和工程技術人員每人每日六百克，雇員——四百克，受撫養者及十二歲以下的孩童——三百克。

# 九月四日

已經好一陣子沒有空襲警報了，但昨天七點十五分警笛再次響起，警報持續了整整一個鐘頭。半夜一點半又響起第二次警報。

今天早晨警報持續了一個半小時。

不久之前警報才剛剛結束，但砲擊還未停止，甚至更加接近。窗戶隨著空氣震動，幸好昨天我已經在玻璃上糊了紗布。還有什麼在等著我們呢？

# 九月五日

將近晚上八點空襲警報又再次響起，持續了四十五分鐘。我去找塔瑪拉，在她家裡待到九點半。我們用留聲機播放唱片，沒說什麼話。正當我們聽著音樂，走廊上突然傳來焦急躁動的聲音。奧爾嘉．安東諾夫娜出去弄清楚到底發生了什麼事。不久之後她回到房間，告訴我們：「在普列德切臣斯卡亞和格拉佐夫斯卡亞街轉角，一棟三層樓的房屋被砲彈擊中，屋頂沒事，但二、三樓有兩戶徹底被摧毀了。」我和塔瑪拉無法相信——在親眼見到之前，我們實在沒有辦法相信。除此之外，據說今天有炸彈落在離方丹卡河（Фонтанка）不遠的街上，有人因此喪命[1]。

三日廣播才說，多虧光榮的史達林雄鷹[2]，敵軍還未能在列寧格勒投下任何一

顆炸彈，還沒有建築被摧毀，也沒有人犧牲。

當時此話確實不假，但今天，已經有炸彈落下，房子被炸毀，也有了第一批犧牲者。我們列寧格勒居民對可惡的法西斯主義者真是恨之入骨。他們想對我們的城市做什麼？今天的砲擊實在嚇人，這還只是一門大砲而已，如果有二十門呢？這個城市會變成什麼樣子？我們能夠存活下來嗎？如今，我就連上床睡覺也不敢完全脫掉衣服。冬天就要來臨了，真是可怕，這會是個什麼樣的冬天呢？什麼樣的命運在等著我們？一旦德國人突破防線，進入列寧格勒，戰鬥就在我城的大街上發生，我將會逃離，說什麼也不能待在這裡。媽媽和阿卡想怎麼做就怎麼做吧。我知道如果不逃跑會落得什麼樣的下場，我和塔瑪拉將會一起逃離這裡。

1 一九四一年九月四日列寧格勒首次遭受砲擊。從德軍二百四十毫米口徑大砲發射出的砲彈在維捷布斯克—調度場站（станция Витебск-Сортировочная）的「布爾什維克」、「沙洛琳」（Салолин）和「紅色石油工人」（Красный нефтяник）等工廠廠區爆炸。德軍於九月六日第一次空襲轟炸列寧格勒，造成十月二十五日大街（проспект 25 Октября，即涅夫斯基大街）一一九號全毀、一一五號受損，利戈夫斯基路自來水管線破裂，「五年計畫」（Пятилетка）工廠裡一間廠房也爆發火警。普列德切臣斯卡亞街（Предтеченская улица）為今日的切爾尼亞霍夫斯基街（улица Черняховского），格拉佐夫斯卡亞（Глазовская улица）是康斯坦丁·薩斯洛諾夫街（улица Константина Заслонова）。

2 「史達林雄鷹」（сталинский сокол）一詞指蘇聯空軍，首次出現在一九三六年七月二十四日的《真理報》（*Правда*）上。一九三五年八月十八日，為慶祝空軍節，蘇聯空軍在莫斯科附近的杜辛諾（Тушино）首度舉行空中檢閱儀式，日後這項一年一度的活動在媒體上被稱為「史達林雄鷹日」。

# 九月六日

今天一整天時不時傳來零零落落的砲擊聲。我去找柳夏，和她在一起真是無聊透了。她從不主動開口說話，塔瑪拉則是恰恰相反，當我還不夠了解她的時候，我總以為她無趣、沉默寡言，不過如今我們變得非常要好，不必刻意找話題就能聊個不停。但我很了解柳夏，她的性格就是如此。塔瑪拉是我真正的朋友，昨天晚上回家的路上，當我們快要走到我家的時候，我坦白告訴她：

「塔瑪拉，我們再找個時間見面吧？畢竟你是我唯一的朋友。」

「你也是。」

「怎麼可能？那娜嘉呢？廖瓦呢？」

「嗯，我和娜嘉完全沒再見面了，跟廖瓦也沒什麼。他根本不需要我，他現在去另一間技術學校念書了。」

「你很久沒見到他了？」

「對啊，三十一號之後就沒有了。我現在不會再強求他了，不然到時候一定會後悔。」

塔瑪拉笑著說：「我這樣說是不是很傻。」

「你知道嗎？」她接著說，「或許他根本不需要我。說不定，每次離開之前，他要我再去找他，也只不過是出於禮貌罷了。」

「不，塔瑪拉，他一定是覺得跟你處得來，和你在一起很開心。」

「才不是呢，他只是覺得無聊。而現在他在念書，所以不會無聊了。已經過了這麼久，他都沒有打電話給我。當然，他或許不方便來找我，但只要願意，打通電話總可以吧。這表示他根本不想打來。」

「別傻了，塔瑪拉。」

「你才別傻了。以前當他想到的時候就打電話給我，邀我過去，然後我們一起去看電影。」

「他都打給你了，還擔心什麼？」

「他有打給我，不過只有在我剛來到這裡的時候。」

「你至少還有這個，我什麼都沒有。」

塔瑪拉沒有注意到我的言外之意。塔瑪拉有真正的朋友。這個朋友，當他想見到塔瑪拉的時候，會打電話給她、邀請她。

我也有這樣一個所謂的「朋友」。但他算是什麼朋友！什麼樣的朋友會忘了我的存在。我們這麼長的時間沒見面，他也沒有一點不安。這樣的人不能叫作朋友。他沒有電話，但至少也可以讓塔瑪拉轉交紙條給我，邀我去作客或來我家拜訪吧。他怎麼就這樣佔著「朋友」的名號，卻什麼也不做？

我是這樣想的：要麼就拒絕這樣的稱呼，要麼就做個名副其實的朋友。「朋友」可不只是簡單的空名，而是要負起責任的。

〔九月〕七日

今天是國際青年節[1]，是全國的星期日義務勞動，媽媽也去工作了。收音機轉播在莫斯科舉行的女性大會，我聽到了巴爾索娃、瑪麗娜·拉斯科娃、多洛雷斯·伊巴露麗、德國作家、羅馬尼亞女性和其他人激動的聲音[2]。

真是深深撼動人心的話語！

據說昨夜十二點德軍在舊涅夫斯基投下了炸彈，炸毀了三棟建築[3]。我還活著，但接下來會如何——沒有人知道。

1 國際青年節（МЮД, Международный юношеский день）是進步青年的節日，在一九一五年的伯爾尼國際社會主義青年大會（Бернская международная социалистическая конференция молодежи）上決議設立，盛行於一九一五至四五年間。俄羅斯自一九一七年起慶祝此節日。

2 一九四一年九月七日，「全世界女性對抗法西斯主義」（Женщины всего мира – на борьбу с фашизмом）大會於莫斯科聯盟宮（Дом Союзов）圓柱大廳（Колонный зал）舉行。會議代表的發言透過收音機同步轉播，隨後與會者發表對全球女性的聲明。В·В·巴爾索娃（Барсова，真實姓氏為弗拉基米洛娃〔Владимирова〕，一八九二—一九六七）為俄羅斯及蘇聯歌劇演唱家、蘇聯人民藝術家（一九三七）；М·М·拉斯科娃（Раскова，一九一二—一九四三）——蘇聯飛行領航員、蘇聯國家英雄（一九三八）；多洛雷斯·伊巴露麗·戈麥斯（Долорес Ибаррури Гомес，一八九五—一九八九）——西班牙與國際工人運動行動者，西班牙共產黨領袖。

3 見九月五日註1。

# 九月八日

一早就有空襲警報，不過持續的時間不長。昨天我讀完瓦多沃佐娃的《一段童年的故事》[1]。柳夏給了我一本書——古斯塔夫．艾瑪爾的小說《庫魯密拉》（*Курумилла*）[2]。

今天，媽媽一如往常七點到家，還帶了番茄和包心菜回來。我們坐下吃飯，但吃不到三口就聽見不祥的警報聲。我們稍微打開窗戶，平靜地繼續用餐，但沒吃兩口，高射砲齊發，一次又一次，而且越來越近，接著傳來劈里啪啦的聲響。沒辦法繼續待在家裡了，媽媽跑去弄清楚狀況。這一切讓我毫無頭緒，轟隆的聲響之巨大，

彷彿天空正在崩裂開來。我因為恐懼而睜大雙眼，像是被刺痛似的跳起身來，以為是炸彈爆炸，一切都完了。我抓住外套，用顫抖的雙手匆匆戴上帽子，然後往避難所衝去。階梯上人們嘰嘰喳喳地說話，有的懷裡抱著孩子，有的拉著老人。街上不知道發生了什麼可怕的事情。我的腦袋裡只有一個念頭：快點下去就得救了！

避難所裡擠滿了人，我們勉強穿過人群，擠進第二個房間坐下。即使室內非常嘈雜，依舊能夠聽見牆外轟隆隆的巨響。

等到完全平靜下來，媽媽因為又餓又累先回家去了，阿卡也是，只剩下我留在避難所裡。不久之後，媽媽回來，為了不讓別人聽見，她俯身告訴我們，不遠的地方燃起大火，濃煙遮蔽了大半天際。沒過多久警報解除，我衝出避難所，才走進院子便感覺陰沉晦暗，跟著大家抬頭向上一看，眼前的景象令我大吃一驚。我從來沒見過這樣的畫面：繚繞的黑煙團團升起，像是暴風雨的烏雲瀰漫整片天空，不祥而駭人，磅礴雄偉的景象讓我聯想到爆發的火山。我往伊凡諾夫街[3]跑去，街上亂成一團，人們急忙奔波，錯愕地揮動雙手。男孩、青少年推開街上的行人，成群結隊地朝那團可怕的濃煙升起處奔去。空氣中瀰漫燒焦的味道。我沿著伊凡諾夫街來到真理街，然後又走了一段。透過建築間的縫隙我看見煙塵下方紫紅的顏色，這團煙

雲滾滾翻騰，在空中四散蔓延。茲韋尼哥羅德街（Звенигородская улица）上消防車一輛接著一輛往火災的區域飛馳，一位路過的女士告訴我們，起火的地方就在亞歷山大·涅夫斯基修道院（Александро-Невская лавра）後面，離這裡大約三公里遠。「化學工廠著火了！那裡有漆和染料。」[4]她說，然後繼續往前跑。

我回家去。伊凡諾夫街上，孩童們正在吹噓收集到的防空砲彈碎片數量，城郊大街上第十一消防分隊的消防車疾駛而過。好啊，這些法西斯分子為列寧格勒準備了很棒的禮物，至於這些混蛋是怎麼突圍的，沒有人知道。

據說炸彈摧毀了舊涅夫斯基一棟六層樓的樓房，警察已經將那裡封鎖，人們整天都在忙著將屍體搬運出來。

今天我不打算把衣服脫下來了。老天啊，今晚將會是什麼樣的夜！

這次的空襲警報從十點半開始，一直持續到十二點四十五分。我才剛躺下，正準備睡覺，預感到今夜會有空襲，所以連靴子都沒脫。警報一響，我跳起身來，穿上外套，和其他人一起〔逃〕出公寓，跑進避難所。我的匆忙並不過分，我們進入地下室的時候，街上已經傳來轟隆巨響。避難所裡面的人比白天還多，牆外防空砲

瘋狂地開火射擊，然後我們聽見爆炸聲，腳下的地面也隨之震動。接著房間裡突然停電，一切都陷入黑暗之中。

我們在避難所裡並沒有待上很長的時間，前後不過兩個小時左右，但最後所有人都已經累壞了。孩子們哭著要回家，抱著他們的媽媽也都累了，大家都想要睡覺。頭一個小時有許多人帶著裹在被褥裡的孩子來到這裡。避難所擠滿了人。這還只是兩個鐘頭，如果要在裡面待上六或八個小時，誰能忍受得了？我今天根本沒睡飽，頭痛得厲害。

今天情報局的匯報裡說，在斯摩稜斯克附近結束了長達二十六天的戰鬥，敵人的幾個師已經被擊潰，殘餘的敵軍正在匆忙撤退。

今天頭一次宣布：「德軍對列寧格勒展開空襲。」原來，一批敵機突破了我軍的防備。在第一次空襲行動中，德軍在城裡好幾個區域投下燒夷彈，幾戶民宅和倉庫因而起火，隨後被迅速撲滅（好個「迅速」——燒了五個小時）。

第二次空襲敵人投下爆破彈，摧毀了房屋，造成傷亡，軍事單位並無損傷。

現在還不到早上九點，空襲警報才剛結束，這次沒有持續很久。奇怪的是，警

報已經解除一段時間了，我卻還能清楚聽見飛機的嗡鳴和高射砲零星的射擊聲響。現在還在嗡嗡作響。這是偵察機正在檢視昨日「訪客們」工作的成果。

唉，這樣的開始好像也不算太糟。燒掉了天然氣工廠、巴達耶夫糧食倉庫[5]、紡織原料倉庫和維捷布斯克鐵路卸貨站。昨晚腳下地面的震動那麼強烈，看來那些都是大口徑的炸彈。好啊，希特勒準備了這麼好的禮物。我們一定會報復，要他們付出代價。

血債血還！以命償命！蘇聯人民在這些披著人皮的野獸的魔掌之下，遭受這麼巨大的折磨，就連黑暗的中世紀拷問酷刑——像是斷人手腳再活生生丟入烈火之中——相形之下都顯得遜色。

他們將為此付出代價——為在轟炸或砲擊中喪命的列寧格勒、莫斯科、基輔和其他城市的居民，為受盡苦難而負傷、殘廢的紅軍戰士們，為被射殺、撕裂、砍刺、絞死、活埋、燒燙、壓死的女人和孩童，為被玷污的女孩、甚至是年紀還小的女童，為毫不畏懼、戴著紅領巾被吊死的小男孩沙夏[6]，為被坐在飛機操縱桿後方獵殺取樂的野獸們發射的爆炸子彈射穿的孩子們和懷裡抱著嬰兒的母親——為了這一切一切，他們一定要付出慘痛的代價。

1 Е・Н・瓦多沃佐娃（Водовозова，一八四四―一九二三）——俄國兒童文學作家、教師。此處提到的《一段童年的故事》（*История одного детства*）是根據作家回憶錄《在生命的黎明》（*На заре жизни*，一九一一）改編的兒童版本。

2 古斯塔夫・艾瑪爾（Густав Эмар，本名奧利佛・格魯〔Оливер Глуа〕，一八一八―一八八三）——法國作家。作者閱讀的小說應為一九〇〇年由И・Д・綏青（Сытин）企業社在莫斯科發行的版本。

3 伊凡諾夫街（Ивановская улица）於一九一八年更名為社會主義街（Социалистическая улица），此處作者使用舊稱。

4 指側路渠河濱路（набережная Обводного канала）七十二至七十四號的焦炭瓦斯工廠（Коксогазовый завод）。類似的傳言也被記載於其他文獻資料中。「過沒多久大家就知道，起火的是側路渠上的焦炭化學工廠……」一九四一年九月九日，第七國營發電站（7-я Государственная электростанция）員工И・Д・澤連斯卡亞（Зеленская）這樣記下。詳見И・Д・澤連斯卡亞，〈日記：一九四一年七月七日―一九四三年五月六日〉（Дневник. 7 июля 1941 г. – 6 мая 1943 г.），《「絕不放棄……」：列寧格勒圍城日記》（*«Я не сдамся до последнего...»: Записки из блокадного Ленинграда*），聖彼得堡，二〇一〇，頁二二。

5 巴達耶夫糧食倉庫（Бадаевские продовольственные склады）為基輔街（Киевская улица）上數十座木造的倉房，於一九四一年九月八日及十日遭受德軍空襲，由燒夷彈引發的兩場大火使存放其中的大部分糧食付之一炬。不過，數百噸燒焦的麵粉和糖仍被使用在飲食之中。不少居民提到，許多列寧格勒人採集或購買浸潤糖水的泥土，加入熱水中溶解、過濾之後飲用或烹調食物。雖然依照當時的糧食配給額度估算，被燒毀的食物只足夠供應數天的需求，但在許多列寧格勒人心中，巴達耶夫倉庫的大火是導致一九四一年冬天飢荒的主要原因之一。

6 翌日在《列寧格勒真理報》上，刊載塔爾圖（Тарту）一位公共事業工人А・楊森（Янсен）所撰寫，關於鄰居卡爾洛・貝斯克（Карло Веске）十一歲的兒子在城裡的公園遭遇法西斯突擊隊員的文章。「注意到他的紅領巾，」楊森寫道：「法西斯分子抓住少年先鋒隊員，將他拖向一棵很高的栗子樹。一個惡棍帶來繩子。這些冷血的虐待狂做了一個索圈，套住男孩，並將他絞死在樹上。」（《列寧格勒真理報》，一九四一年九月九日）或許穆希娜在廣播中聽聞這則故事，不過作者所指的也可能是其他類似的事件。

## 今天是九月九日

現在是晚上十二點。今天有九次警報，其中兩次還持續了兩個多小時。天啊，這些密集的警報真是令人筋疲力盡。在我看來，假使一連十天，每天都有九次空襲警報，那麼城裡的瘋子就會比神智正常的人還要多了。會這麼說，是因為這樣的日子才過了一天，大家就已經如此焦慮不安。街上毫無秩序，亂成一團，大家在人行道上拚了命地奔來跑去。有軌電車的車廂外面攀掛著乘客，無軌電車同樣大排長龍。一切的現象都很容易解釋：九次空襲警報，高射砲瘋狂地射擊，發出轟隆巨響，炸彈爆炸，周遭的一切全都跟著搖晃。

每一回空襲警報都帶走數十人的生命，每一回警報都意味著房屋被摧毀，有人

犧牲。

九次警報——那可是數以百計的生命，數十棟毀壞的建築，是傾毀崩塌的瓦礫，是彈孔和坑洞。

最後一次，也就是第九次的警報真是驚心動魄。我在住房管理所值九點到十一點的班，媽媽和一位女社會運動家[1]也在那裡。地面時不時因為炸彈爆破而震盪，而在警報期間，即使高射砲發狂似地射擊，飛機呼嘯的嗡鳴聲仍舊不絕於耳。炸彈似乎是在非常接近的地方爆炸，每一次爆炸我們都緊緊地蜷縮身體，以為炸彈擊中了我們的房子。但一切都安然過去了。

1 指熱中公共活動，志願參與或從事相關工作的女性。一九三〇年代，在蘇聯，許多女性工程技術人員或模範勞工熱心投入公眾生活，致力於建立新的社會文化。重工業人民委員會（Наркомат тяжелой промышленности）甚至發行以《女社會運動家》（*Общественница*）為題的雜誌。

## 九月十日

才早上十一點，空襲警報已經響了三次。如今，每當警報響起，我都會穿上冬衣和套靴，帶著小皮箱躲進避難所。戰爭結束之前，我都不打算和我的皮箱分開，裡面裝了全新的筆記本、沃瓦的相片、錢、兩條手帕、一瓶茶、麵包跟這本日記。我在箱頂內部寫上電話和地址，萬一出了什麼事，人們還能通知家裡。現在沒有警報，不過依然可以聽見高射砲射擊的聲音。

天啊，我們的城市裡充滿敵人。即使已經逮捕了許多敵軍的信號彈手，夜間空襲一開始，還是有潛伏在城裡、逍遙在外的敵人燃放信號彈，指示轟炸的目標。許多昨晚空襲時在大門邊、頂樓或屋頂上的人們都說，方丹卡河邊的銀行、維捷布斯

克火車站和其他重要的目標上方，在炸彈投下之前都曾經冒出信號彈的閃光。

另一個敵人蠻橫放肆的證明：在空襲的時候，有人當著值日生和管理員的面，在街上潑灑煤油然後點燃。這個惡棍馬上就被拘捕，但火勢並沒有立刻被撲滅，燃燒的煤油就在馬路上四散蔓延開來。

第四次警報持續了大約兩個小時。現在是早上十二點五十五分，第八次警報才剛結束。現在五點左右，剛剛解除第九次警報。

現在十點十五分，媽媽和阿卡正在睡覺。我有預感，晚上的「表演」很快就要開始。我也要上床睡了。我猜得沒錯，十點半警笛呼號。十二點二十分警報解除。

十二點三十分再次響起空襲警報，直到一點整我們才又得到安寧。

# 九月十一日

現在才九點半，已經有兩次空襲警報。敵軍在第二次警報的時候投下炸彈。那些以為白天只有偵察機飛行，一點都不可怕，因而放心、鬆懈下來的人們錯了。你看，白天也有轟炸，真是太嚇人了！

現在警報解除了，但我們依舊不得安寧。可怕的不是炸彈，而是砲彈。砲彈隨時可能奪走你的性命。像現在雖然沒有警報，但還是傳來轟隆隆的巨響。

已經三天了。我們日日夜夜都不得安寧，警報一個接著一個，人們早就耗盡了所有的力氣。昨天十次，第三天九次，短短兩天半就有一共二十一次的空襲警報。往後還有多少這樣的日子？

工人日夜都在機械車床旁工作，休息時間還要在崗位上執勤，才回到家待上兩、三個鐘頭，警報又再度響起。警報一個接著一個，他跑到屋頂上，因為疲勞而搖晃踉蹌。現在大多數的人都無精打采，行走時還不容易發覺，一旦稍稍坐下，眼睛總是不受控制地閉闔起來。

不過至少今天有來自前線小小的好消息。我軍在維爾諾[1]擊敗了敵人。

我真是累壞了。第五次警報持續了一個小時又十五分鐘。才過不到五分鐘，警報又再次響起，這已經是第六次了。現在我外套都不脫了。長射程的大砲發出隆隆巨響。

艱苦的時刻來臨了。在這些日子裡，我真是以身為列寧格勒人為榮。盟友和世界上所有的國家都關注著我們，成千上萬的蘇維埃人民也已經準備好奔赴前線，幫助列寧格勒的居民。

未來還有許多挑戰、困頓和戰鬥。但只要我們一息尚存，德國人休想踏進列寧格勒一步。畢竟敵人的數量也是有限的，我們緊張、忐忑，敵人也是。他們勢必會先疲弱下來，一定會的。

喇叭手吹奏警報解除的信號真是悅耳極了，畢竟這段旋律和十一點播送的〈國際歌〉[2]就是我們能夠聽到的所有「音樂」。已經好長一段時間不曾從收音機裡聽見歌曲和音樂了，全都是即時新聞、青年節目（代替時事紀要），有時也播送高年級學生的節目——大部分是振奮精神、鼓舞人心的內容，唯一不變的訊息是：「前方是艱困的試煉和犧牲，但我們終將獲得勝利。我們並不是孤軍奮戰，所有的國家、整個文明世界都站在我們這一邊，全都注視著我們，對我們的勝利深信不疑。列寧格勒人，鼓足勇氣，別讓敵人玷污了我們城市光榮的名字。」

炸彈爆裂，大地顫動，
火光通紅，好像朝霞。
毒蛇發怒癲狂，但不能得逞，
我的城市不是你能染指。

砲彈擾動著黑夜，
敵人將付出代價。

蘇聯的土地上血液正在流淌，
希特勒終將血債血償。

屋樓崩塌，玻璃震盪，
卐字飛行員轟炸這座城市。
高射砲昂揚歌唱，
拋下一切，法西斯分子夾著尾巴逃亡。

黎明曙光閃耀屋頂上，
受創的城市忐忑無語。
人們勞動，不惜所有的力量，
只為早日療癒你的創傷。

我的城，
懷著滾燙的惡意，匪徒將你摧毀。

但敵人沒機會看見，
你那寬廣的街道，筆直有如箭矢。

我的城，銜著領袖的名，
偉大的城市，彼得的傑作。
萬眾一心，意欲灼熱，
只為了保衛你，列寧格勒。

1 維爾諾（Вильно）即為今日的維爾紐斯（Вильнюс）。德軍於一九四一年六月二十三日攻陷維爾諾，並佔據到一九四四年七月十三日。

2 〈國際歌〉（*Интернационал*）是國際共產主義運動的代表歌曲。一八八八年由法國作曲家皮埃爾·狄蓋特（Пьер Дегейтер）作曲，法國詩人歐仁·鮑狄埃（Эжена Потье）填詞，一九〇二年由*А*·Я·柯茨（Коц）填寫俄文版歌詞。一九一八至一九四三年間，〈國際歌〉為蘇聯政府的國歌，一九四四年成為蘇聯共產黨的代表歌曲。

# 14／IX—四一年

德軍長射程的大砲朝著我們開火[1]，昨天我們所住的區域已經遭到砲擊。我們的房子目前沒有損傷，但環顧四周，砲彈就在我們身旁落下：伊凡諾夫街、拉斯耶斯日亞街十六號、弗拉基米爾花園（Владимирский садик）、馬拉特街（улица Марата）、真理街、大戲劇院（Большой драматический театр）、亞歷山大劇院（Александринский театр）附近和其他地方。砲彈飛過我們的房子，有的在一段距離外落下，有的從旁邊掠過，每分每秒我們都可能喪命。怎麼不乾脆找到，然後炸掉這些該死的砲？投下兩顆兩千公斤的炸彈，說不定還會簡單一些，上千人的性命將因此得救。每個人都想要活命——就連那些已經喪命的也想要存活下來。孩子們、

襁褓中的嬰兒、老人和年輕的男男女女，大家都想要生存，但是砲彈不長眼，這不祥的金屬塊從不選擇犧牲者，也不放過任何人。除非終日待在避難所裡，不踏出地下室一步，否則根本無法逃過炸彈的攻擊。而對許多人來說，這是不可能的。

我親耳聽見敵軍砲彈的嗡鳴，緊接著是呼嘯而過的聲音、破裂聲、房屋被炸毀的轟隆聲響和巨大的回音。真是太可怕、太嚇人了！

不過完全沒有空襲警報。

太奇怪了，十日有十次警報，十一日有十一次，而十二日卻只有兩次——早晚十點各一次，而且晚上的警報還沒有「演出」。昨天，十三日，只有一次警報，而且誰也沒預料到，竟然是在凌晨三點。

我們，列寧格勒人，在九月八、九、十日這可怕的三天，已經習慣了每天十一次左右的警報。所有人——在乎生命的人——都急急忙忙躲進避難所，然後好戲上演：火箭、飛機的轟鳴、爆破炸彈迸裂的巨響和燒夷彈呼嘯的聲音。十一日人們提早躲進地下室，警報只持續了半個鐘頭。但十二日開始了猛烈的砲擊，許多人索性在避難所裡過夜，尤其是那些住在五樓、面朝敵軍砲火的人們。

再說，地下室只能擋住砲擊，完全無法承受轟炸，根本稱不上是空襲避難所。

經過這三天的觀察，結果已經非常明白：幾乎所有的避難所都被打穿或塌陷。像是在第五紅軍街（5-ая Красноармейская улица）上一棟石造的、非常堅固的九層樓建築，被爆炸力強大的炸彈擊中，幾乎全毀。避難所正上方一部分的牆壁雖然撐過了攻擊，但隨時都有可能倒塌，所以無法挖掘被掩埋在避難所裡的人們。必須先拆去殘餘的牆，而在拆除的過程中，許多人就這樣不幸死去。

1 一九四一年九月四日至十二月三十一日間，列寧格勒僅有十二天未遭受火砲攻擊。根據地區防空隊的正式統計資料，這段期間內敵軍共向列寧格勒發射一萬三千零七十七枚砲彈，空投三千四百九十三枚炸彈、五萬五千八百四十一枚燒夷彈。

## 九月十九日

今天四點鐘警報聲大作。這是第四次警報，我快速地穿好衣服，然後繼續看書。不知怎麼地，我覺得早上不會有空襲，這樣的想法令我安心不少。總之，我穿好衣服，但沒有馬上下樓。

高射砲開始射擊，而且越來越近，越來越近。是這樣的，軍隊進駐我們家後方的溜冰場，架設了高射砲，非常危險。溜冰場上的高射砲開始怒吼，我想也是時候該走了。我從房裡跑向樓梯，聽見可怕的哭號和呼嘯聲就在頭頂正上方響起。大家紛紛衝出公寓，奔跑下樓。

「快！快點！炸彈朝我們這裡來了！」有人呼喊。

我們加速狂奔，聽見一聲悶響，然後陸陸續續又有更多。又是呼嘯的聲音、號叫，接著是爆炸的巨響。我們本能地蜷縮成一團，覺得天花板就要崩塌。

終於，我們躲進避難所，全都不停的顫抖。沒有人相信我們的好運氣，但我們得救了！真的，非常幸運的是，炸彈落在馬路上，而不是我們的公寓。

傍晚我們得知轟炸的結果。三枚炸彈落在五角場[1]、三枚在五角場到納希姆遜廣場[2]之間，一枚炸彈摧毀了克羅克利納亞街（Колокольная улица）上的一棟房子，另外一枚落在真理街的馬路上。幸虧我們運氣好，房子安然無恙，甚至連一片門窗玻璃都沒有破損。在炸彈落下的地方，道路兩旁的玻璃全都被震破。我忘了說，在納希姆遜廣場，炸彈擊中電車，幸好車廂裡沒人，乘客已經全都逃出來了。

在許多地方，炸彈破壞了電纜，炸毀了電車路線，所以電車全都停駛了。

真是可怕的一天，還有多少這樣的日子等著我們呢？

1 人們將城郊大街、羅曼諾索夫街（улица Ломоносова）、魯賓斯坦街（улица Рубинштейна）和拉斯耶斯日亞街交會的路口稱為五角場（Пять углов）。

2 納希姆遜廣場（площадь Нахимсона）即為今日的弗拉基米爾廣場（Владимирская площадь）。

# 九月二十二日

我還活著，還能寫日記。

如今，我對於守住列寧格勒已經完全失去信心了。

那些響亮的話語在我們耳邊重複了多少次：基輔和列寧格勒是強攻不破的堡壘，法西斯分子絕對不可能踏進烏克蘭繁華的首都和我們北方的珍珠——列寧格勒。但今天收音機竟然傳來消息：在多日的激戰之後，我們的軍隊已經撤出基輔。這代表什麼？沒有人明白。

我們被砲擊，我們被轟炸。

昨天四點塔瑪拉來找我，我們一起散步。我們先去看傾塌的屋子，就在附近。大莫斯科街（Большая Московская улица）上緊鄰著薇拉．尼基季奇娜家的一棟房屋被炸彈擊中，幾乎全毀，不過損壞從街上是無法察覺的，要從院子那一面才能看見。鄰近的房子，包括薇拉．尼基季奇娜住的那一棟在內，門窗玻璃一片不剩。納希姆遜廣場上有四處柏油馬路被炸彈破壞，再遠一點，在寵物商店那一邊，從納希姆遜大街[1]轉角到新青年劇院[2]對面的小巷之間，所有的房屋也都沒了玻璃。史特列爾金巷（Стрелькиный переулок）[3]的慘狀更加嚇人，有一處巷弄兩旁的建築都被摧毀，到處盡是殘破的瓦礫，同樣看不到一片玻璃。最悽慘的一棟建築各個角落都被削去，所以房間、走廊和屋內的物品全都暴露出來。在六樓的牆邊擺著一個橡木碗櫥，在小桌子旁邊的牆上掛著（很奇怪）——掛著有長鐘擺的老爺鐘，沙發背對著我們，就在那面已經不存在的牆邊，上頭蓋著白色的罩布。

回家的路上，我和塔瑪拉遇見米夏．伊利亞雪夫。他一直不好意思地微笑，讓我們也覺得很尷尬。我們握手打招呼，聊了一下，然後又握手道別，他說自己正要去食堂吃點東西。我又一次表現得不太恰當：我有點害怕，並沒有看著米夏，只瞧了他一眼。米夏變得成熟結實，有一雙粗硬的、工人般的手。他變了很多。

和米夏道別之後，走了正好五步，我們遇見格利沙·哈烏寧。不知道他是真的沒看到我們，還是假裝沒看見，我們也就這樣走過去了。

我和塔瑪拉在麵包店裡排隊買汽水，接著在空襲避難所裡待了半個小時，然後又花了半個小時爭論應該到誰家去，結果我贏了，所以我們回到我家。因為空襲警報的緣故，塔瑪拉被困在我家直到八點，我們一起寫好我要給沃夫卡的紙條。是這樣的，那個豬頭又對我很糟糕。公寓裡所有的住戶要將頂樓漆上石灰[4]，我們分配到的部分得付十五盧布，我和媽媽決定自己漆。我打算請朋友幫忙，反正這也不是第一次了。我去找他，他不在家，於是我留下字條，交給他父親。我請他幫忙，但他沒來。就算他有事要忙，也應該來告訴我：「我在忙。」真是不可原諒。再者，就算他和我只是認識（就不提朋友兩字了），出於每一個有教養的、和他一樣年紀的男孩都具備的騎士精神，他也應該過來。我寫了一張嚴肅的紙條，託塔瑪拉轉交給沃瓦。我和塔瑪拉已經約定好，如果收到回應，她會在五點之後來找我，若沒有回應，我去找她。

今天塔瑪拉沒有過來，因為一直有空襲警報，我也就沒去找她。就這樣，我也不知道究竟有沒有回應。真是好奇。在我看來，如果沃瓦認為我們還是朋友，也對

他可惡的所作所為感到慚愧，他當然應該回信。而如果我的事他都毫不在乎，我的字條對他來說只是一張普通的、沒有意義的紙片，那麼便不會有回音。當然，也有可能他把紙條給同伴們看了，大夥正一起回信給我。但若真是如此，這樣的回應對我而言就沒有任何意義了。

1 納希姆遜大街（проспект Нахимсона）即今日的弗拉基米爾大街（Владимирский проспект）。

2 指列寧格勒新青年劇院（Новый ТЮЗ）。Б·В·宋（Зон）於一九三五至一九四五年，先後於列寧格勒和撤離期間擔任該劇院院長與藝術總監。劇院最初位於熱里亞波夫路（улица Желябова，亦即今日的大馬廄街〔Большая Конюшенная улица〕）上，後來遷至納希姆遜大街。詳見A·別林斯基（Белинский），《未道盡的》（*Недосказанное*），〈戰前童年的聖殿〉（Храм довоенного детства），http://www.theatre.spb.ru/seasons/2_2_2000/1_case/2.htm（2011.03.11）。

3 在《聖彼得堡地名百科》（*Топонимической энциклопедии Санкт-Петербурга*，聖彼得堡，二〇〇二）中查無此地名資料。

4 一九四一年八、九月間，為了消防安全考量，所有列寧格勒房屋的頂樓內部都塗上了同年七月由國立應用化學學院（Государственный институт прикладной химии）調配的石灰塗料，大大降低了火災發生的機會。

## 4/X—四一年[1]

已經好久沒寫日記，但今天實在忍不住了。噢，我的老天爺啊，他們對我們列寧格勒人做了什麼。

我在克拉拉・蔡特金婦幼衛生學院（Институт охраны материнства и младенчества им. Клары Цеткин）[2]裡的醫院工作，我們看護的輪值以一晝夜為單位：早上九點到隔天早上九點工作，接著休息一整天直到第二天早上九點。這樣一來我只能隔夜睡眠，雖然辛苦，但還能忍受。不過，完全無法睡眠而只能在避難所裡打盹的時候，就太可怕了。現在是早上六點四十五分，從昨晚七點半到今天早晨六點一共有六次空襲警報，其中兩次各持續了三個小時，兩次兩小時，剩下的兩次則是半小時和一

小時。我在醫院裡工作非常艱苦，我正慢慢適應，不過值班的日子我能吃飽，還可以拿到第一類的糧票和一天四百克的麵包。

自從一起寫紙條給沃瓦，並相約隔天見面的那個夜晚之後，我就沒再見過塔瑪拉了。昨天我寫了紙條，託羅莎莉亞·帕夫洛夫娜拿給歐夏，再讓歐夏轉交塔瑪拉。就這樣，我到現在還不知道沃瓦對我的紙條有什麼反應，不過我一點也不後悔寫了這樣一封態度強硬的信給他。

在躲避空襲的時候，我偶然和伊妲·以薩耶夫娜談到男女友誼的話題。畢竟愛只能專一，但在愛情之外，可以和許多男生做朋友。伊妲·以薩耶夫娜告訴我，她十七歲的時候就有許多男生朋友，他們的友誼持續到今天，絲毫沒有褪色。他們五個死黨是同班同學，三男兩女。

我們不也是兩個女孩（我和塔瑪拉）和三個男生（沃瓦、米夏和楊尼亞）嗎？為什麼我們就不能像他們一樣要好？——不知道。難道是男生不喜歡我們？——不是的。難道是他們不適合做朋友？——也不是，甚至相反，就應該和這種男孩交朋

友。那麼到底是哪裡出了問題？我真不明白。在我看來，或許是我們不知道該如何接近彼此。

太難過了，真是太令人難過了。在這麼艱苦的戰爭時刻，全班竟然只有我們五個人留在列寧格勒。在這段時間內，我們有機會成為一輩子的朋友。畢竟沒有人會打擾我們，季馬不會，艾瑪不會，羅莎不會，其他的女孩也不會。但是……

我和塔瑪拉不夠熱情，男生也有點冷淡。我們之間的關係不大自然，太過拘謹，而且楊尼亞有點格格不入，這麼嚴肅要怎麼做朋友呢？如果我們能夠更單純一點，一定可以成為很要好的朋友，就像男孩和女孩之間最普通的交往，如果我們喜歡彼此，如果他們和我們玩的話。而我們卻這麼拘謹，裹足不前。

1 作者誤將此處以及十二、十三、十六、十八日的日記標題記為「九月」，本書已根據日記所述事件的發生時間修正。

2 婦幼衛生科學及臨床醫學中心於一九二五年一月七日設立。一九二八至一九三二年間名為克拉拉·蔡特金婦幼衛生科學研究中心（НИИ охраны материнства и младенчества им. Клары Цеткин），一九三二年改設為高等教育機構（醫學院附設醫院），一九三五年二月起改為兒科醫學大學，一九九五年又改為兒科醫學院。

## 〔十月〕五日

四日的夜晚比前一天晚上還要嚇人。雖然只有四次空襲警報，不到六次那麼多，但卻都非常可怕，地面因為炸彈爆炸而不斷地震動。第二次警報的時候我坐在兩個女人身邊，一位年輕，另一位上了年紀。年輕女子不停地哭訴，不久之後我們便從她口中得知了他們第一次空襲警報時慘痛的遭遇。他們一群人從電車上下來，來到城郊大街上一處空襲避難所，媽媽和女兒躲進避難所裡，但很多人——尤其是男人們——只能待在門邊。這時砰地一聲炸彈爆炸，崩毀了入口，許多在入口處的人們就這樣被埋住。那些躲在裡面的人毫髮無傷，只是天花板稍微陷落。人們敲下一扇窗戶然後爬出室外，他們目睹人們將被掩埋者挖掘出來，許多都還活著，但已經瘋了。

第三次警報的情形是這樣的：走廊上的奔跑騷動將我吵醒，警報聲就在這時候響起。我比誰都快地穿上衣服，往樓下跑，聽見院子裡的人們激動的喧嘩。我往院子裡看，聽見有人大喊：「失火了！大門和頂樓燒起來了！」我一頭霧水，只知道房子裡起火了。我奔走警告大家危險的消息，然後跑進避難所，裡頭已經擠滿了人。衣衫不整的人們帶著孩子，在大皮箱旁或坐或站。就在此時，響起了砲擊的聲音。

# 十月十二日

我就要去軍醫院當看護，照顧受傷的戰士了。這全都要感謝伊妲・以薩耶夫娜的安排。我將會幫助這些人，多虧他們，我還能有家和家人，為此〔我〕將付出自己所有的力量。這樣一來，在家裡我就能和大家平起平坐，再也沒有人能叫我米蟲。〔伊妲・〕以薩耶夫娜說，在醫院裡有許多看護都是女孩，或許我能跟誰交上朋友。而戰士和傷患也都是人，或許其中也有十七、八歲的男生。或許我會喜歡上某個男孩、找到朋友。對於去醫院工作我沒有一點猶豫。

我當然會去醫院工作，減輕家裡的負擔，賺些自己的錢，和家人有一樣的權利。

走開！猶豫和悲傷。
我勇敢地望向遠方。
很快地，你會看見我點點滴滴的努力，
美好的城市，英雄的城市。

幫助、撫慰、愛
我們，列寧格勒人，將不惜一切，
報答為我們流血犧牲的人們，
一起捍衛這座城市脫離黑色的瘟疫。

從倫敦傳來友好的問候。他們說：「泰晤士河是涅瓦河[1]的親姊妹，而倫敦和列寧格勒——是攜手〔對抗〕法西斯野獸的兄弟。」[2]

三點五十分，第七次空襲警報結束了，我好想睡覺，頭痛得像是要裂開。第八次警報結束了，塔瑪拉來找我，聊了幾句，又響起警報。在避難所裡我們聊得很盡興。警報解除，我請她上樓再待個半小時，但我們都已經走進廚房了，警報聲卻又

再次響起，只好回到樓下，不過這次持續的時間不長。在避難所裡我們遇見卡帕．羅巴諾娃，和她聊了一會兒。然後塔瑪拉就離開了，和她在一起隨意閒聊，真是自在愉快。

現在是七點四十五分，已經有十次警報了。

有意思的是，我好愛小孩子，而塔瑪拉則不喜歡。她無法忍受小孩哭泣，哭泣讓她抓狂，她甚至想用重物敲哭泣的人的頭。而我，當小孩哭的時候，我會安撫他，讓他信任我。

1 譯註：涅瓦河（Нева）為俄羅斯西北部的重要河流，源於拉多加湖，流經列寧格勒，注入芬蘭灣。

2 這段問候的出處不詳。當時許多英國組織向列寧格勒人民表示支持，《列寧格勒真理報》上，短短幾天內就刊載了牛津大學對國立列寧格勒大學（Ленинградский государственный университет）、大英博物館對國立薩爾地科夫—謝德林公共圖書館（Государственная Публичная библиотека им. М.Е.Салтыкова-Щедрина）和東北英格蘭防空衛隊對列寧格勒守軍的問候。詳見《列寧格勒真理報》，一九四一年十月八、十、十一日。

## 十月十二日[1]

我已經完全習慣了這份工作，病人們都很喜歡我。八日我第一次見到死去的人。我們部門當天就有兩個傷患死去：腹部受傷的孕婦和死於氣性壞疽的男人。我對死者〔沒有〕一點恐懼，只是為他們感到惋惜。尤其是那個男人，就在不久之前我還看見他活著，和其他人一樣，微笑、抽菸。我很喜歡他年輕、討人喜愛的臉龐。男人被送進處置室，經歷了輸血、注射等等一切可能的治療手續，大約五個鐘頭之後才終於〔被送〕回走廊上。我得知他就要動手術，截肢切除一條腿。〔他〕躺著，微笑著，然後被帶走。當他再被送出手術室，我已經認不得他了──他吃力地喘息，痛苦地呻吟，臉色蒼白，而且不停抽搐。這就是我所記得的他臨終的樣子。接著

〔我〕被派去藥局取氧氣。我跑回來時，在走廊撞見醫生，他對我說：「穆希娜，不必趕了，不需要氧氣了。他死了。」我不能相信自己的耳朵，跑進我們的部門，而他已經躺著被送出病房，臉上蓋著白布。太可怕了。

七日我們經歷了時間最長的空襲警報，從七點半到一點半，我和塔瑪拉在避難所裡待了整整六個小時。想想看，六個小時。

而昨天（我不在家），聽說有好幾次可怕的空襲。敵軍在我們的區域投下許多爆破彈，但很多並沒有直接爆炸，所以還來得及排除。據說有六顆炸彈在亞姆路[2]上爆炸。

明天（如果我能活到明天的話），我會見到塔瑪拉。

1 日記原稿此處破損，應為十二日日記之延續。

2 亞姆路（Ямская улица）於一九一五年更名為杜斯妥也夫斯基路（улица Достоевского），此處作者使用舊稱。

# 十月十三日

現在是七點十五分。

空襲警報剛剛解除，這回沒有持續很久，但卻非常嚇人。我們城郊大街上布滿燒夷彈。因為今天值八到十一點的班，我決定不去避難所，直接到管理室去。一走上街，我便看到維捷布斯克火車站那邊一輛有軌電車正冒出熊熊烈焰，自車頂落下綠色的火星和燃燒的磷片。在五角場，無線電電子設備所在的那棟房屋上的塔樓也起火燃燒。

一列九號車停在我們的房子旁邊，燒夷彈就落在車廂旁的電車線上，若不是我們的人及時撲滅，電車就要燒起來了。我們的人拯救了電車。爆破彈落在和我們非

常接近的地方，整棟屋子都劇烈地震盪搖晃。日子真的是不一樣了。今天下午我和塔瑪拉去「十月」（Октябрь）電影院看了剛上映的電影《老禁衛軍》和《科爾辛基娜的歷險》[1]，後者很滑稽，非常歡樂，讓我們打從心底開心地哈哈大笑。

1 一九四一年十月十六日的《列寧格勒真理報》電影欄登載有以下消息：「敬請觀賞最新上映的藝術電影：一、《小提琴音樂會》（*Скрипичный концерт*），勳獎導演B・彼得洛夫（Петров）執導，邦迪（Бонди）主演；二、《老禁衛軍》（*Старая гвардия*），勳獎導演C・蓋拉西莫夫（Герасимов）作品，Б・帕斯拉夫斯基（Пославский）與布林諾夫（Блинов）主演；三、《科爾辛基娜的歷險》（*Приключения Корзинкиной*），勳獎演員亞寧娜・瑞摩（Янина Жеймо）馬戲演員穆欣（Мусин）主演。獲頒列寧勳章的列寧格勒製片廠製片，藝術總監：Ф・厄姆勒（Эрмлер）。」這些電影的首映早在一九四一年十月九日即同時在十間戲院舉行。值得注意的是，在列寧格勒電影院的劇目上只提到《科爾辛基娜的歷險》，但事實上，正如同日記作者所述，觀眾可以同時欣賞三部電影短片。

# 十月十六日

冬天來了，昨夜下了第一場雪[1]。德軍就像是一堵無法克服的牆，向我們進逼而來。戰況慘不忍睹，最新的消息實在令人難受。我們的軍隊已經棄守馬里烏波爾、布良斯克和維亞濟馬[2]。加里寧[3]方面也是戰況緊張，可以說是已經被敵軍拿下。這一切真是太可怕了。維亞濟馬距離莫斯科一百五十公里遠，也就是說，德軍距離首都只剩一百五十公里了。今天收音機廣播第一次宣布：「西線戰事非常吃緊，德軍集結大批的坦克和摩托步兵突破我方防衛。我軍承受極大損傷，因而撤退。」這就是廣播的內容，過去從來沒有聽說過這樣的消息。

灰心喪志。我開始覺得，我們再也看不到明亮的日子，活不到光明、快樂的五

月了。

德軍一定會把列寧格勒變成廢墟，然後佔領這座城市。我們，所有來得及逃跑的人們，都只能住在樹林裡，餓死、凍死，或者被擊斃。

的確，對成千上萬的人來說，飢寒交迫的冬天已經到來。今天塔瑪拉會來找我，我們將和阿卡一起學英語。明天我又要去工作，那裡也不輕鬆，安涅奇卡和另外兩個女人過世了，上次值班的時間，我幾乎全都待在一位垂死傷患的病床邊。

匆匆瞥見瓦列里，看樣子以後他不會再和我們一起工作了。他站在走廊上，沒有穿罩衫，害我沒認出他來，他先跟我打招呼。真是個很棒的男孩，可惜我們相處的時間是如此地短暫。

今天和昨天下午睡覺的時候，我夢見沃夫卡。他似乎是餓壞了，裸著身子向我走來，我餵他吃東西，為他穿上衣服。他感謝我，說現在總算認清了什麼才是真正的朋友。然後在秋天的花園裡有人拿著刀追殺我，眼看就要被趕上的時候，沃夫卡和男孩們出現在我眼前，他把追捕者絆倒，我也就得救了，還有一些其他的。

1 許多市民提及一九四一年十月中旬降下的第一場雪。十月十五日，劇場藝術家A・A・格里亞茲諾夫（Грязнов）在日記中寫道：「昨夜開始，列寧格勒覆蓋上一層白色。下雪了。」詳見〈日記：一九四一—一九四二年〉（Дневник 1941–1942 гг.），《圍城中的人們：新的見證》（*Человек в блокаде. Новые свидетельства*），聖彼得堡，二〇〇八，頁三五。十月二十一日列寧格勒蘇維埃執行委員會通過決議，自二十五日起供應暖氣。詳見《列寧格勒真理報》，一九四一年十月二十一日。

2 德軍於一九四一年十月六日攻佔布良斯克（Брянск），隔日攻下維亞濟馬（Вязьма），八日佔領馬里烏波爾（Мариуполь）。

3 譯註：加里寧（Калинин）為今日的特維爾（Тверь）。該城於一九三一年改名，以紀念蘇聯政治家M・И・加里寧（Калинин），一九九〇年恢復舊稱。

# 十月十八日

昨天夜裡真是可怕極了。八點鐘響起空襲警報，正是分發病人晚餐的時候。防空砲一下子就朝很近的地方開始射擊，突然傳來轟隆巨響，接著聽見玻璃碎裂的聲音。我當時就在女子病房裡，病患們尖叫、呻吟，變得歇斯底里。值班醫生阿尼西莫夫跑來，我們試著安撫病人，等到稍微平靜之後，我和另一位看護把餐具送回餐廳，我被告知可以吃完鍋子裡剩餘的粥。我正在吃剩下的食物，窗外傳來不尋常的喧嘩聲，還聽得見喊叫和警察的哨音。我問其中一位護士外頭究竟發生了什麼事，她驚訝地回答：「難道你不知道嗎？失火了！就在對街，卡爾．馬克思工廠（завод Карла Маркса）燒起來了，喏，你看。」她領著我走進浴室，拉開窗簾，我看見街

上比白天還要明亮，從這一片光亮之中竄出巨大的火舌，升起一團團火紅的煙霧。的確，我們醫院對面的卡爾．馬克思工廠正陷入一片火海。我這才明白這場騷動從何而來，救火隊員正在工作、叫嚷，消防車抵達，發出嘈雜的聲音，泵浦也嗡嗡作響。大火直到清晨四點才被撲滅。

就在這個夜裡，弗拉基米洛娃過世了，送來新的傷患——頭部受傷的女性和十七歲的男孩。男孩頭部受傷，是在屋頂上滅火的消防員。

## 11/XI

1

已經十一月了，嚴寒籠罩，遍地積雪。我去學校上課[2]。對我而言，十月我所不得不經歷的一切彷彿是場陰鬱沉重的夢。甚至難以想像，就在不久之前，我每天六點鐘起床，六點四十五分就已經和媽媽一起出門了。又黑又冷，有軌電車裡擠滿了人，走過入口，花園裡被直直的踏出一條小路。我脫下大衣，迅速穿上白長袍，戴上白色的三角頭巾……看，病人在那裡，尿盆、尿盆！吆喝著：蓮娜，去那裡！蓮娜，來這裡！蓮娜，去藥局！蓮娜，去化驗室！蓮娜，拿尿液去檢驗！這一切不是夢境，而是現實。我工作賺錢，然後轉眼被辭退，就這樣又回到學校。我在車爾尼雪夫巷（Чернышев переулок）三十號的第三十中學[3]上課。昨天我們班上還有五

個男生、四個女生：米夏·И、米夏·Ц、沃瓦·И、楊尼亞·Я、歐夏·Б、塔瑪拉·А、娜嘉·К、莉妲·С、貝拉·К，還有加利亞·В。昨天我還看到沃瓦，而今天他們五個人都沒來學校。早上在走廊遇見塔瑪拉和歐夏的時候，我聽塔瑪拉說——而她又是從歐夏那裡聽來的——米夏·И、米夏·Ц、楊尼亞和沃瓦·伊金遜都轉到博羅金諾街（Бородинская улица）上的三十六中學去了。世事真是無常呀。

同班了八年，我們是——這樣說吧——夥伴，而他們卻一句話也沒說，甚至沒有和我們道別就突然離開，消失不見。沃瓦，虧我還對他這麼（別提了）。我們曾經那樣親近，一起看電影，聊得多開心，我們可是夥伴啊！但一轉眼，他的名字和面孔就此從我的生命中消失，永遠消失。我不明白他們是怎麼拿定主意的。就這麼簡單，說走就走？他們是為了什麼轉到別的學校？原因又是什麼？他們連一句話也沒有解釋。難道說他們和我們根本沒有關係？難道八年的情誼一點都不值得？他們怎麼能這樣做？不，這不是真的。怎麼不是真的？恰恰相反，一切都是這麼簡單，比簡單還要簡單。我真是個怪人，應該要習慣才是，我們已經身處在這樣的一個世代。

愛戀！夥伴情誼！不，這些概念離當今的年輕人多麼遙遠，就像我們和太陽一樣遙遠。

就這樣，一切都結束了。沃瓦，我們相識，然後分離。我們就像煙霧般散去，彼此忘記，只有在你翻看相簿裡的照片時才會想起，曾經有這樣一個蓮娜·穆希娜，一個單純的女孩，然後你會微笑著讀相片背面的字：「蓮娜給醜小鴨」。或許，命運還會讓我們在某處相遇。沃瓦，我永遠不會忘記你。

我會一輩子記得你。

我無法不愛你。

我永遠不會忘記你，

而且將帶著對你的思念活下去。

就算你是地球上最差勁的壞蛋，卑鄙的、不值得注意的無賴，但你是我的初戀，你就是那個在我的靈魂中點燃了什麼而不自知的男孩，而這個「什麼」將會在我有生之年持續燃燒——時而光亮地閃燃，讓炙熱的氣惱和委屈在我心中燒灼，時而隱隱含著一點星火，暗暗地燃燒。在這個世界上，你是我最珍愛的人。願你過著幸福的生活，沒有任何操煩和悲傷。

祝你一切順利安好。

再會了，沃夫卡！

再見。

天啊，我好緊張，不過又何必呢？去找其他男生，找別的同學吧。我們班上也有比沃夫卡更好的男孩。沃夫卡・弗里德曼、格恩卡・K，還有其他人。別忘了班長托利卡，他多麼像安德烈，聲音和動作都像。坐在我後面的格恩卡也是個很好的人，只是好像不太愛說話。不過沒關係，來日方長，我們還有時間互相認識。

別灰心，蓮娜，在初戀之後總是會有第二段愛情的。

勇敢一點，繼續向前。

只要我能存活下來，一切就都好了。

不過我能活下來嗎？每天都有討人厭的「禮物」從天而降。列寧格勒被包圍。敵人圍困莫斯科。德軍接近圖拉[4]。烏克蘭全部淪陷。頓巴斯（Донбасс）。美國援助我們武器和糧食。未來將會如何？沒有人知道。但無論如何我都要活下來，我想要愛人，至於愛誰，以後再說吧。說不定我未來的男朋友就在這個新的班級裡，在

這一群新的男孩之中呢。

1 日記原稿標記為「X」（十月）。此外，本篇首句作者誤將「十一月」記為「十月」，第二句中「十月」記為「九月」，本書已根據日記所述事件的發生時間修正。

2 根據列寧格勒蘇維埃執委會一九四一年十月二十六日的命令，七至十年級學生的學年自十一月三日開始。詳見Л·Е·拉斯金（Раскин）回憶錄，收錄於《列寧格勒保衛戰：一九四一—一九四四》（*Оборона Ленинграда. 1941-1944*），列寧格勒，一九六八，頁七四七。

3 第三十中學位在車爾尼雪夫巷（今日的羅曼諾索夫街）十三號。根據列寧格勒蘇維埃於一九四一年一月十四日發布的規定，學校改名為三一八中學。寒假之後課程並未恢復，一九四二年五至七月，學生於鄰近建築（車爾尼雪夫巷十一號）內的三一九中學（以前的三十二中學）上課。

4 圖拉（Тула）防衛戰自一九四一年十月二十四日起，同年十二月五日結束。

12/XI[1]

每天都有可怕的轟炸，每天都有砲擊。

1 日記作者將此處及十六、二十二日之標題月份誤記為「**X**」（十月）。

## 16/XI

又是空襲警報。拜託，才晚上七點半，德軍真是說來就來。

今天有點煩。阿卡早上九點出門找吃的，直到五點才回來。我和媽媽本來已經不抱希望，以為她不會拿到任何食物，我們今天也就沒有午餐可吃了。結果阿卡突然現身，她沒有空手而歸，而是帶著五百克肉凍回來。我們馬上煮了湯，每個人都喝了滿滿兩碗。現在我們還能勉強過日子，但如果情況繼續惡化，還真不知道該怎麼活下去。之前——比較起來還真的是不久之前——媽媽在工作的地方不用糧票就能拿到湯，我們學校也發了第一次湯。不過隔天就公布新規定，湯也要按照糧票發放。

一百五十克的麵包對我們來說顯然是不夠的[1]。阿卡每天早上買她和我的麵包，

我到學校之前就已經全部吃完，接下來一整天都沒有麵包可吃。真不知道該怎麼辦，或許應該這麼做：每隔一天用五十克米穀糧票在食堂拿一道主菜，當天就不買麵包，這樣一來，就能隔天吃到三百克麵包，實在應該試試。我覺得不太舒服，始終感到身體某個部位隱隱作痛。很快地，這個月二十一日是我的生日，我就要滿十七歲了，怎麼說都要慶祝一下。真不錯，我的生日落在下旬的第一天，所以一定會有糖果。好想吃東西。

等戰爭結束，一切都恢復平靜，可以買到任何東西的時候，我要買一公斤的黑麵包、一公斤蜜糖餅和半升棉花籽油。把麵包和蜜糖餅弄碎，倒入棉花籽油，好好地搗碎、攪拌，然後用湯匙盡情享受，直到再也吃不下為止。我要和媽媽一起烤各式各樣的餡餅：肉餡的、馬鈴薯餡的、包心菜餡的和碎胡蘿蔔餡的。我們還要炒馬鈴薯，吃炒得焦黃、剛起鍋還滋滋作響的馬鈴薯。還有魚湯加酸奶、餃子跟配著番茄和炒洋蔥的通心麵。還有熱呼呼的、表皮酥脆的長麵包，抹上奶油，和臘腸、乳酪一塊吃——而且一定要是大片的臘腸，這樣一來，大口咬下的時候牙齒才能完全陷入配料裡。我們還要吃鬆軟的蕎麥飯，加冷牛奶，還可以把蕎麥和洋蔥一起放進鍋裡炒得油油亮亮再吃。最後，我們要配果醬吃熱騰騰、油膩膩的布林餅和飽滿厚

實的油炸餡餅。天啊，我們大吃大喝的樣子連自己見了都會嚇一大跳。

我和塔瑪拉打算寫一本關於我們這個時代蘇聯九、十年級學生生活的書，關於那些轉瞬即逝的愛情，關於初戀和友誼。總之，我們要寫一本自己想讀，但很遺憾地，目前並不存在的書。

警報解除。終於停了，現在是八點四十五分，明天還要去學校，是時候該上床睡覺了。

下次見。

1　自一九四一年十月十三日起，雇員、受撫養者和十二歲以下孩童每日的麵包配額為一百五十克，勞工和工程技術人員三百克。

# 一九四一年十一月二十一日

我的生日就這樣到來，今天我滿十七歲了。我有點發燒，躺在床上寫日記。阿卡出門去找奶油、米和通心麵，不知道什麼時候才會回來，說不定會空手而歸。不過我還是覺得開心，今天早上她把我的一百二十五克麵包[1]和兩百克糖果交給我。我幾乎吃完了全部的麵包，一百二十五克實在太少了，而這些糖果我得要吃十天。本來算好每天可以吃三顆糖，不過既然已經吃了九顆，就索性再吃四顆來慶祝生日，明天起再嚴格遵守計畫，一天吃兩顆糖果。

城裡的情況依舊緊張。轟炸、砲擊都還不算什麼——我們對這一切司空見慣的程度連自己都感到驚訝——可怕的是，糧食的情況一天比一天悽慘。我們沒有足夠

的麵包。感謝英國人為我們送來可可、巧克力、很好的咖啡、椰子油和糖——全部都是英國貨，為此阿卡覺得非常驕傲。但麵包，麵包呢？為什麼不送麵粉過來？列寧格勒人要吃麵包，否則是沒有辦法好好工作的。大家都說——收音機更是除此之外什麼也不提——勝利指日可待，再過不久我們就能擊退敵人。只要敵人一撤退，糧食便能源源不絕地湧進列寧格勒，為我們注入生命的力量。而此刻我們必須忍耐——是的，我們忍耐，但這一切實在太難承受。有時候我甚至絕望地想，我們所有的人都會像蒼蠅一樣成群死去，永遠見不到光明的勝利之日。不行，必須拋開這個有害念頭。老天啊！多麼希望阿卡、蓮娜媽媽和我都能夠順利度過這段艱困的時日，又活過來，又能深深呼吸。老天啊！多麼希望媽媽能吃胖一點，阿卡也能感覺舒服一些。我替媽媽和阿卡擔心，她們肯定無法熬過這樣厲害的飢餓。況且，沒有人知道未來將會如何，說不定麵包每隔一、兩天才會送來，而食堂裡什麼也沒有，那該怎麼辦？不，我們不會走到這一步。美國和英國會支援我們，畢竟德軍在列寧格勒受挫對他們有利。我軍在列寧格勒的勝利就是對莫斯科最大的幫助，而德軍在莫斯科的潰敗將會扭轉這場歷史性戰爭的局面，讓敵人潰退的日子提早到來。但願這一切快點來臨。每一天都帶來突破敵人封鎖的希望。

塔瑪拉來找我，她……什麼也沒帶來。是這樣的，昨天我把自己肉食和米穀的糧票交給她，託她今天替我在學校的食堂兌買午餐，米糧票換兩份主食，如果有機會，再用肉食糧票買兩塊肉排或臘腸，有什麼就拿什麼。她答應了。

我和阿卡今天全部的希望都寄託在塔瑪拉帶來的食物上。我們已經拿定主意，阿卡會用主食——管它是粥、通心粉還是什麼——煮兩鍋美味濃郁的湯，而肉排分成三份，我們要吃肉排三明治慶祝我的生日。結果，噢，真是糟透了！塔瑪拉來了，卻兩手空空，什麼也沒有。沒有主食、沒有湯，什麼都沒有……塔瑪拉噘著嘴，沒好氣地發誓，再也不答應任何人做任何事情了。她告訴我，今天她花了兩次課間休息的時間排隊，但還是沒能買到。主食賣完了，所以她只買了一份湯，卻又把湯灑了。至於她是怎麼灑了湯，我直到現在都沒能弄明白，只知道這一切真是糟糕透頂了。

阿卡很快就要回來了，又累又冷，而且八成是一無所獲。那可就完蛋了，我不知道她該如何面對塔瑪拉沒能帶來任何食物的事實。然後媽媽回到家，又疲憊又飢餓。她知道今天是我的生日，所以特別趕著早點回家，如果阿卡什麼都做不出來，那該怎麼辦呢？我們會好好「慶祝」我的生日。我不打算在媽媽和阿卡面前為塔瑪拉說話，但我也不想責怪她。人總會遭逢不幸，不過是倒楣罷了，就當作是糧票被

偷吧，每個人都可能遇到倒楣的事情。

我當然很委屈，真是難過極了。竟然就在我的生日當天，我們沒有飯吃，得餓著肚子，而且還是因為我最好的朋友的緣故。

好了，現在可以把留下來配肉排的那片麵包吃掉了，然後試著入睡，一覺睡到明天。

當我親愛的、慈藹的媽媽餓著肚子回來，我要將她擁入懷中，用力地緊緊抱住她，向她訴說我們遭遇的痛苦。我想她不會生氣，畢竟她在外頭應該已經吃了點東西。我只希望她不要生氣，不要讓我的生日變得更加悲慘。除此之外，我別無所求。我們可以各喝一杯紅酒，然後喝茶配糖果。

只希望不要有爭吵，希望一切都能平靜地過去——這就是我最大的願望。

已經六點半了，媽媽卻還沒回來。窗外高射砲猛烈地擊發，第二次的警報還沒結束。希特勒今天變本加厲，連昨天的份也一起打來了。

正如我的猜測，阿卡五點鐘回到家，挨餓受凍，兩手空空。她排隊買麵條卻沒能買到。沙夏阿姨在隊伍前面，買到了麵條，但阿卡沒有。阿姨甚至沒看阿卡一眼，竟然不讓位給老太太，真是可惡！天啊，真是不可思議，我們實在是倒楣到了極點，

就好像所有的天神和魔鬼都在與我們作對。

好想吃東西，肚子裡只感覺到難耐的飢餓。好想、好想要麵包。只要能夠填飽肚子，我願意付出任何代價。

我們何時才有機會飽餐一頓？什麼時候才能脫離這些折磨？什麼時候才能買到扎實、飽足的食物，一整碗粥或是通心麵？真是夠了，只吃湯湯水水是撐不了多久的，而我們已經有一個多月只靠稀湯過日子了。這樣要我們怎麼活下去？老天啊，苦難何時才會結束？這可是一年一度的生日，屬於我的日子。我還記得，這一天，阿卡總會烤餡餅和白麵包，我們坐在桌子前喝茶和酒，碰杯子乾杯。桌上放著好多糖果、點心，有時候還有蛋糕和臘腸乳酪三明治。這一天，尤其是最近幾年，家裡沒有客人，我們三個人卻也都能好好慶祝。我永遠也不會忘記一九四一年十一月二十一日，我一輩子都會記得這一天。一九四二年十一月二十一日（若我還活著），我會一面切下一大塊黑麵包，抹上厚厚的奶油，一面回想起一年前，一九四一年的這一天。對我來說，這塊塗了奶油的黑麵包肯定會比所有的珍饈佳餚、所有的點心和蛋糕加起來都還要奢華。噢，天啊，我將會多麼滿足地一口咬下、咀嚼這塊麵包——麵包，真正的麵包。

媽媽，親愛的媽媽，你在哪裡？你已經身埋地底，離開我們，永遠安息了[2]。我和成千上萬的蘇聯人民正在受苦受難。怪誰？就因為那個瘋子荒誕的幻想——他打算征服全世界，真是胡說八道。就是他，讓我們吃盡苦頭，肚子裡是空的，心裡卻滿是傷痛。天啊，何時才會結束？這一切總該有個盡頭吧！

1　一九四一年十一月二十日起列寧格勒實施最低量的麵包配給：勞工和工程技術人員每日二百五十克，一般雇員、受撫養者與十二歲以下的孩童則是一百二十五克。

2　請見八月二十九日註解1。

## 22/XI

今天早上我算是慶祝了自己昨天的生日。阿卡七點出門買巧克力，九點給了我茶、今天一百二十五公克的麵包，還有五十克巧克力——貨真價實的英國巧克力。我們不曾擁有過真正的進口巧克力，這種巧克力只存在幻想裡。真正的英國巧克力散發著香氣，油潤、堅硬、分量十足而且漂亮好看。把五十克的巧克力分成四大塊，也就是每一塊十二又二分之一克，苦中帶甜，真是美味。總之，是從印度來的，真正的巧克力。

如果未來列寧格勒麵包短缺而改發巧克力代替，我們也不至於餓死。看來英國送來了足夠的巧克力，而且還會再運過來。憑兒童的糧票可以換到像是西米、葡萄

乾和＊1等等的英國食品，不過僅限於兒童糧票。除此之外還可能拿到碎麥和米。

這碗湯真是極品！是阿卡從學校領回來的。多麼可惜，我們竟然沒有想到，其實阿卡昨天也能去拿午餐，根本不必拜託塔瑪拉。

今天阿卡在那裡拿了兩份粥，裡頭加了一小塊奶油。阿卡將其中一塊給了我，另一塊放在飯裡煮成美妙可口的湯，而且量很多，每個人吃完一碗，還能再添上三勺。

接下來我們要改變做法了。我拿來總共三份米穀糧票，計算著該如何使用才能夠撐到月底，還剩下整整八天。如果一天能有一百克那就太好了——嗯，以防萬一，還是算七十五克好了，也就是一份湯和一份主食。

我的玻璃瓶子裡本來有三塊很棒的巧克力，不出我所料，現在只剩下小小一塊了，留著這樣一塊還真好笑，所以我馬上就會把它也吃掉。至於阿卡昨天給我的那盒糖果呢？我算了算，一共有三十四顆渾圓漂亮的糖果，其中四顆我用來換了兩顆黃豆，今天卻只看到五顆可憐的小糖果了。其他的跑到哪裡去了呢？沒錯，我昨天沒吃午餐，只吃麵包和糖果，就把它們全吃光了。昨天一天我就吃了二十五顆糖果。我安慰自己，今天可是我的生日，多吃一些，明天就一顆也不吃了。不過「明

天」來臨了，而昨天被我放過一馬而倖存下來的五顆可憐的糖果，也已經統統葬身在我無良的大嘴裡。我真是慚愧。算了，畢竟昨天我餓著肚子，那得另當別論，不過今天，今天我有麵包、巧克力和湯，所以這些不幸的犧牲品本來可以暫時逃過一劫。反正照樣是註定要被吃掉，就讓它們再苟延殘喘個一、兩天吧。但我實在忍不住，掙扎了好一陣子，還是吃了一顆——這就表示，在沒有消滅所有手邊的食物之前，我是不會善罷干休的，於是我把糖果和巧克力全吃光了。接下來的八天，我又沒有東西可以配茶了，我會埋怨，自己究竟是怎麼搞的，竟然在一天之內就吃掉了二十五顆糖果。

我漂亮的、道地的英國巧克力，你到哪裡去了？我怎麼會就這樣吃了你？這麼美麗，只能欣賞，而我卻把你吃掉。我真是跟豬一樣。如今只剩下最後的一線希望，更正確地說，那是我最後的慰藉。如果媽媽肯和我們分享，那麼我就能拿到另一塊巧克力。這次我不會吃它，我發誓一定要好好地保存。我只會欣賞，直到媽媽的巧克力連最後的一點碎屑都不剩，我才會把它吃掉。

剛才我又將整本日記讀了一遍。天啊，我變得多麼庸俗膚淺！腦袋裡想的、手裡寫的全是食物，而除了食物之外，這世界上明明還有好多其他的東西啊。

德國人真是胡鬧，遠程的火砲不斷擊發，沒有停過。但沒關係，很快他們就會安靜下來。剛才有飛機越過我們的屋頂，往敵人砲火的方向去了。

城市裡繼續如常的生活，工廠生產貨品，商店販賣交易，學生上學，電影院、劇場、馬戲團都照常運作[2]。日常生活也發展出新的方式：沒有煤氣，買不到煤油，人們就在火爐上用柴或木片做飯，大部分的人被安排到各個食堂用餐。現在很少有人再躲進防空避難所了，求生的意志是不變的，但大家都因為長時間的營養不良而虛弱無力，受不了來回上下樓梯的折磨。現在是這樣的光景，什麼也買不到，所以大家身上都有很多錢，幾乎每天都去電影院或劇院，而在課間的空檔或空襲警報的時間——在避難所裡，則是打牌玩樂。幾乎所有的下課休息時間——甚至在某些課堂上——都能見到同學們玩二十一點賭錢，真是非常墮落。我常常觀察他們的牌局，他們一下子就能贏得五到七盧布，有時候甚至是八盧布，於是我目睹他們如何失去對錢應有的尊重，隨便將錢丟在桌上，「全押了！」「三盧布！」若不小心掉了一盧布在地上，也不急著彎腰去撿，還說二十戈比是無所謂的小數目。就這樣，許多同學貪心地把贏來的錢藏起來，相反地，也有人故作瀟灑，滿不在意。

昨天我又拿出自己的明信片來看。以前印的明信片五花八門，漂亮極了，

不像現在的粗糙馬虎，根本沒用心下工夫。我又一次翻看媽媽三年前從五山城（Пятигорск）寄來的所有明信片，還有在背面寫給我的信。

於是我回憶起，並不很久之前，不過是上個冬天，我和媽媽曾經夢想搭乘輪船沿著伏爾加河旅行，也打聽、探尋過[3]究竟要花上多少錢。還記得，我和媽媽堅持夏天一定要出門旅行，非去不可。我們將會坐上掛著淺藍色窗簾和燈飾的軟臥車廂，迎向那個幸福的時刻——我們的火車駛出車站的玻璃頂，奔向自由，往好遠、好遠的地方去。我們坐在桌子前享用美味的食物，心裡明白，各式各樣的消遣、美味的佳餚、新奇的地方、大自然與蔚藍的天空、綠樹和花草就在前方，越來越精采的歡快娛樂正等待著我們。我們一面聊天，一面看著列寧格勒被遠遠的拋在後頭。在那個城市裡，我們經歷了多少磨難、多少煎熬，飢寒交迫，待在冰冷的屋裡，留心聽著高射砲轟隆隆的巨響和敵機刺耳的嗡鳴。我們拋開這些回憶，像是揮去痛苦的噩夢，望向紅星快車帶著我們飛馳而去的遠方。這就是德國人曾經踏過的土地，彼時大地還覆蓋著冰雪，遍地皆是斑駁的彈坑和壕溝，帶刺的鐵絲糾結纏繞，冰冷的寒風在耳邊呼號。我們正經過的這條鐵路一度被游擊隊拆毀，就在那道坡堤之下，散落著被摧毀成碎片的車廂，沿途隨處可見半身被白雪覆蓋、已經發黑的敵人屍體。

我和媽媽不經意地瞥見坡地上濃密的綠草，但這一切都已經無法讓我們聯想起這場自己才經歷過、從中倖存下來的戰爭。那些歷史性的時刻，當戰局逆轉、德軍停止推進，當他們開始戰敗、撤退，當他們夾著尾巴逃跑，當我們攻進柏林，最後一次砲聲響起，最後一枚砲彈爆炸，最後一發步槍射擊——這一切雖然還是不久以前的事情，但都已經過去了。遠方晦暗的列寧格勒覆蓋著一層薄霧，那些我們和榮耀永不褪色的勇士們、真正的英雄們一同迎來勝利的日子，都已經消逝退去。一切都過去了，退入背景之中，讓位給新的事物。而這些新的事物也過去了，我們已經安葬了在戰役中亡故的戰士們，永遠緬懷他們，向他們的榮光致敬。列寧格勒也治癒了自己的創傷，我們換上新的玻璃窗，重建被摧毀的房屋。一切都已經過去了，就連廚房裡火爐上煤氣重新嘶嘶點燃的那天和第一支雪糕出現的日子，也都跟著走入歷史。

我和媽媽望向窗外，天啊，我們多麼幸福。一連串的回憶在腦海裡揮之不去。回憶，然後深感慶幸，因為關於這段歷史，我們只能回憶，因為一切都已經過去，再也不會回來。回想最後一次警報解除的喇叭號音是如何結束，回想火光又是如何燃起——不，不是火災——而是充滿快樂和光明的電力燈火。歡天喜地的列寧格勒，櫥窗玻璃卸下木板和塵埃，又恢復晶瑩光亮的模樣。有軌電車哐啷作響，汽車呼嘯

而過，頭燈閃亮耀眼的光芒，照亮成千上萬幸福家庭的玻璃窗。還有廣告、招牌，全都光彩動人、熠熠閃光，在這第一個歡慶的日子……

1 手稿此處無法辨讀。

2 根據劇院和電影院的節目表，此日在列寧格勒有七間電影院維持正常運作：列寧格勒蘇維埃劇院（Театр им. Ленсовета）、列寧共青團劇院（Театр им. Ленинского комсомола）、喜劇劇院（Театр Комедии）、音樂劇劇院（Театр музыкальной комедии）、戲劇院（Театр драмы），以及青年劇院（ТЮЗ）和遊藝小劇場（Театр эстрады и миниатюр）。在三十四間電影院、文化中心和俱樂部裡共播映二十四部電影，而在國家馬戲團（Госцирк）則舉行由克拉芙季亞·舒爾仁柯和弗拉基米爾·科拉利（Владимир Коралли）參與演出的爵士音樂會。詳見《列寧格勒真理報》，一九四二年十一月二十二日。

3 手稿此處語意不清。

# 十一月二十三日

昨天我讀自己寫的幻想故事給媽媽聽，她非常喜歡，不過我不想繼續寫下去了。接下來我打算每天放學之後留在安靜的空教室裡熟讀所有的功課。課表上同一門科目兩堂課之間最大的間隔不過兩、三〔天〕，我想，如果今天在安靜的環境下，不受干擾地熟讀了老師指派的範圍，舉例來說，地理好了，三天內我不可能忘記所有的內容。就算忘了，複習起來也不必很久，在家裡我還可以用來閱讀。只要確實執行這個計畫，我就能讀很多書。我要盡快讀完狄更斯的《遠大前程》（*Большие надежды*），然後開始看其他書。我想要添購一個布爾什維克書架，買各種小冊子。然後我要買俄語文法書，複習所有的拼字寫法，這樣一來，我文學課的作文才不會

因為拼字或文法錯誤被扣分。嗯，說得夠多了。「坐而言不如起而行。」現在要開始讀文學，接著還有其他科目。同時阿卡會熱湯，等我們喝完湯，我就要開始寫代數作業。

## 27／XI 一九四一年

今天我一點半才回到家，已經算是好的了，25／XI我們下午五點才從學校回來，而昨天則是四點。問題在於，這幾天，每到第五堂課鐘響前三到五分鐘總是傳來斷斷續續的警報聲。衣服就掛在教室裡，我們慌忙穿上，然後下樓，跑過中庭，躲進學校的避難所。我們學校的避難所環境不錯，有五個用厚牆隔開的房間，每一個房間能夠容納兩個班級，裡面明亮又溫暖，空氣很好（有通風設備），長椅、板凳、黑板和粉筆一應俱全。我們坐在長椅上，老師在黑板旁繼續上課。今天文學課上到一半，校長走進教室通知我們砲擊已經開始，於是我們在避難所裡上完文學課，然後是歷史，按照課表接下來又是文學課，但校長宣布，空襲警報結束了，要大家快

點回家。我們不想餓著肚子在地下室待到四、五點，所以馬上跑回家，不過才走出校門——警報又響了。我們差一點沒能來得及溜走，現在我正在警報最緊張的時刻寫下這些句子。

阿卡正在熱湯，馬上就可以開飯了。今天我和媽媽決定不買麵包，這樣一來三十號休假日才不會沒有麵包吃。我們還有一些亞麻籽，炒過以後非常美味。昨天我們三個人都吃飽了，今天也不會挨餓，至於以後——那就沒有人知道了。順道一提，現在按糧票配發巧克力、糖果代替肉，之前還能拿到奶酪代替奶油，而現在改成果泥。

在學校，我們每個人每天都還是能用三十戈比買到一顆巧克力糖。之前必須到樓下的小賣部去買，但因為總是大排長龍，還有學生因此而耽誤上課的時間，現在改變了做法。第二堂課上到一半，校長和穿著綁了個大結的白色工作服、手裡拿著幾個盤子的小賣部女店員走進教室。清點出席人數之後，她算好相應數量的糖果放在盤子裡，接著班上一位同學拿著盤子分發糖果、收錢，收來的錢再交給校長帶走，然後被中斷的課程繼續進行。不過，可想而知，大家都已經心不在焉，大部分的同學都在嚼糖果。我們也不再去小賣部喝茶了，或者應該說是喝熱開水才對。

今天在避難所裡，我坐在格尼亞·柯比雪夫旁邊，他就是那個我第一眼見到就感興趣的男孩。他看起來謙遜而安靜，從不表達自己的想法，也不主動說話。

歷史課前的休息時間，周圍所有的人都在聊天，他卻在讀《死魂靈》[1]。我問他：「你喜歡《死魂靈》嗎？」他沒有說話，而是用那不明確、但無論什麼時候都清楚明白的肢體語言回應。然後我問他：「你最喜歡哪一個科目？」他又一次用那不明確的肢體語言回答，靦腆地笑著。我並沒有就此打住：「嗯……你喜歡歷史嗎？」「不喜歡。」「地理？」「地理還好，我喜歡數學。」「數學？那自然科學呢？」「不，不喜歡。」我說不下去了，而他若有所思地看了我一會兒，又繼續讀《死魂靈》。

格尼亞個子不高，身材還算勻稱。他的頭頂有一撮滑稽的亮色頭髮，淡藍色的雙眼流露出溫暖、柔和的眼神，神情無辜而討好，微笑起來羞澀靦腆，偶爾甚至有些諂媚。真好奇獨處的時候他究竟是個怎麼樣的人。

已經三點十五分了，而空襲警報還沒有結束。高射砲齊發，一會兒平息下來，一會兒更加頻繁猛烈。

現在開始念書，讀文學。

五點五十五分警報結束，但六點半又開始砲擊。媽媽步行回家，我們剛剛收聽

了奧爾別利院士的文章，從中得知德國人掠奪了彼得夏宮和普希金的珍寶[2]。他們破壞了參孫噴泉和普希金的琥珀廳，將寶物帶回德國。德國人民得在地底下找到琥珀讓我們修復琥珀廳才行。

最近這段日子感覺不太對勁，就連我自己也不明白發生了什麼事。無所用心，各種念頭、問題和想法全都糾結成一團，騷動不止而且怎麼都無法解開，如果能夠理出個頭緒來就好了。才覺得一切清清楚楚，所有的事情好像都漸漸變得明朗——所有的事情，但下一秒卻又都像是蒙上一層迷霧，什麼也不明白。更重要的是，沒有人能夠分享我心中的想法。媽媽？她總是那麼疲憊，回到家，吃了飯就睡了。塔瑪拉？該怎麼跟她說？而她又會從我的話裡明白些什麼？究竟該和她說什麼？畢竟在我心中只有空虛——純粹的空虛。我什麼都不明白，或更準確地說，我全都明白，只是不知道自己究竟明白什麼。

我無論如何都無法忘記沃夫卡，每天晚上都夢見他。難道我真的愛過他？我自己怎麼也無法解釋。而且為什麼我沒有辦法和班上的任何一個男孩做朋友？大家都和加利亞．維倫處得很好，已經稱呼她加利卡[3]，而對我卻還是迴避，有的甚至還以您相稱。究竟是哪裡出了問題？我好想和人說話，卻不知道應該聊些什麼。鬼才

知道這是怎麼一回事。我什麼都不是，只是個不值得一提的小角色。沒有人喜歡化學老師，不知道為什麼大家總是嘲笑他。但我欣賞他，我——誰知道為什麼——在他身上看見了蘇聯教師的樣子。我希望——雖然我也不太確定，但希望他能夠成為我們的導師，重新教育我們，深入我們的內心。這樣一來，我們才能徹徹底底成為真正的蘇聯學生、共產黨員。希望他能夠剷除我們的庸俗習性，和我們一起去聽交響樂，讓我們開開眼界，讓我們知道，我們活著，而這是我們唯一的生命。讓我們每個人都下定決心認真地生活，成為父母親真正的接班人，做得比他們更好，更有文化、更有教養。然後，我們也會為人父母，培育出比自己還要優秀的下一代。這就是幸福、成功、快樂的人生。當我們垂垂老矣，也能夠為這一生感到欣慰，覺得自己沒有白活，沒有任何遺憾。噢，天啊，我好希望這樣的改造教育快點開始。

我多麼渴望到另一個地方生活，周遭全是不同的人們，還有……我也不知道自己想要什麼。我還希望塔瑪拉能變得不一樣，沃夫卡也是，希望他們都為崇高的、美好的目標努力。或許，我想見到我的同學全都成為浪漫主義者？可能吧，但在我看來並非如此——不，當然不是這樣。

我希望，我們能照著列寧所說的那樣生活，希望學校和環境都和現在不同。

列寧說：「學習，學習，再學習！」[4]我認為這是蘇聯學生首要的任務。此外，我們還要向小抄、紙牌、菸和許多其他東西說不。

我多麼想要找到一個對自然科學、地質學、礦物學感興趣的人。那不過是礦物學博物館[5]裡的石頭而已，怎麼會讓我如此興奮呢？不知道。我要抽絲剝繭，徹底仔細地研究大自然中的每一粒原子，探索自然界一切有趣的事物。我還要寫作關於人的書，蒐集我國各個疆界的照片，放在相本裡。還有山，山和海。或許我不過是想成為一個普通的旅行者？可能吧。

不，不！不只是旅行者。我也不明白自己想要成為什麼樣的人。腦袋裡亂成一團！混亂！……

1 譯註：《死魂靈》（*Мертвые души*，一八四二）為十九世紀俄羅斯作家Н・В・果戈里（Гоголь，一八〇九—一八五二）的代表作。

2 十一月二十七日《列寧格勒真理報》刊載了國立冬宮博物館（Государственный Эрмитаж）館長、科學院院士И・А・奧爾別利（Орбели）撰寫的文章〈法西斯破壞者〉（Фашистские вандалы）。他提到：「在彼得夏宮〔…〕佔領者拆卸金銅的噴泉雕像，鋸下全世界最出色的庭園塑像——參孫像，掠奪而去。昨日傳來消息，他們主宰著兒童村（譯註：十月革命之後，沙皇村〔Царское Село〕改名為兒童村〔Детское Село〕，一九三七年再更名為普希金）大皇宮（Большой дворец）的那些齷齪、粗魯的手〔…〕破壞、重創了皇宮裡最美麗的裝飾——琥珀廳（Янтарная комната）。」

3 譯註：加利卡為加利亞的暱稱。

4 В・И・列寧在他最著名的文章之一——〈寧缺勿濫〉（*Лучше меньше да лучше*，一九二三）中，提到學習的必要：「為了革新政府機關，我們無論如何都要完成以下的任務：首先是學習，其次是學習，第三還是學習。然後檢查、確認我們所學的深入血肉，真正成為生活的基礎，而不僅是紙上談兵或時髦的語彙（無庸諱言，這種現象在我們這裡是相當常見的）。」見《列寧全集》，第四十五冊，頁三九一。《現代名言辭典》（*Словарь современных цитат*）的編纂者К・杜申科（Душенко）指出，這樣的詞句組合在列寧更早的文章〈俄羅斯社會民主主義的逆反〉（Попятное направление в русской социал-демократии，一八九九）中便已經出現，但直到一九二四年才公開出版。請參考К・杜申科，《現代名言辭典》，莫斯科，一九九七，頁一五七。

5 作者所指為卡爾賓斯基地質與礦物博物館（Геологический и минералогический музей им. А.П. Карпинского），一八〇四年設立為礦物博物館，一九六二年關閉。

## 28/XI

今天從學校回來已經五點十五分了。十二點空襲警報響起，第四、五、六堂課我們都在避難所裡度過。接著轟炸開始，房間裡的燈光閃爍，然後熄滅，警報解除之前，我們都置身在黑暗之中。一旁點了燈，我們坐著聊天，根本沒有機會上課。

五點五十五分媽媽回到家來，她說，涅夫斯基大街上塞住了，動彈不得，一棟房子幾乎被炸成灰燼[1]。我們也活到了這樣的一天，每天有五個小時在警報中度過，走進空襲避難所的時候天還亮著，出來時已經黑了，已經是晚上了。街上人們全都在跑，匆忙地趕著路，大家都拿著餐具準備吃飯。沿著人行道，人們不靠右邊走，像羊群一樣彼此推擠、碰撞。

這個城市繼續生活，直到下一回警報響起。

1 一九四一年十一月二十八日，空投爆破彈炸毀了十月二十五日大街六十八號和方丹卡河濱路（набережная Фонтанки）四十號古比雪夫區蘇維埃（Куйбышевский райсовет）房屋正面中央的部分。

## 29/XI

今天早上停電，我起床點了蠟燭，來到學校也是一片黑暗。第一堂課物理小考，課堂中，我們每個人都拿到一顆蘭姆酒糖果。接著是代數和歷史。歷史課做了身體檢查，發給我們兌換果凍的糧票。下課前三分鐘警報響起，不過這次我們沒有在避難所裡待上多久。警報解除，大家在教室脫了外套，立刻衝去餐廳拿果凍。通往食堂的走廊上也沒有燈光，一片漆黑，餐廳裡只有一盞煤油燈。我們在隊伍裡等了好長一段時間，上課鐘已經響了好久，我還在納悶，怎麼沒有人催促我們去上課。原來，九年級和七年級的學生吃了果凍之後就可以回家了。

正當我領到了果凍，在一旁等著拿湯匙的時候，警報響起，只好去避難所裡吃

了。我嘗了一口，真是美味，決定帶回家吃，於是把果凍裝進用紙做成的袋子裡。我回到教室，穿了外套，但想想也還不能回家，去避難所待一會兒吧。走進庭院，正在融雪，髒兮兮的泥濘一片，沒看到任何人——門口沒有，避難所旁邊也沒有。我輕輕鬆鬆走出學校，來到街道上，當下還沒能明白，到底有無警報。人們像是什麼事都沒有發生，走來走去，在街角排隊買東西，只有電車裡空無一人，靜止不動。十二點四十五分我回到家，才收拾好房間，砲擊就又開始了，然後炸彈在某處落下，屋子幾度搖晃。我躲到桌子底下，直到阿卡帶著食物回來，我才從桌子下爬出來。我們分了麵包，阿卡給她和我買了兩天的量。我配著亞麻籽油吃了麵包，把果凍藏了起來。現在還不知道該怎麼做，是自己一個人吃掉，還是和媽媽、阿卡一起分享，給她們一個驚喜。不過那樣一來量會很少，一小碗果凍分給三個人吃，連塞牙縫都不夠吧。算了，這次還是自己吃掉，不要分給她們。以後我要帶著乾淨的罐子，如果還能拿到果凍，那麼就像水果甜湯一樣，存夠了三份再跟她們分享。

# 1/XII

今天我吃飽了，滿足地上床睡覺。阿卡在我們學校拿了湯和兩份主食，白天我們各喝了一碗湯，分吃一份主食，媽媽回來之後，我們每個人又分到兩碗湯配第二份主食，加上媽媽帶回來的一份粥和一塊肉餅。所以，今天我們有前菜，也有主菜。除此之外，媽媽和阿卡將她們預支的麵包還給我，我現在有足夠的麵包了。是這樣的，媽媽和阿卡今天才取得她們的糧票，而我昨晚就拿到了。所以昨天我便用自己一日的糧票買了一百二十五克的麵包，分成三份。昨天一整天都是空襲和砲擊，所以我哪裡都沒去，什麼也沒做。今天十點我必須到學校，但又遇上警報，所以第一堂課和最後一堂課都取消了。今天上幾何學的時候來了十七個人，而倒數第二堂化

學課只有七個人。根本沒上到課，誰知道究竟是在做什麼。塔瑪拉今天也沒來，下課之後我去找她，她不在家，後來她過來找我。我給沃瓦寫了紙條，明天會交給塔瑪拉。塔瑪拉和歐夏住在同一棟公寓裡，可以和沃瓦通信，真是方便。對了，現在我們在學校領不到額外的糖果了，買糖果要扣去十克的糖券[1]。這大概就是所有的新聞，我要去睡了。

今天白天砲擊非常猛烈，我以為我們的窗戶就要破了，但目前還好。我們屋裡很暖和，四十燭光的燈泡非常溫暖。

昨天我得知了塔瑪拉的「祕密」，她要我幫她保密。原來塔瑪拉喜歡廖瓦．侯轟，而且看起來他們倆應該是發生了什麼事。塔瑪拉對他太過坦白，所以現在擔心廖瓦會嘲笑她。

1 「四一年十二月一日起對糖、點心食品和油實行百分之百的糧票限額考核。」市貿易局在一九四一年六月至一九四三年九月的工作報告裡提到。詳見《圍城列寧格勒：一九四一－一九四四年大衛國戰爭期間英勇守衛列寧格勒相關檔案選輯》（*Ленинград в осаде. Сборник документов о героической обороне Ленинграда в годы Великой Отечественной войны 1941–1944*），聖彼得堡，一九九五，頁二六八。

# 5 / XII

新的考驗來了，這個月上旬都已經過了五天，我們卻還沒拿到糖果。今天我實在忍不住，用自己的糧票買了二百五十克糖漿。這兩天我和阿卡無法用糧票買到午餐，因為上旬所有的券都已經耗盡了。這是可以理解的，我們一人有十二．五公克的米穀糧券。在別的食堂現在是這樣配的：一張券換湯，兩張券換粥。而在我們的食堂，湯就用去二十五克米和五克奶油，可想而知，不到四天我們就花光了所有的票券。

我們已經過了兩天沒有電的生活，不知道什麼時候才會恢復供電。停電的生活很糟糕，令人感覺孤立無援。昨夜真是可怕極了，黑暗中聽見飛機嗡嗡鳴響——嚇

人的、糾纏不休的轟鳴，還有炸彈——一個接著一個，一個接著一個。四周盡是一片漆黑，伸手不見五指，只感覺到，彷彿每一次的爆炸之後，屋子都微微向側邊傾斜，顫抖哆嗦。

## 7/XII

今天放假，媽媽待在家裡。街上非常寒冷。今天我們吃得很飽。昨天阿卡跟沙夏阿姨要了一些油渣1，和她今早拿到的七十五克加拿大肉罐頭一起煮了湯。我很喜歡油渣，非常有飽足感，而且美味可口。昨天我排隊買糖果，從五點排到九點，最後用十八盧布九十戈比買到六百克的「早晨」（Утро）糖果。我們把糖果分成幾份，一人拿到十顆半。到處流傳著明天就會增加麵包配額的傳言。再看看吧，不知道為什麼，我相信這個說法，看樣子食物已經送到了——白通心麵、加拿大罐頭和美國糖果，這表示我們正接受援助，不至於餓死。這天從前線傳來好消息：在德軍的奮力阻攔之下，我軍仍然持續向塔甘羅格（Таганрог）發動攻擊，成功取得勝利。

在莫斯科附近，我們成功地對德軍展開反擊，不過德軍更嚴密地鞏固了對圖拉的包圍封鎖。至於在列寧格勒，紅軍佔領了幾個村鎮，稍稍逼退那些可惡的德國佬[2]。

此刻我裹著外套，坐在耶誕樹殘弱的燭光前寫下這些句子。在我面前的小碟子裡擱著一小塊糖果和麵包，我聽著收音機傳來鋼琴的樂音，小口小口地吃麵包，好讓這份滿足延續得久一些。為了節約蠟燭，現在我們六點五十分就上床睡覺。明天，躺在床上，我將多麼迫不及待地等候阿卡從麵包店回來，帶回來不只一百二十五克的麵包，哪怕只有一百五十克也好。今天我本來打算吃兩顆糖果，結果卻吃了四顆。現在只剩三顆糖了——八、九、十日，一天一顆。廣播放的是交響樂，窗外傳來火砲齊射的轟隆巨響，那是可惡的德軍對列寧格勒例行的砲擊。夜裡警報又響起不祥的哭號，房屋一次次因為炸彈在附近爆炸而震顫搖晃。死亡隨時可能降臨在每個人的身上，對此我們已經如此習慣，以致不再察覺——或者，更正確地說，是不願意察覺。不過我們的生活過得還算不錯，雖然已經停電三天，但我們的廁所和浴室還能正常運作，還有機會喝到熱水，家裡剩下兩天份的油渣和肉，可以用來煮湯。而明天，或最近幾天，說不定就能拿到更多的麵包。

嗯，該睡了。

1 指渣粕，即植物種子在榨油之後留下的殘渣。

2 紅軍於一九四一年十一月中旬展開反擊，並在十二月底成功將德軍擊退至邊界，也就是十月他們開始侵略的地方。許多城鎮據點重回蘇軍控制，包括在十一月二十日收復的小維舍拉（Малая Вишера）和十二月九日的季赫溫（Тихвин）。

# 十二月八日

發生大事了。英國向芬蘭、羅馬尼亞和匈牙利宣戰，日本也對美國宣戰了。羅斯福宣布美國和日本進入戰爭狀態，在美國，軍事動員已經開始。

今天夜裡下起恐怖的大雪，窗戶結凍，電車停駛，大家都得走路。已經兩天沒有空襲警報，砲擊沒有停止，但也不像過去那麼可怕。麵包並沒有增加，倒是雇員和受撫養者分到了每人一百公克奶油。人們說，十五日起麵包的配額一定會增加。喏，就等到十五日吧。十二月——一九四一年的最後一個月——想必會是歷史性的時刻，新年之前肯定會有大事發生。

## 9 / XII

昨晚八點電燈亮了。今天在學校我們分到一碗湯和果凍，不用糧票，而且據說接下來每天都會有。回到家裡，我配著兩杯熱開水吃了塗上奶油的麵包。人們說再過不久麵包的配額就會增加了。雖然量不多，才二十五克，但不無小補，以後我們就可以拿到一百五十、而不是一百二十五克的麵包了。

這些新規定真是讓人精神一振，生活會更美好、更快樂[1]！

1 此處作者引用一九三六年由詩人В·И·列別捷夫—庫瑪奇和作曲家А·В·亞歷山德洛夫（Александров）創作，並由亞歷山德洛夫指揮樂隊演奏的同名歌曲歌詞。這句歌詞明顯呼應И·В·史達林一九三五年十一月十七日在第一屆全蘇聯斯達漢諾夫工作者大會（I Всесоюзном совещании стахановцев）上所發表的談話：「生活會更美好，同志們！生活會更快樂！」

# 十二月十日

太棒了！太棒了！我們的軍隊奪回季赫溫，幾乎就要突破列寧格勒周圍的封鎖了。在季赫溫附近我們給了德軍一記迎頭痛擊，徹底擊潰三個師。這是非常重大的勝利。

過去的四天沒有一次空襲警報。

今天媽媽沒去工作。她去找另一份工作了，畢竟每天餓著肚子步行來回維堡區（Выборгская сторона）也不是辦法。

現在我最想要什麼？我唯一的願望，是日子能夠一天天飛逝，像是從特快列車的車窗裡看見的電線杆一樣。好希望艱困的冬天趕快過去，春日的溫暖和綠意早點

到來。

所有的事件像是螢幕上的一格格畫面展開。

快一點，快一點，再快一點！跑吧，時鐘上的指針！

# 14 / XII

再一天，這個月就過了一半。剩下半個月，新的一年，一九四二年就要來了。

德國和義大利已經向美國宣戰。

德軍在莫斯科附近完全被擊潰，第二次的總攻擊宣告失敗，開始撤退。這場戰爭新的階段開始了。這個月中旬，米穀、肉食和糖等等物資的配額限制都放寬了，據說明天開始麵包的量也會增加。沒有空襲警報，我們的日子過得很平靜。令人難以置信，但看似如此，最艱難的時刻已經過去了。

## 16/XII

今天的代數課我遲到了，沒能做完小考。第一節課班上來了二十六個學生，午餐時間二十個，午餐後的歷史課全班只剩下七個人。今天中午吃二十六戈比的湯，湯裡有帶皮的馬鈴薯和深色的硬麵條，熱騰騰的，很濃、很美味，但不夠鹹。明天會有果凍，每兩天發一次果凍。

今天廣播報導了紅軍拿下克林（Клин）和克拉斯納雅波里亞納（Красная Поляна）的消息。文學課上發了作文，我寫得很差。班上只有塔瑪拉拿到五分，後來她的文章被當成範例朗讀，的確是非常棒的文章，甚至不像塔瑪拉寫的。

從學校回來，阿卡要我去排隊買肉。我等到四點五十六分，不過肉不夠，所以白等了。

## 17/XII

已經是十二月十七日了。今天傳來令人高興的好消息，我們的軍隊在西線持續追擊撤退的敵軍，拿下了加里寧和其他三個小城市。在莫斯科附近希特勒的一支軍隊——六個步兵師和三個摩托步兵師——幾乎完全被擊潰。他們慌忙撤退，一路上大肆劫掠，在街上強迫路人脫下身上的衣服，甚至連耶誕樹上的裝飾都不放過。游擊隊一次又一次襲擊他們。

就這樣，一九四一年十二月中旬，德國和蘇聯的戰爭來到重要的轉捩點。德軍在六個月的進攻之後終於開始撤退——至於會持續多久，目前還沒有人知道。

現在的生活非常艱苦，上學也是。不過應該不會更糟了，如果未來會有什麼樣

的改變，一定是往好的方向。

現在我們過得很苦。嚴寒的冬天來了，街上非常冰冷。屋子裡也冷，因為柴火必須節約，爐子只有在做飯時才會生火。很暗，大部分居民用木板將窗戶釘死，就算沒有封住，為了保暖也都掛上窗簾。對一些人——尤其是住在高樓層的人——來說，甚至連用水都成了問題，取水必須走上一段路。因為降雪太密，路上清雪困難，有軌電車行駛的狀況很糟，常常是今天通，明天停。人們大都搭乘電車通勤，現在他們只好餓著肚子、頂著嚴寒步行上下班。走走跌跌，緩慢吃力地拖著身子，但還是繼續走著。有些人必須走上很遠的路，有的到彼得格勒區（Петроградская сторона），有的到維堡區。幸好，說到空襲警報一切都還算平靜，已經好久沒有警報了，砲擊也都非常短暫。麵包很少，勞工能拿到兩百五十克，雇員和受撫養者只有一百二十五克。一百二十五克，小小一片，實在太少。其他食物都按糧票兌換，雖然能夠取得，但必須排隊，而現在排隊是非常痛苦的煎熬，儘管已經不那麼寒冷，但手腳還是凍得厲害。

上學也非常辛苦。學校沒有暖氣，有些教室裡連墨水都結凍了。還好每個學生都能拿到一碗熱湯，不需要糧票。

但沒關係，情況很快就會好轉，只是時間早晚罷了。

# 十二月十八日

我們在加里寧方面佔領——或者應該說——收復了兩座城市，而在列寧格勒前線也擊退了敵人，從季赫溫到沃爾霍夫（Волхов）的道路已經完全脫離德軍的掌控。今天我們在學校沒有領到果凍，發了四分之一公升豆漿製成的凝乳，非常美味，我帶回家和媽媽與阿卡分著吃，她們也很喜歡。今天阿卡排隊買肉，拿到了很棒的、美國製的壓縮肉，非常肥美而且沒有骨頭。媽媽沒有體力，已經兩天沒去工作了，而且醫院再過不久就要關閉了，所有的人都會被解雇，傷患也都已經被疏散到不同的醫院。媽媽又要失業了，不知道何時才能再找到工作。

明天就是十九日了，而我們還沒有拿到糖果和奶油。

今天七點電來了，所以我現在能在電燈的燈光下寫日記，反倒是水停了。

今天我們喝了美味的湯，裡頭有肉和通心麵。貓肉還夠吃兩餐，美國肉三餐，接下來就不知道了。最好是能再找到貓，這樣一來又足夠我們吃上好一陣子。我從來沒想過，貓肉竟然如此軟嫩可口。

說到學校的功課，我可以說是糟透了。幾何學和繪圖課都荒廢了，代數小考只拿到兩分，化學沒能考試，拿了一分。只有德文得到四分，歷史也是。星期六要做關於甘古特會戰[1]的報告，歷史或許能夠拿到五分。文學課的作文拿了兩分，文法錯誤很多，文章本身也寫得不怎麼樣。明天或許可以重新寫過，我想碰碰運氣，說不定能夠拿到四分。不過即使是第二次寫的沒過，這一學季我也不會拿到兩分，而是四分。文學老師說她錯看了我，說她本來對我有更高的期待，還說我是班上反蘇聯意識形態最強的學生。這讓我非常難過。不，她錯了，我打從心底是個蘇聯學生，但我無法這樣告訴她，因為我現在太過懶散，太懶得集中力量，太專注於自己。第一學季都已經快要結束了，我根本沒讀書，誇張地荒廢了課業，這樣是不會有好下場的。我差勁的成績讓媽媽非常失望。當然，我可以藉口說現在上學很艱難，誰會反對呢？但這不也正是我展現愛國精神的時刻——我不顧困難，反而竭盡心力用功

讀書。

但事與願違，我所有無愧於蘇聯人民稱號的討論和夢想都是空話。第一輪的考試就將我擊垮，強迫我屈服。我投降了，我是個廢物。考試嚇壞了我。我把自己包在厚厚的衣服裡卻什麼也沒辦法做，白白地吃麵包，只會抱怨天氣太冷。

是啊，太冷了。但難道無法克服寒冷嗎？不，寒冷是可以被克服的。

1 譯註：甘古特會戰（Гангутское сражение）發生於一七一四年，是大北方戰爭（Северная война，一七〇〇—一七二一）中俄羅斯與瑞典的一場關鍵海戰，在俄國海軍史上具有重大意義。

## 19/XII

差十分鐘九點。九點我們就應該熄燈了，根據新的規定，十五燭光的燈泡一天只能點亮三個小時。明天我要做歷史報告，還要回答化學問題。上次我放棄回答問題的機會，只拿了兩分。必須熟讀矽和碳。我非常擔心歷史，這是我第一次報告，過去從來沒有做過，真怕一上台全都忘光光。今天寫了第二次關於「馬尼洛夫習氣」[1]的作文。

今天食堂只供應一種清湯。那個阿達莫維奇真是奇怪。

1 譯註：馬尼洛夫（Манилов）為果戈里作品《死魂靈》中的人物。「馬尼洛夫習氣」（Маниловщина）是引伸指人懷抱毫無根據的幻想，被動、無所要求而且容易滿足。

## 22 / XII

今天融雪了，街上非常暖和。積雪消融之後馬路滑溜溜，幾乎無法行走，不過天氣已經不那麼冷了，真是值得高興。光是飢餓還撐得住，但飢餓加上嚴寒可就完全無法忍受了。

今天早上我實在太想吃東西了，就請阿卡也替我買麵包。不久之後媽媽回到家來，用皮熬了肉湯，阿卡也帶了麵包回來。我喝了兩碗肉湯，吃了大半個麵包。我覺得自己好悲慘，我想，在這個世界上再也沒有比我更不幸的人了。還有，我已經兩天沒碰學校的功課了，所以非常不安，終究還是要接受拿兩分的命運。不過，我很走運，真的非常走運。第一堂課是物理，我第一個回答，所以被問到最簡單的問

題：關於聲音，最基本的。他應該是給了我四分。地理課他講解新的內容，下一堂課是化學，又問到我。

「穆希娜，跟我們講講矽吧，矽和矽化氫的化學反應。」

我在黑板前站了很久，對我來說已經無所謂了，反正我知道自己會拿到兩分。終於，他轉向我，而我已經在黑板上寫好了答案。我絞盡腦汁，好不容易才回想起來。其實我在上一堂課之前認真熟讀了關於矽的部分，但剛好他只是講課，沒有問問題，我還以為自己白念了。事實證明努力並沒有白費，如果當時我沒有熟讀這個題目，今天一定會不及格。

我不慌不忙、沉著冷靜地回答了所有我知道的，而他也沒有繼續問下去，便讓我回到位子上坐下，看樣子是給了我四分。

化學課考聽寫。聽寫很簡單，所以不會不及格。

地理課考了小考。我才從餐廳買餅回來，他就發下題目了。我還想再看一下筆記，但沒能來得及。我拿到一號題：

一、英國的人口。

二、南威爾斯地區。

三、英國在西非的屬地。

我又走運了！拿到這麼簡單的題目，我幾乎能夠回答所有的問題。是有些地方可能搞錯，但能夠免於不及格的下場真是太令人開心了。

第五節下課我跑去吃飯，今天吃肉片通心麵湯。我的湯裡有三塊馬鈴薯和八條不大不小的通心麵。除此之外我又買了一份餅，總共買了四塊餅。

飽足地走出學校，街上非常溫暖。城郊大街上停著電車，就在半路上。

## 25/XII

太好了，太好了！我想放聲吶喊，天啊，真是太幸福了！

麵包的配額增加了！而且量還不少。一百二十五克和兩百克，多麼大的差別。雇員和受撫養者兩百克，勞工三百五十克。

我們得救了。最近大家都變得如此虛弱、沒有元氣。而現在，現在媽媽和阿卡都能活下去了。除此之外，特別令人開心的是，這就是情況改善的第一步，一切就要開始好轉了！

有麵包、糖果、巧克力和酒，我們就能歡欣鼓舞地迎接新年了。

太棒了，太棒了，真是太棒了！活著真好。

27 / XII

雖然我已經從劇院回到家裡很久了，但手還是彎不起來。今天我又去了劇院，看《貴族之家》1。我覺得很好，真想天天上劇院，但我想這個冬天大概不會再去了。因為和回家的痛苦相比，我在劇院得到的快樂是多麼地渺小。且讓我詳細說明吧。

今天媽媽六點出門，買回來非常棒的麵包。因為乾燥，而且油渣少，兩百公克的麵包非常扎實、美味，我今天早上就把兩百克全都吃光了。收音機傳來令人開心的好消息，我們的軍隊繼續進擊，已經佔領了別廖夫（Белев）和納羅—弗明斯克（Наро-Фоминск）。

1 列寧格勒蘇維埃執行委員會藝術事務管理局在一九四一年十月二十日左右，組織未隨所屬劇院撤離的演員們成立列寧格勒劇院（Ленинградский театр драмы），成員包括蘇聯人民演員В・А・米丘琳娜—薩莫依洛娃（Мичурина-Самойлова）、俄羅斯共和國人民演員Б・А・戈林—高爾亞伊諾夫（Горин-Горяйнов）和功勳演員И・К・薩馬林—葉爾斯基（Самарин-Эльский）、П・И・列什科夫（Лешков）、А・П・涅利多夫（Нелидов）等，並由А・П・涅利多夫及Л・П・尤連寧（Юренин）擔任導演。劇場在一九四一年十月初推出《貴族之家》（*Дворянское гнездо*）揭開序幕，最初在十月二十五日大街五十六號的喜劇劇院演出，隨後遷至高爾基大劇院（Большой драматический театр им. М. Горького）。一九四二年一月十日，報紙上最後一次提及列寧格勒劇院。見《列寧格勒真理報》一九四一年十月十七日、三十日、十二月二十七日、一九四二年一月十日及В・А・米丘琳娜—薩莫依洛娃，《藝術生涯六十年》（*Шестьдесят лет в искусстве*），列寧格勒：莫斯科，一九四六，頁一四四—一四五。

## 28/XII

中斷了很長一段時間，昨天收音機又播送節目《麥克風劇場》（*Театр у микрофона*）。

現在是上午十二點左右。水剛來，我們終於能夠儲水了。最近經常停水，所以必須守在水龍頭旁邊。我們的房間非常冷，媽媽去劇院工作了，阿卡在睡覺。

阿卡的情況很不妙，她已經完全無法從床上起身，媽媽擔心她撐不下去了。前天，也就是麵包配額增加的當天，早上她去買麵包的時候跌倒了三次，摔著了背和鼻子，還撞斷了鼻梁，之後就越來越糟了。現在媽媽工作，我得負責所有的家務。

老實說，如果阿卡死了，她自己、我和媽媽都會比較好過些。本來我們把所有東西都分成三份，這樣一來我跟媽媽只要對分就好了。阿卡不過是多出來的一張嘴。我也不知道自己怎麼能寫出這樣的句子，但如今我的心早就像石頭一樣冷酷、堅硬。我已經毫不在乎了，阿卡是死是活，對我來說都沒差。只是倘若她早晚都得死，那就請讓她撐過一號，這樣我們還能拿到她的糧票。我真是太殘忍了。

# 十二月三十日

明天就要過新年了，但商店裡空空蕩蕩，感覺不到半點節慶的氣氛。用兒童糧票可以拿到玉米粉和砂糖，據說新年來臨之前，還會配發額外的巧克力和其他食物，但目前什麼也沒有。不過還有明天一整天，說不定可以拿到些什麼。

今天我沒麵包吃，不過明天就有兩百克的麵包迎接新年了。昨天買巧克力糖的事情讓我覺得很委屈。媽媽在劇院裡可以買到很好的巧克力糖，每公斤二十二盧布，我們本來能拿到八百克，結果卻只買了三百克，因為前一天，我已經在二十八號房買了每公斤九盧布的糖漿。那不知道是用什麼東西做成的替代品，嘗起來完全不甜，根本是只能用來封窗戶的泥油灰。不過還是能夠下嚥，尤其是在非常飢餓的時候。

阿卡已經在床上躺了五天，現在情況比較好一點了。媽媽做飯手腳很快，我準備好柴火，不用半個小時，她就能做出美味的菜餚。這三天來我們每餐都能一人喝兩碗湯，還有一杯熱可可。

今天媽媽帶回來三碗酵母湯和兩杯可可。我的收穫很少，只有湯底的渣滓和一塊肉餅。湯很寒酸，裡頭有麥米，但量少得可憐。今天我們領到果凍，卻沒有油渣餅。

明天就是最後一天上課了，然後會一直放假到七日。六日在小歌劇院（Малый оперный театр）會有為這個區域的高年級學生舉行的耶誕宴會，有表演、舞蹈和五盧布的餐點。真是好奇，他們會拿什麼來招待我們呢？明天就要過新年了，我們應該怎麼迎接這新的一年呢？

聽人家說，新的糧票和舊的一樣，雇員和受撫養者的麵包配額是每天一百二十五克，但實際上可以拿到不只一百二十五克，而是兩百克，據說還會再增加。但說法很多，不能當真。我多麼想吃東西，除此之外還渴望些其他的什麼，只是我自己也說不清楚。我想要一些好的、開心的事物，想要看見閃亮的耶誕樹。

# 一九四二年一月二日

已經好一陣子沒提筆寫日記了，這段時間發生了好多事情。

一九四二年的新年來臨了。

現在只剩下我和媽媽。阿卡死了。昨天早上九點她過世了，一月一日正巧是她七十六歲的生日。當時我出門買麵包，剛好不在家，回來時驚訝地看見阿卡安靜地躺著，沒有一點聲息。媽媽看起來一如往常，非常平靜，她告訴我，阿卡睡著了。我們喝茶，媽媽還切了一塊阿卡的麵包給我，告訴我，反正阿卡也吃不了這麼多。然後媽媽提議，要我和她一起到劇院吃午餐。我很樂意，因為和阿卡獨處真是太可怕了。如果她突然死了，我該怎麼辦？我甚至害怕媽媽要我在她出門時照顧阿卡。

我根本不想靠近她，看著她漸漸死去，實在太令人難受了。我習慣看著阿卡跑來跑去，忙東忙西。她是個善良、可愛又勤勞的老太太，如今卻無助地躺著，消瘦得像是一具骷髏，那麼地虛弱無力，雙手甚至抓不住任何東西。

我不願看見這樣的阿卡，所以寧願和媽媽一起出門。媽媽鎖上門，把鑰匙交給沙夏。

「媽媽，你怎麼把阿卡關在裡面？如果她突然有什麼需要該怎麼辦？」

但媽媽回答，阿卡已經不再需要任何東西，她死了。

「什麼時候？」

「你出門買麵包的時候，我是故意支開你的。」

「何必呢，我自己也不想跟死去的人共處一室。她有和你道別嗎？」

「沒有。她已經什麼都不知道了。」

就這樣，我明白了，阿卡永遠離我們而去。阿卡已經不在了。

媽媽說她走得很安詳，就像突然靜止不動，吃力地喘息，然後安靜下來。在此之前，在除夕夜裡，她的狀況非常差，媽媽一直照顧著她。即使我已經入睡，在睡夢中仍然能夠聽見痛苦的呻吟。

阿卡過世了。

只剩下我和媽媽。除了蓮娜媽媽，我再也沒有別的依靠，對媽媽來說也是如此。從今以後，我更應該好好守護媽媽，畢竟她是我的全部。一旦她死了，我也撐不下去。我一個人能去哪？該怎麼辦？要知道，媽媽目前完全仰賴意志力活著。她很堅強，因為她知道自己不能倒下，因為她還有我。

現在我可以繼續寫了。我去學校吃了午餐。今天的湯一碗十五戈比，不用糧票。湯很美味，裡頭有許多米粒。我另外拿了一份加了奶油的大麥粥和四個油渣餅。

看媽媽會帶什麼食物回來。如果量很多，我們不會全部吃完，而是留下一部分明天再吃。明天兩點我一樣會在學校吃早餐。假期間我們不用糧票也能拿到一碗湯，這樣很好。

新年就這樣來了。我們拿到了新的糧票。糧食的問題暫時沒有好轉的跡象，依照以往的麵包配給規定，雇員和受撫養者可以拿到兩百克，勞工則有三百五十克。商店裡什麼也沒有，就算有貨，目前也只兌賣上旬和中旬的糧票，至於下旬還沒有任何消息。下旬我們沒有奶油，但還能拿到許多東西。

奶油，我們缺的正是奶油。麵包還算夠吃，但沒有奶油，所以許多人現在只能單吃麵包過活。

我們就這樣過日子。沒有燈光，就連新年也沒有。沒有水，取水必須到一樓的合作社去。收音機幾乎完全停擺，有時候會突然出聲或唱起歌來，然後又陷入沉默。如果有燈光，還能夠勉強生活，可以讀點書、縫紉或做其他事情打發時間。現在沒有燈光，六點一到就得上床睡覺，不然在伸手不見五指的黑暗中能夠做些什麼呢？在毯子裡至少很暖和。

我們就這樣過日子。電車已經停駛很久了，如今，拖著腳步走路去維堡區是我和媽媽的「消遣」。距離好遠，但為了賺錢還是得走。我實在不放心讓媽媽一個人走這麼遠的路。如果她獨自上路，我會很心疼的。幸好現在放假，我可以和她一起去。無論如何，用爬的也要爬到。

現在對媽媽來說，這份穩定的劇院工作格外重要。或許她能辦到，這樣一來便能得到勞工糧票，還能在食堂吃飯，拿兩份湯。那裡的食堂很不錯。

少了阿卡，我和媽媽的生活相較過去輕鬆多了。現在所有的東西我們只要對分，不用分成三份，這可是很大的差別。從前媽媽工作要養活兩個人，現在只需要負擔

一個。過去六百盧布才能勉強應付我們一個月的生活開銷，現在，根據過去的經驗，只要四百就綽綽有餘了。

如此看來，像阿卡這樣親愛的人的死亡也有正面的意義。就像俄羅斯諺語所說的：「因禍得福。」如今媽媽每天都能夠拿到四百克的麵包，這是不小的數量，在食堂我們還能再多拿一點。一整個月都是如此，而下個月我們的狀況想必會再好上一些。

一切竟是如此驚人地環環相扣。假如我們沒有殺掉貓咪，阿卡勢必會早些離開我們，那麼也就不會有多餘的糧票拯救我們的性命。感謝貓咪的犧牲，牠養活我們十天。整整十天，我們就依賴一隻貓生存下來。

不打緊，沒什麼好灰心的。大家都說，最艱難的時刻已經過去了。的確，包圍列寧格勒的封鎖圈已經有一處被擊破了[1]。

1 這項資訊與史實不符，但這樣的傳言不僅在列寧格勒，也在其他地區流傳。O・格列欽娜（Гречина）回憶道：「一九四二年一月，我接到朋友來自前線的問候，提到圍城脫困的消息，引起我們荒誕的猜測。」摘錄自В・Л・平克維奇（Пянкевич），〈列寧格勒圍城傳說〉（Слухи в блокадном Ленинграде），《大祖國戰爭：真相與謊言——文獻與回憶錄選集》（*Великая Отечественная война: правда и вымысел. Сборник статей и воспоминаний*），第六卷，聖彼得堡，二〇〇九，頁三七。

## 3/I—四二年

除了倒下、死去，沒有其他選擇了。一天比一天糟，這陣子我們只靠麵包過活。我們還有麵包。我想說的是，到目前為止，我們都還能夠拿到自己的麵包，從來不需要在店裡苦苦等待。但今天早上，都已經十一點了，沒有一間麵包店有麵包，而且沒人知道什麼時候才會送來。飢腸轆轆、走起路來搖晃踉蹌的人們，從早上七點起就在店鋪間奔波，但，唉，等待著他們的只有空架子，除此之外什麼也沒有。

幸好我和媽媽把粥跟一塊油渣餅留到今天吃，如果沒有這些食物，我還真不知道該怎麼辦才好。我和媽媽今天早上以湯代茶，一人喝了兩碗半的熱湯，所以還能應付沒有麵包的狀況。

不過連買麵包都要碰運氣，這可不是什麼好兆頭。

究竟要等到什麼時候情況才會好轉呢？該是時候了，人們都已經變得如此虛弱。如果這樣的糧食情況再持續一個月，我不知道在列寧格勒有多少人能夠存活，很多人會撐不下去的。

不知道我能不能活下來。今天我感覺到莫名地虛弱，說真的，我不太能站，而且雙腿發軟，頭暈目眩。昨天明明還覺得很好、很有精神，也已經不那麼餓了。這樣的衰弱又該怎麼解釋呢？或許是阿卡的死造成的。

媽媽讓我非常擔心，這幾天她看起來精力充沛，一刻也停不下來，拚了命似地跑來跑去，奔波忙碌，像是喝醉了似的。我生怕在這異常高漲的活力退去之後，她會精疲力竭。但我又該如何是好，怎樣才能預防呢？我不知道。

又或者並不那麼可怕，一切都會順利過去。天啊，如果真能如此那就太好了。

希望能夠趕快處理好阿卡的事情。她現在被放在廚房裡。怎麼都找不到那位雅科夫列夫，沒有他不行，必須要由他開立死亡證明，媽媽還要到某個地方去一趟，然後我們才能用小雪橇把阿卡送到離我們不遠的跑馬場[1]。

對了，忘了提到，今天收音機運作正常，我們收聽了情報局的通報。我軍佔領

了小雅羅斯拉夫韋茨[2]，但關於列寧格勒前線卻一字未提。這代表什麼？八成是情況暫時惡化了。在這裡，所有的人都已快要餓死，而在莫斯科，史達林昨天卻還宴請了艾登[3]。真是豈有此理，他們像魔鬼一樣狼吞虎嚥，我們卻得忍受這樣不人道的待遇，連自己的一小塊麵包都拿不到。他們舉行光鮮亮麗的會談，而我們卻過著史前穴居人類的生活，像鼴鼠一般地活著。

這一切何時才會結束？難道我們再也無緣見到春天新生的嬌嫩綠葉嗎？難道我們見不到五月的太陽嗎？殘酷的戰爭已經進入第七個月，超過半年了。

昨天我和媽媽坐在已經熄滅的爐子旁，緊挨著對方。我們都覺得好舒服，爐子傳來陣陣暖意，肚子也很飽足。

屋裡的黑暗和死寂都算不了什麼，我們牢牢地彼此依偎，想望著未來的生活。該做些什麼來吃？我們決定要炸很多的豬油渣，然後直接把豬油抹在麵包上。我們還要吃多一點洋蔥，吃最便宜的米穀，加入好多好多焦黃多汁、浸在油裡的炒洋蔥。除此之外，我們還要烤燕麥的、大麥的、扁豆的布林餅，還有好多其他的。

寫得夠多了，再寫下去我的手指都要凍僵了。

1 一九四一年秋天，高射砲連隊進駐跑馬場。該年冬天，茲韋尼哥羅德街（位於馬拉特街和城郊大街之間）上，過去謝緬諾夫斯基兵團（Семеновский полк）緊鄰跑馬場的兵舍被用來集中堆放遺體。一九四二年四月遺體被移至墓地，日後跑馬場其中一棟房屋被用來拘留德軍戰俘。

2 小雅羅斯拉夫韋茨（Малый Ярославец）於一九四一年十月十八日被德軍佔領，一九四二年一月二日由紅軍收復。

3 И．В．史達林、В．М．莫洛托夫和英國外相А．艾登（Иден）的會晤在一九四一年十二月十六至二十日舉行，官方消息則是延遲了一段時日之後才對外發布。

# 一月四日

今天總算送走了阿卡，我們像是卸下了心中的大石頭。一切都很順利，不能再好了。辦妥手續之後，死者就被交給搬運工人，抬上了卡車，送往沃爾科沃墓園（Волково кладбище）。在那裡，運送死者的雪橇行列一路延展開來，有的上頭還載著兩、三具屍體，確實是死了很多人。

今天早上七點十五分我去買麵包，二十八號房的麵包店裡沒有麵包，所以我又到「真理」（Правда）電影院後面的麵包店排隊，等了一個半小時。不過這次買到了很美味的麵包，不僅溫熱、鬆軟而且香氣濃郁，應該是才送來不久。配著熱茶，我幾乎吃完了所有的麵包。

然後我們送走阿卡，回到家，這才擺脫心中那令人悲傷的掛念。

我們還是被迫交出了阿卡的糧票，否則雅科夫列夫同志不肯為阿卡的屍體辦理手續。非常可惜，但又能怎麼辦呢，只能這樣做了。

現在我和媽媽每天各有兩百克的麵包。或許她能找到工作，這樣一來就能取得勞工的糧票。說不定麵包的配額還會再增加，不過生活暫時會很辛苦。沒關係，沒什麼好洩氣的。魔鬼並不像人們說的那麼可怕。

## 8/I

我們的處境非常辛苦。距離上旬結束還有兩天，在食堂裡，我和媽媽的糧票卻都已經領不到任何食物了，所以這兩天只能分吃我的一碗湯。我們是還有三塊肉餅，但誰也不知道能不能拿到。

今天我要了第二碗湯，但明天我就沒有辦法再這樣做了。良心不允許我每天這樣乞討。

媽媽從劇院帶回來兩杯咖啡、一份果凍和一片馬肉餅。我和媽媽現在要配著咖啡吃果凍，晚上五點左右再各喝一碗湯，肉餅則留到早餐再吃。總要想辦法撐到上

旬結束，然後中旬再精打細算所有的食物。

多麼委屈的一件事：今天為了買酒，在街上排了三個鐘頭的隊，就在店門前只剩下大約八個人的時候，酒沒了。真是白白受凍了，我的雙腳都已經凍僵，只好哭著回家。已經沒辦法繼續等了，我覺得若再站下去，我會癱倒，然後死掉。

不知道我們的假期會延長到什麼時候，有人說會到十二日，也有人說是十六日。

商店裡空空蕩蕩。今天拿到下旬的麵粉。我們下旬沒拿到奶油。我聽說，別間商店發給人們果醬替代奶油，雖然很不划算，但聊勝於無啊。

# 一月九日

我和媽媽還活著。情況暫時沒有任何好轉。今天我們有兩百克的麵包，麵包不錯，很美味，而且還不用排隊。收音機和自來水也都正常。

昨天，我和媽媽喝完兩碗湯，又吃掉本來打算留到今天的肉排，我們把肉排分成小塊，用叉子在炭火上烤。我的天啊，好美味，真是太滿足了。如果今天媽媽帶兩塊肉排回來，我們又有得享受了！

一月六日我參加了高爾基大劇院（Театр им. Горького）的耶誕宴會[1]。一開始

是《貴族之家》的表演，接著是餐宴、耶誕樹旁的舞會和藝人們的演出。晚會很不錯，很歡樂，我非常滿意。

我遲到了一會兒，在入口處拿到寫著數字「3」的粉紅色餐券和「樓座，第二層，31號」的票。直到幕間休息我都坐在池座，然後才找到自己的位子。下個休息時間我去了休息室，裡頭有很漂亮的耶誕樹，樹上的裝飾非常華麗，各種顏色的燈泡繽紛閃爍。樂聲悠揚，人們正圍繞著耶誕樹跳舞，彩色的燈光投射在樹上。禮砲聲大作，糖果像雨一般從天而降，撒在舞者身上，顏色斑斕的彩帶沙沙作響，纏繞在場的人們。人很多，我好不容易才穿過擁擠的人群找到朋友們。

下一次休息時間開始，我下樓梯的時候遇見廖瓦・薩夫琛科。

「蓮娜，其他人呢？」

「你好，廖瓦，你也在這？看起來沒有別人了。我誰也沒遇到。」

「那好吧，我待會再去找你。」

「你吃過了嗎？」

「嗯。」

然後他沿著樓梯跑上樓，跟上同伴們，我又站了很久，才穿過技術學校的學生

們。廖瓦就讀的技術學校所有的學生都參加了耶誕宴會，被安排在第一批用餐。一共分成四個梯次，我在第三輪，而我們的朋友大都在第四輪。

下一次的幕間休息，我很快就在休息室裡找到塔瑪拉，廖瓦站在她身旁。整個休息時間我們三個人都在聊天，廖瓦跟我們描述他的生活，他們的伙食很不錯。

「今天被帶來這裡之前，早餐我們吃了一整碗的麵條，滿滿的一碗，有加奶油，還有黍米粥。」廖瓦說。

「廖瓦，那你剛才吃了什麼？好吃嗎？」

「好吃。第一道是醃黃瓜肉湯，主食是肉排配蕎麥粥，甜點是某種慕斯。都很美味，不過量太少，連塞牙縫都不夠。」

「廖瓦，那季馬呢？有寫信來嗎？」

「沒有，我也不知道為什麼，他一個字也沒寫來。」

「那，塔瑪拉，艾姆卡呢？」

「我也是一點消息都沒有。什麼都不知道。」

「這些人真是豬頭，一走就把我們全忘了，好可惡。」

和廖瓦的見面和這短暫的談話帶給我很大的滿足。看來他對於男生們的近況也

一無所知。他們沒有來找他，他也沒有去找他們。他也沒看到阿季卡。他還告訴我們，他的學校可能也要撤離了，並承諾到時候會去和塔瑪拉告別。

第二輪用餐時，我們第三輪的人觀賞演員們表演恰帕耶夫[2]生平的幾幕小短劇。終於輪到我們進餐廳，大家在入口拿了湯匙，然後坐上長桌，每個人都分到一塊黑麵包和用小陶鍋盛裝的湯。湯還算濃郁，裡面加了蕎麥。

我把湯全部喝完，然後把渣滓放到罐子裡。就在這個時候停電了，我摸黑裝好渣滓，還趁機用手指沾抹，將小鍋子裡的湯汁吃得一乾二淨。之後我們在黑暗中坐了差不多一個小時，當燈光終於再度亮起，我已經吃完麵包，打起盹來了。

上主菜。小盤子上放了相當大的一片肉排，還有不到兩湯匙、淋了醬料的燕麥。主菜已經完全涼了，我將食物全都放進同一個罐子裡，並仔細地用手指把醬汁揩抹乾淨。

甜點是一小碟黃豆奶凍，看起來一點也不好吃，我把它放進另一個罐子。沒有別的了，我以為還有點心，就算是糖果或餅乾也好，但沒有，什麼都沒有。六點一刻餐會結束，我隨即奔跑回家，媽媽還在家裡餓著肚子呢——我們說好今天就吃我從劇院帶回來的食物。原本我預計四點之前就能回家，結果到家已經六點半了。我

跑得很快，感覺腳都不是自己的了。回到家裡，我們將我帶回來的食物煮成兩碗湯，還分著吃黃豆奶凍。我們坐在爐邊取暖，然後才上床睡覺。

這一天就這樣過了。自從去年聽說今年會有耶誕宴會起，我就迫不及待地企盼著這天的到來。我以為我們可以享用真正豐盛的耶誕大餐，然後還能拿到一些小點心。

我聽說，在另一間劇院，好像是七年級學生的耶誕宴會上，餐點包括：小扁豆肉湯、烤通心粉、果凍和點心——一塊巧克力、蜜糖餅、兩片餅乾和三塊黃豆糖。不過，我也不清楚這究竟是事實還是童話故事般的傳聞，應該是騙人的吧。

1 「在普希金劇院（Театр драмы им. Пушкина）、大戲劇院和小歌劇院舉行了七至十年級學生的耶誕宴會。令大家驚喜的是，所有的劇院都有電力照明，還有管樂隊演奏音樂。」詳見 http://www.otvoyna.ru/deti.htm（2011.02.14）。

2 譯註：В・И・恰帕耶夫（Чапаев，一八八七—一九一九）為內戰期間紅軍著名將領。

# 一九四二年一月十日

這個月的上旬結束了，而商店裡卻還是一樣空空蕩蕩。人們連去年十二月中、下旬的食物都還沒能領到。

我們一天比一天虛弱。我和媽媽努力保留體力，盡量坐著或躺著。幸好學校停課，日子都快過不下去了，實在沒辦法顧及學業。

我們學校的假期延長到十五日，據說開學的時間還會再延後。不知道是什麼緣故，不過無論如何都正是時候。

我非常替媽媽擔心。就連我都已經虛弱得走不穩了，她又該怎麼辦呢？一點也不誇張，久坐之後，我必須用上更大的力氣才能夠站起來，從床上起身上廁所的時

候也經常腿軟，使不上力。在街上，我總是努力走得快一些，盡量邁大步伐，一慢下來，就會走得跌跌撞撞。

嚴寒籠罩，像是故意和我們作對似的。雖然比較起來已經不特別寒冷，但這個冬天我們格外受凍。街上並不非常冷，但感覺像是零下四十度的寒冬，讓我們嘗盡苦頭。這當然和營養不良、長期飢餓、極度的虛弱脫不了關係。再這樣過一個月可不行，再不給我們食物，我們全都要兩腿一蹬翹辮子了。

不過有趣的是，我們並不算真的挨餓，我和媽媽上床睡覺的時候，甚至經常感覺吃得很飽，但是我們的身體器官已經好長時間沒有吸收到必需的營養，像是油脂和糖——這兩樣是不可或缺的。我們進食，填飽肚子，然後感覺到虛假的滿足，但身體消化這些食物之後得到的營養少得可憐，況且，我們經常上廁所，大部分都隨著尿液排出去了。我們都吃些什麼：湯，熱湯。湯是熱的，而且量很多，有許多湯水，所以能夠吃飽，但真正的營養大概連十克都不到。食堂給的湯就已經夠稀的了，而我們又加水再煮。這就是我們一天比一天虛弱的原因。

昨天沙夏阿姨和我們分享她的新發明，或許能夠救我們的命，是這樣的：

昨天媽媽為了某件事情去找她，回來的時候非常開心。原來，沙夏阿姨讓她嘗

了用高級木工膠做成的肉凍，還給她一塊同樣的膠，要我們也試試。媽媽立刻動手做，煮開大約兩碗水，放入整塊的膠，沸騰之後分到碗盤裡，放在窗邊，早上六點我們起床，看見膠凍已經大功告成了。我們——尤其是我——非常喜歡這種新食物，再加點醋，味道真是好極了。嘗起來像是肉凍，彷彿放進嘴裡的是肉，而且完全沒有木工膠的味道。這種膠對身體完全無害，反而很營養。高級的木工膠本來就是用家畜的蹄、角製成的，有些人還會特別買小動物帶蹄的腿做燜肉或肉凍。如此一來，我和媽媽不用糧票就能得到額外的食物。

媽媽的劇院裡也有一模一樣的膠，恰巧她不久前才因為工作需要，從庫房裡訂了四公斤，差不多是二十塊，一塊能做成滿滿的三碗。媽媽還會再想辦法訂這種膠，這樣我們就能吃上一個月，每天一盤美味又營養的肉凍。

俄羅斯諺語說「窮極生智」。我已經想到了進一步應用這道膠凍的方法。如果在裡頭放果泥、糖漿、酒或其他類似的材料，凝固之後就會變成酒或果汁的果凍，放果泥的，最好能用果醬，如果量加得多一些，還能做出特別的水果軟糖，甜滋滋的一塊，可以用刀切成小塊配著茶吃。

只要動動腦筋就能想出更多。譬如說，如果媽媽今天能拿到肉排，我們就要做

真正的肉凍：在膠裡添加碎肉，整塊都會有肉的味道，還能從裡面挑到一些肉塊。

我很高興我們想起這些膠，這應該能夠讓我們——尤其是媽媽——更加振作才是。

今天早上收音機還一切正常，現在卻沒聲音了。屋子裡很冷，我把自己裹在棉被裡，坐著寫日記。我在等媽媽，都已經四點了，而她說兩點就會回家。今天媽媽會帶些食物回來，或許她正在排隊領糖果，所以耽擱了。新年前夕劇院發了糖果，今天是上旬的最後一天，說不定還會再有。不過也未必，或許會給些糖漿或咖啡配果凍？

就如同莉妲昨天承諾的，今天我領到兩份湯——是菠菜湯，很稀，不過畢竟是湯，而且還是滿滿兩碗。

明天又是新的一旬，我們又可以用糧票拿到一人二十五克的湯或一道主菜。有時候媽媽還能用五十克的米穀糧券買到油渣餅和果泥，我覺得還算划得來。二十五克可以換到兩塊油渣餅，五十克——那也就是四小塊，我們可以分著吃，果泥放在膠裡還能做成上面提到的那種軟糖。

喏，天已經全黑了，不能再寫了。

媽媽回來了！

# 12／I—四二年

已經一月十二日了，生活不見任何改善。麵包既未增加，商店裡什麼也沒有，燈不亮，收音機不響，還停了水，廁所馬桶也沖不了。

昨天我們只吃了木工膠做成的肉凍，晚上一人又吃了一盤半，美味又有飽足感，簡直完美極了。今天早上我還是覺得很飽，所以沒吃完麵包，剩下很大一塊讓媽媽帶走，保留起來，晚上再好好享受。

現在是最艱難的時刻。非常冷，我裹在外套裡坐著，手和腳都凍僵了。現在室內是零上五度，而街上依舊嚴寒，昨天零下三十一度，今天也並未比較暖和，在街上根本不能久待。不久之前我去取水，拿了兩桶——謝天謝地，現在我們的水足夠

用上一、兩天。一點四十分左右，我去學校的食堂拿湯。真希望這樣難熬的日子趕快過去。晚上，四點之後媽媽就會帶麵條和肉餅回來。我們將會生火、遮上窗戶，然後熱湯、做肉凍。在煮膠、等待它滾沸的同時，我們會在一旁的炭火上烤肉餅、麵包和麵條。現在我們都這樣吃，用小叉子烤所有可以烤的食物。這樣比較好，感覺時間過得快一點，滿足感也多一些。晚上我們又能拿到膠，這種膠凝固得很快，只需要兩個小時。看，今夜有多少樂子在等著我，而現在我必須忍受寒冷，等待時間過去。

前天我猜得沒錯，媽媽因為排隊買好吃的東西耽擱了。她用我上旬糧票的糖果配額換到一百克的葡萄乾——一百克的甜品點心，真是太糟了，雇員有一百五十克，勞工有三百克。

媽媽故意只用我的糧票，因為她希望自己再過不久就能拿到另一張糧票——雇員或甚至是勞工的，然後在中旬結束之前，便可以用新的糧票兌買二十天的食物。譬如說，如果媽媽拿到勞工的糧票，那麼中旬結束時我們就會拿到：100+300+300 = 700克的甜點。我和媽媽已經決定了，到時候如果沒有糖果，我們就拿一罐六百克的果醬和一百克的葡萄乾。如果買到果醬，就把果醬做成水果軟糖。

## 17／I——四二年

我們還在放假。日子一天天過去，每一天都非常相似。這樣的生活我和媽媽已經過了三天：早上大概十點鐘起床——我們現在抓不準時間了，因為收音機沒有聲音，時鐘又經常停止——先是媽媽，接著我也跟著起床。我們各吃一盤肉凍，喝熱開水，如果媽媽夠幸運的話，我們就喝咖啡。然後媽媽出門去，一天之中最討厭的部分來了。我獨自待在家裡，有需要的話就去取水、準備木柴或洗碗盤，做些非常瑣碎的家事。不知不覺地，你看，也該去學校了。準備好了我就出門，將近一點四十分來到學校，但通常八年級的學生都還在吃午餐，得等一會兒。這段時間就找人聊聊天，然後是時候坐上餐桌，等湯送來。這陣子我們只能拿到一碗湯，而且沒

半點鹹味，稀得很，是加了麵粉的。湯還算好吃，我把湯倒進罐子裡就回家去了。這時約莫是兩點十五分，一天之中最開心的時刻就要來臨了，但可不能光等著媽媽，最好找些事情做，這樣一來時間就會不知不覺地過去。媽媽終於回家了，帶回來麵包和食物，有時候還有咖啡。我們把食物擺好就開動了，吃到六點。我們享受上帝的賜予，烘烤珍貴的小塊食物，如果有咖啡的話，還能喝咖啡。終於，當最後一塊炭火燒盡，做好了自己的一盤肉凍，我們就上床睡覺。清晨五、六點，我們滿足地吃掉它們，然後一覺睡到隔天。

今天媽媽也許會帶三百克果醬回來，是用這個月中旬的兩張和上旬的一張糧票換來的。媽媽和一位叔叔說好了，兩個人平分一罐六百克的果醬。昨天媽媽從劇院離開，而叔叔留下來排隊，如果他有拿到，今天媽媽就會帶果醬回家。

今晚我和媽媽會有什麼樣的菜色呢？真令我好奇。昨天，我們（我和媽媽一樣）有兩百克的麵包、兩碗甜菜湯、六克（三湯匙）麩皮粥、兩碗麵湯、兩杯咖啡和一碟肉凍。看得出來菜色不錯。補充說明：昨晚上床睡覺的時候我吃得好飽，媽媽也

是。他們保證媽媽這個月下旬就可以拿到勞工的糧票。

I

一個人在家，我就是全家的主人。
媽媽上市場，我擺好茶炊，
削好了木片，全放進茶水，
就算沒食物，照樣能做飯。
鞋油來煮湯，用不著久熬。
煎五塊海綿，就是美味的主菜。
「喵，喵，喵，喵，」貓咪在角落笑，
「我很樂意吃豬肉，」小爪摸鬍鬚，
「不過鞋油肉湯還是你自己吃，自己吃吧！」

II

劇院裡、咖啡廳，人們穿馬褲。

我也應該縫一件，
看起來才像大人。
季姆[1]利落脱褲兜，
剪來剪去，穿針引線真有趣。
貓咪狡猾瞇著眼：
「喵，新遊戲。」
時鐘張大嘴巴笑哈哈，
滴答，滴答，真好笑。

III

我髒得像小豬，該洗洗衣服。
娃娃塔妮亞在盆裡，小狗進水桶，
小貓咪，地上翻來滾去笑岔了氣，
調皮鬼，拿肥皂，可不是開玩笑。
季馬洗衣沒關水龍頭，

水淹地上一大攤——真糟糕！
貓咪弄濕了腳爪，快擦乾，
小貓趕緊溜，一起爬上床。
蟑螂意外洗了澡，嚇了一大跳，
桌子像木筏，跟著倒楣的小狗房裡漂。
洪水來了！
季姆找了找，哪裡乾燥？
噢！掉進窗外的水窪，小豬嚇了一大跳。

IV

婆婆提水桶，看院子的彼得拿著撣子跑，
廚娘的火鉤子，打在男孩的腿上。
躺在地上，他哀號：「這是怎麼一回事，怎麼會在混亂中
打中我的額頭和鼻子。」

V

我要去搭車，媽媽抓不到我，
不買票，在踏板上搖搖晃晃。
噢！車上真擁擠，但也好有趣，
哎呀！小狗扯碎我衣裳。
小狗，小狗——別咬我，
不然電車就要走。
小狗，小狗——噢，噢，噢，
季姆躺在馬路上。

VI

伯伯快馬旁邊過，
帶著一桶黑焦油。
焦油黑，焦油黏，
碰都不敢碰。

伯伯兇，蓄大鬍，
馬兒高大毛茸茸。
季馬做鬼臉，
抓住馬尾巴。
伯伯不能過，
大發雷霆勃然怒，
捉住季馬在門邊，
一把就往桶裡種。

VII

男孩們笑季馬，
季馬黑，季馬髒，
才不和你玩，
免得弄髒手。
可憐季馬嚎啕哭，

不流眼淚流焦油。
兩個禮拜洗刷刷
好不容易清乾淨。[2]

我才剛去學校。一碗清湯要十一戈比。十九日學校不上課。沒有柴了。

1 譯註：季姆為季馬的暱稱。
2 二十世紀初的作品，作者不詳。

## 20／I——一九四二年

什麼事都沒辦法做。晚上我在被窩裡想出各式各樣打發時間的計畫，但沒有任何結果。就像我說的，啥都做不來，全是因為寒冷的緣故。白天只有靠窗的地方是明亮的，但在窗戶旁這麼冷，手都凍僵了，根本無法做任何事情，想要像在夜裡一樣思考，但卻無能為力。寒冷的影響真是太可怕了，不只手指因為嚴寒而僵硬彎曲、抓不住東西，就連思緒也不知道飛到哪裡去了。倒是在夜裡，腦中的各種想法急遽地更迭替換，讓我無法釋懷，半夜總是輾轉反側、無法入睡，不想都不行。而現在，大白天的，腦袋裡反倒一片空白，無法思考，簡直要哭了。什麼都不想做，躺下？——不想。就這樣站著，盯著一個點瞧，沒有其他事情可以做了。

我從沒想過寒冷對人竟然有如此致命的影響。現在我站著，用凍僵的手指握筆書寫，緩慢地寫出字母，一個接著一個。我可以坐下，但我懶得動。想來大概有一個月了，我的雙腳凍得僵硬麻木。街上這麼嚴寒，冬日的陽光照亮屋頂。

明天是哀悼的日子，是列寧逝世紀念日。傳聞說明天會增加麵包的配額，對此大家都深信不疑，我也想要相信，但還是擔心。這一陣子我們拿到非常好的麵包，這樣的麵包連和平的時候都沒有過，不能稱作是黑麵包——而是小麥麵粉做的。麵包好吃極了，外皮烤得漂亮，而且很鬆軟，不裂不碎，非常好切。但是兩百克的麵包依然太少，實在吃不飽。麵包這麼美味，我們卻只能嘗一點點，真是太可惜了。

聽說明天就會增加麵包。聽說我們會拿到油。聽說我們已經熬過最艱難的日子，都過去了，接下來生活會容易得多。聽說，我們可以拿到很多食物。聽說，我們全都會拿到療養的配糧。聽說，聽說，無止境的聽說，但誰知道該不該相信。我好想要相信這些傳言，非常想。我們已經太累了，再也等不了，就連活下去都令我們厭煩。

今天我的心情非常糟。我覺得很煩，很難過，心裡特別沉重，想要遺忘，想要就這樣睡去。好冷，無時無刻不感覺到難以消解的餓意。寒冷非常可怕。假使天氣

暖和一些，所有的折磨和苦難都會消去一大半。

前線的情況和以前一樣。我們的軍隊一步步進攻、殲滅德軍。德國人撤退，留下荒無人煙的廢墟——一切都被摧殘、燒盡、毀滅。

想像這些野蠻的法西斯主義者犯下的暴行真是太可怕了。循著特定的程序，他們有計畫地將拋棄、遺留下來的區域變成沒有生命的荒野。在收復的土地上，我軍戰士們舉目所見盡是成堆的瓦礫、灰燼和堆積如山的屍體。想到這一切並非夢境，而是血淋淋的事實，真是令人不禁毛髮豎立，就連血液也在血管裡凝結。

25/I

昨天增加了麵包的配額，現在麵包的情況是：

| | 受撫養者 | 雇員 | 勞工 |
|---|---|---|---|
| 以前 | 200克 | 200克 | 350克 |
| 現在 | 250克 | 300克 | 400克 |

但大家期待得更多，都很不滿意。

無法想像我和媽媽現在該怎麼活下去。已經兩天了，街上始終是晴朗無雲的嚴寒天氣。剩下的柴不多了，我們每天用掉一些碎片，只拿來加熱食物。房間裡非常冷，只好一直待在被窩裡。

今天早上我跑去買麵包，結果被迫在隊伍裡站了半個鐘頭，早知道就不去了。今天比昨天更冷，寒風刺骨，彷彿所有的血液都凝結在血管裡，連腦袋也凍僵了。

今天的麵包不太好，一盧布九十戈比，道地的、幾乎是真正的黑麵包，不過有點潮濕，所以很重。我匆匆回家，脫了外套鑽進被窩裡。媽媽倒了水，我們喝了杯熱水，然後躺在床上休息。我寫下這些句子的時候，媽媽正在準備做飯要用的木柴。現在我又躺回床上，不然就要凍僵了。

而昨天發生了這樣的事。我和媽媽約定，她去買麵包，從劇院回來[1]

[1] 手稿原文語句未完。

# 29/I

很久沒寫日記了，總是找不到時間。二十七、二十八日兩天我們沒麵包吃，幾乎沒有一家店裡有麵包。據說是麵包工廠的管線耐不住酷寒的天氣爆裂了，只好停工[1]。

不論原因是什麼，我們已經過了兩天沒有麵包和食物的生活，只吃了一碗從學校帶回來的湯和肉凍。媽媽非常虛弱，連走路都很勉強。不過也有好消息，昨天我拿到了九百七十五克很不錯的小麥粉替代麵包，媽媽像是復活了一樣。我們立刻做了麵糊和餅。如果明天依然沒辦法買到麵包，我們一樣會拿麵粉充數。今天天氣回暖，下了雪。十七號屋水來了，我去排隊取水。最近天氣如此嚴寒，水都是從方丹卡河上的冰洞取出來的。

不知道我們能不能活得下去。這可怕的兩天已經讓媽媽筋疲力盡，不過，她雖然非常虛弱，精神上卻很堅強。她想要活下去，她會活下去的。

1 麵包工廠作業中斷的主要原因，是電力能源的嚴重缺乏和主要自來水廠的暫停運轉。

# 8/II

昨天早上媽媽過世了。只剩下我一個人了。

10/II

把爐子燒暖，現在室內平均有正十二度。明天再詳細寫。

## 11/II

今天麵包的配額增加了。早上我和看管院子的太太一起送媽媽去馬拉特街[1]。就在一個月前，我和媽媽也走同一條路送走阿卡。和那時候一樣，今天一路上颳著暴風雪，到了下午又出太陽。我和看管院子的太太一起去麵包店，買到六百克的麵包，其中三百克分給了她。接著我去學校，拿到一碗黍米湯和一份配有奶油的黍米粥。回到家裡，劈柴、熱午餐、吃麵包，感覺自己已經沒有力氣再做其他事情。我想要去取水、洗碗盤，但今天已經累壞了——不是身體，而是精神上的疲乏——我實在無法再做任何事了。昨天我賣掉六塊膠，一塊十五盧布，總共拿到了九十盧布。現在我手上有九十九盧布六十戈比。隊上的工作應該是不會再帶來任何收入，伊妲·

以薩耶夫娜會再給我一百盧布，不會再多了。還要給她五十盧布買小鐵爐[2]。

昨天我用大爐子生火，室內有正十二度，爐子燒得不能再熱了。想想，明天我又會拿到六百克的麵包。現在除了躺著睡覺，我什麼事也不想做。一日之計在於晨。一個人的生活多麼辛苦，我才十七歲，完全沒有人生經驗，現在誰能給我建議？誰將教我生活？我的身旁全是陌生人，全都與我無關，每個人都有自己的煩惱。天啊，我該如何獨自活下去？不，我無法想像。不過，生活會指引我方向，而且我還有親人——熱尼亞[3]，她一定會幫助我，但得先找到她才行，應該先去找基拉。或許，她會給我一些錢。

媽……

1 圍城期間，距離蓮娜住處約一公里遠的馬拉特街七十六號是臨時的停屍間。

2 指臨時安裝在房間內的鐵製或磚造小爐子，最知名的款式名為「布爾喬亞」（буржуйка），配備同樣以金屬材質製成的煙囪，供室內保暖使用（譯註：「布爾喬亞」的名稱由來可能與當代諷刺漫畫中資產階級「吃得多，生產得少」、挺著大肚子的形象有關）。

3 指蓮娜·穆希娜的阿姨——葉甫根尼婭·尼古拉耶夫娜·茹可娃（雅庫莎）（Евгения Николаевна Журкова [Якуша]，一八九二—一九七八）。

## 13/II

早上醒來，我一時間還無法相信媽媽真的去世了，好像她還在這裡，躺在床上，馬上就要醒來，然後我們會聊聊戰爭結束之後的生活。但可怕的事實擺在眼前——媽媽已經不在了！她死掉了。阿卡也是。只剩我一個人。怎麼會這樣？有時候我簡直就要發狂了，好想放聲尖叫，想用頭撞牆，想咬人！沒有了媽媽，我該怎麼活下去？家裡一片凌亂，灰塵一天一天越積越多，大概再過不了多久，我就會變成普留什金[1]了。難道我會就此被懶惰吞噬？難道我和媽媽不一樣？我是多麼喜歡屋裡乾淨舒適的樣子。不，不，不——不是這樣的。我馬上起來，室內很溫暖，我要收拾房間，卻又不知道該從何下手。就先掛窗簾吧，一掛上窗簾就會舒適很多。

現在我有九十七盧布，伊妲·以薩耶夫娜還會再給我一百。我必須找份工作，不過應該還可以暫時度過二月。

還剩下十七天。

麵包——十七乘以一盧布七十戈比，再乘上三餐，等於八百五十七戈比，也就是八盧布五十七戈比。至於其他食物，情況應該會再好轉一些。昨天用新的糧票在所有的商店都可以兌買到米穀，受撫養的家屬可以拿到二百五十克，不過因為我在食堂吃飯，所以分配到的量少了很多。總之，我沒排隊，就買到了一百二十五克豌豆和兩百克小米，煮了非常豐盛的粥，簡直是太棒了。昨天我吃了六百克麵包，一鍋小扁豆湯和一碗粥，覺得有點難受。這是可以理解的，我們全都餓壞了，現在這樣的食物已經算是過量了。

可愛的，親愛的，我最愛的媽媽。多麼可惜，你沒能多活幾天，沒能看到情況好轉，我打從心裡替你覺得遺憾。你七日早上死去，十一日就加了麵包，十二日還發了米糧。

但，我的天啊，我要怎麼一個人活下去？我不知道，我簡直無法想像！不，我會去找熱尼亞，身邊全都是陌生人，我真是太不幸了。天啊，仁慈的天啊，這是為

了什麼？這一切究竟是為了什麼？

1 譯註：普留什金（Плюшкин）為果戈里作品《死魂靈》中的著名人物，吝嗇、邋遢，住在髒亂破敗的房子裡。

# 15/II一九四二年

昨天我給熱尼亞發電報：「阿卡和媽媽過世了。來電報告訴我該怎麼做。蓮娜。」付了五盧布二十五戈比。昨天在二十八號房排隊買糖，但運來的糖聞起來有煤油味，所以又被送回供應站去了，他們承諾今天兩、三點會再送來。排隊領糖的時候，我遇見了柳夏．卡爾波娃，她正在排隊買肉，替我用媽媽的糧票買了一百二十五克，非常好的一塊肉，真要感謝她。我昨天從學校帶了豌豆湯回來，添了一整鍋水，加上一匙小米，切了些碎肉，美味的湯就完成了。然後我在膠裡也加了碎肉，做成三碗肉凍。剩下的豌豆和小米還能再吃上幾次。

真是可惜，不過誰又能預見呢？昨天用米糧券可以領到蕎麥——真正的蕎麥。

早知道再多等一會兒，我就能吃蕎麥粥配奶油了。

再過不久大概就會供應奶油了，我能拿到大約三百克。我最近白天都吃得太飽，所以晚上經常覺得不太舒服。今天早上天一亮我就起床去二十八號房，心想應該有糖和油，但店裡只有肉，接著我又去麵包店買了六百克的麵包，決定去市場把麵包換成甜食——糖或糖果。看見小雪橇上載著木柴，我想到家裡也沒柴可燒了。於是問了兩個人，最後用四百克的麵包換到九塊長將近一公尺、兩指頭厚的木板，然後辛辛苦苦地拖回家。這些柴可以用很久。另外還得洗衣服，已經沒有乾淨的衣服可以穿了，而我很快就要收拾上路，一收到熱尼亞的回覆我就出發！

真可惜，我的鐘壞了。這個房間很好，很明亮，而且有很棒的爐子，只要幾塊木柴就能燒得很熱。我正在一點一點收拾，就快要完成了。再過不久，我就能擁有舒適、溫暖的房間，甚至有點捨不得離去。不過我還是下定決心離開。春天國營農場人手吃緊，我可以去工作，等戰爭結束，我也存了些積蓄，就能回到自己的屋子生活，之後再找份工作。現在暫時還不愁錢，沒必要急著找工作。

我現在坐著，怎麼也站不起來。首先，光是將木柴拖回家就讓我疲憊不堪，搞

不好還傷了筋骨。再者，我吃得太飽了——我吃了一碗昨天的湯、兩百克麵包、半碟肉凍，又喝了兩杯茶。我向沙夏阿姨借了一茶匙的砂糖，喝了非常棒的茶。

## 17/II

我真是富有！一個罐子裝小米，一個罐子放大麥，另一個罐子裡還有蕎麥，小盒子裡有一些豌豆，窗邊放著一百二十五克的肉。但說到糖，我就不怎麼走運了，到目前為止都還沒拿到。昨天午餐吃豌豆湯和加了奶油的蕎麥粥，晚飯是大麥粥加奶油。

今天麵包賣一盧布二十五戈比，美味而且乾燥，非常棒。

這三天一直聽收音機，很好，完全不覺得寂寞。

我還有錢——一百零五盧布，有柴，也有食物。還需要什麼呢？我好滿足。

今天天氣冷，是晴朗無雲的好天氣。

飽餐一頓之後我坐著，喝熱可可，吃麵包。今天午餐吃了兩碗麵湯和米粥配棉花籽油。現在要生爐火，不然室內很冷，只有六度。

成為孤兒已經超過半個月了，我怎麼也沒有辦法相信，再也見不到媽媽了——活著的媽媽，就像在照片裡那樣。

糧食的狀況改善了。現在我有糧票，可以在食堂換到米穀，除此之外，還有豌豆、扁豆和乾燥的蔬菜——洋蔥、甜菜和包心菜，媽媽的糧票也還沒有被收走[1]。

每天一點我去學校領取午餐，現在要有糧票才能領湯，也不再發果凍了，所以相較之下人並不是很多。我們班上的同學，我上次看到了莉妲．索洛夫耶娃和廖瓦．

薩夫琛科。是的，是廖瓦，看來他們的技術學校已經撤離了，但他剛好生病，所以[2]

1 一九八二年四月七日穆希娜在寫給B·B·米留欽娜（見一九四二年五月七日註解3）的信中回憶道：「我怎麼能撐過這樣的折磨和那些清除冰雪的工作而沒有死去？因為蓮娜媽媽在月初——二月八日——去世，而管理員可憐我，當作媽媽還活著，所以我能夠繼續使用她的麵包糧票。自一九四二年二月八日到月底，我都吃兩人份的麵包。」（國立中央聖彼得堡文學藝術檔案館〔ЦГАЛИ СПб，Центральный государственный архив литературы и искусства Санкт-Петербурга〕，館藏四九五，編目一，文件三二五，頁一四）事實上，根據列寧格勒警察局長E·C·格魯什科（Грушко）於一九四二年二月七日發布的通報，在民宅辦理死亡手續期間，禁止警察沒收糧食和麵包票券，所以當時已經不收回糧票了。詳見B·A·伊凡諾夫（Иванов），〈列寧格勒圍城戰爭期間當局緊急作為實施特點〉（Особенности реализации чрезвычайных мер по поддержанию в блокадном Ленинграде режима военного времени），《政府、法令、戰爭：偉大的勝利六十周年紀念》（*Государство. Право. Война: 60-летие Великой Победы*），聖彼得堡，二〇〇五，頁四七五，註釋。

2 手稿原文語句未完。

# 27/II

情況已經開始漸漸好轉。天啊，阿卡和媽媽都沒能撐到這一天，真是太可惜了。希望戰爭快點結束。

有些人說，政府並不在乎我們，還說對政府而言，列寧格勒少了四、五千人並不算什麼。不，他們錯了。我始終相信事實並非如此，政府和史達林同志一直以來都明白列寧格勒人的處境，而且盡其所能改善我們的生活。

老實說我現在過得很好。

現在是晚上八點左右，我坐在桌子前，就著小油燈充足的光寫日記、聽收音機。屋裡很溫暖、舒適。我吃得很飽，不久前才吃過一餐，今天吃了湯麵——應該說是

煮麵水才對，主食是一整盤麵條，非常美味的白麵條和肉排，甜點是熱可可配麵包。大概就是如此。

最近用第四類糧券可以換到米、肉、小紅莓和一百五十克的糖。除此之外，每張糧票還可以分到半公升的燈油，今天我就買了半公升。另外，據說這個月我們能領到奶油，還可以用八號券買到魚乾。至於新的糧票也一樣令人興奮，米穀類糧食很多，而且每張券的量從十二．五克改成二十克。還有人說，在食堂用不著糧票就能買湯了，麵包配額的增加也指日可待。

我們食堂裡另一個情況明顯好轉的現象也值得一提：現在每天都有前菜、主食和肉。湯很濃稠，有各種粥，量也比以前多，而肉——小臘腸或肉餅——的品質也都很不錯，馬肉已經沒有人再提了。回想起來，就在不久之前湯裡還全都是水，粥也只有一點點，肉更是少得連塞牙縫都不夠。油渣餅曾經是我們唯一的食物，如今也不再出現了。過去吃油渣餅湯，搭配的主食也是油渣餅。

如今有許多好的改變，麵包店裡總有美味的麵包，但大家還是覺得不夠。人們抱怨、發牢騷，已經開始想著要吃白麵包和蜜糖餅。沒辦法，這大概就是人的天性吧——無止境地要求，不懂得知足。沒有麵包的時候，人們想要麵包，有了麵包就

想吃白麵包，等到有了白麵包便會開始想甜點。沒有油的時候想要油，拿到——舉例來說——棉花籽油，就想要奶油，有了奶油，又會想要酸奶和乳渣。肉也一樣，沒有肉的時候想著馬肉，有了馬肉，再來些牛肉和羊肉吧，接下來就會要求母黑琴雞、火雞肉、魚子、火腿和其他東西。沒辦法，人就是這樣。

# 1/III

三月。三月來了，春天的第一個月份。三月、四月、五月，然後就是夏天了。就這樣，春天來臨了，但窗外還下著雪，天空依舊是冬日常見的灰濛濛一片。不過沒關係，三月——已經是春天了。

麵包的量還是沒有增加。昨天拿到三百克小紅莓，用兩百克麵包換了兩百克的小紅莓。我覺得很划算，畢竟麵包每天都拿得到，而小紅莓可不是天天有。剛才和伊姮·以薩耶夫娜道別，她要去塔什干（Ташкент）了。她真是個非常棒的人，我和媽媽都欠她很多。昨天她給我一雙還很好的鞋，褐色的帆布材質，短跟的。正好，春天就可以穿了。

希望春天快點到來，戰爭早點結束。忍耐，蓮娜，必須忍耐，萬物都有自己的時序。我應該感到幸福，畢竟我還有未來，還有那麼多的快樂、歡娛和消遣。

現在要去買麵包。討厭，必須節約使用火柴。我只剩下四支火柴，而且不知道何時才會再配發下來[1]。麵包的配額在五日前應該是不可能增加了。

今天的麵包非常美味。我在食堂拿了一份小米粥。現在一切都按照新的規矩來：湯要二十克米穀券加上十克油券，米飯要四百克米穀和十克油，肉則是五十克肉和十克油。不過湯濃得能立湯匙，粥也盛滿整個盤子。今天我買了肉，兩百二十五克。

於是，今天我做了非常豐盛的午餐：飯配植物油和糖、兩碗加了肉和洋蔥的湯麵、煮過的肉，還有炒肉和幾片用植物油烤過的麵包，甜點是加了糖的小紅莓果汁。多麼棒的一餐！當我在做飯的時候，瓦莉亞來敲門，轉交給我一張明信片，是熱尼亞寄給媽媽的。也就是說，熱尼亞並沒有收到我的電報。她寫道，久等不到媽媽的回信，非常擔心，不知道我們是不是還活著、還健康安好。我已寫好了回信，明天就寄出去。

1

列寧格勒蘇維埃執委會決議，一九四二年三月五日開始，市民可以憑三月的糧票領得火柴。勞工、工程技術人員和雇員每人每月配發兩盒，受撫養者一盒。詳見《列寧格勒真理報》，一九四二年三月五日。

5/III

婦女節快要來了。天氣晴朗而嚴寒。麵包的配額還沒有增加。一想到自己經歷了這麼多波折，覺得非常可怕，卻也慶幸最艱困的時期已經過去。我撐過來了——我們三個人之中，有一個人存活下來。假使糧食的狀況再晚半個月好轉，我也要隨著阿卡和媽媽被送到馬拉特街七十六號去了。馬拉特街七十六號！成千上萬的列寧格勒人都知道這個不祥的地址。我熬過來了，而且渴望繼續活下去，所以我不應該待在這裡，我必須去高爾基[1]找熱尼亞。

昨天鄰居拉伊莎．帕夫洛夫娜給了我一張明信片。這張明信片不知道為什麼被送到合作社去，在那裡擱了好一陣子，昨天才和其他信件一起交到我手上。

明信片是熱尼亞一月十九日寄的，她寫道，一直沒有收到回信讓她很擔心，看來在此之前已經給我們寫過信了。她的地址是：高爾基，莫吉列維奇巷（переулок Могилевича）。我真是笨蛋，竟然把電報發到舊址去了，難怪沒有送到。

現在我計畫這麼做：給熱尼亞再發一封電報，然後努力想辦法到高爾基去，為此我要先去找基拉和加利亞。若繼續待在這裡，我的生活會過得非常辛苦。我現在很虛弱，沒辦法工作，但如果繼續維持沒有工作的受撫養者身分，就要面對義務勞動的折磨。春天來了，天氣變暖，髒污和垃圾融化出來，工作會很繁重，說不定還會被派去墓地埋葬死者，把自己也累得半死。我必須到熱尼亞那裡去。她在信裡說他們的生活還過得去，現在甚至過得不錯。在那裡我可以多吃一點、休養身體，還能找份工作——工作，和熱尼亞或諾拉[2]一起生活。她們是我親愛的家人，她們愛我，當然也就不會趕我走。

我必須離開。我寫了這樣一封電報：剩我一個，阿卡和媽媽過世了。能去你那嗎？速回。

只剩下我活著。阿卡和媽媽過世了。我非常虛弱。

阿卡和媽媽因為衰弱而死。生活很苦。我很虛弱。熱尼亞！能去找你嗎？

阿卡和媽媽過世了，熱尼什卡[3]，能去找你嗎？

回憶起媽媽，我的心就像是被撕裂了一樣。我一直覺得，媽媽只是離開去辦點事情，不久之後就會回來。好餓，難道根本不會增加麵包的配額？我真是厭倦了這樣飢餓的生活，而工作——以我目前如此虛弱的身體，還沒有辦法承受。去找熱尼亞吧，只能去找熱尼亞，那樣一來就可以得救了。

媽媽，親愛的媽媽，你沒能熬過去，你過世了。媽媽，媽媽，我最愛的媽媽。天啊，你好想活下去，但命運卻是那麼地殘酷。你勇敢地死去，你擁有堅強的靈魂，但，很遺憾地，身體卻太過虛弱了。媽媽，你過世了。你一天比一天疲弱，卻沒掉一滴眼淚，不曾呻吟一聲，也沒有一句怨言，反倒努力地鼓勵我，甚至和我開玩笑。回想起來，二月五日你還能起來，當我忙著奔波、排隊，你還準備了木柴。吃完午餐，你平靜地說要躺著休息一會。你躺下，要我為你蓋上外套，然後……然後你就再也沒有起來了。

七日你已經不能下床上廁所了，而最讓我覺得遺憾的是，二月五、六、七日這最後幾天，媽媽幾乎沒有和我說話。她躺著，從頭到腳蓋著被子，非常端正而且嚴

肅。當我哭著撲在她的胸前，她推開我，說：「傻瓜，哭什麼？還是你覺得我要死了。」「不，媽媽，我們還要去伏爾加河呢。」「那就去伏爾加河吧，還要烤布林餅。不過現在我還是跟你一起去上廁所吧。來，把被子拿起來。這樣，先左腳，再右腳。好了。」我把媽媽的雙腿從床鋪移到地板上，碰觸到她的瞬間真是太恐怖了。我明白，媽媽是活不久了。她的雙腿只剩下骨頭，像是木偶的腳，而在原本應該是肌肉的地方，我只摸到布料。

「欸咻，」她愉快地說，努力起身，「欸咻，來，扶我一下。」

媽媽，你有堅強的靈魂。你當然知道自己就要死去，但你覺得不需要多說些什麼。只記得，七日晚上，我請求媽媽，「親我一下，媽媽。我們好久沒親親了。」她嚴肅的臉柔和下來，我們緊緊地依偎在一起，兩個人都哭了。

「媽媽，我最愛的媽媽！」

「留申卡[4]，我們真是太不幸了。」

然後我們上床睡覺——或者應該說，我上床睡覺。過了不久，我聽見媽媽的叫喚：

「阿留夏，你睡了嗎？」

「沒有，怎麼了？」

「你知道嗎？我現在感覺很好，輕鬆多了，相信明天會更好。我從來沒有這麼幸福過，像現在這樣。」

「媽媽，你在說什麼？你嚇到我了。你怎麼突然好了？」

「不知道。不過算了，好好睡吧。」

於是我睡了。我明白媽媽就要死了，但我以為她還能撐上五、六天。我怎麼也預料不到，死神就在隔天降臨。

我睡著了。在睡夢中我聽見媽媽又一次呼喚我，「留申卡，阿留夏，阿留夏，你睡了嗎？」此刻，這些話就像在我耳邊複誦。然後她又安靜下來，我沉沉睡去。當我再次醒來，聽見她含糊地說了些什麼，我叫她：

「媽媽，媽媽，你在說什麼？」

她沉默，然後又喃喃自語，卻沒有回答我的問題。「大概是在說夢話吧。」我心想，又睡著了。

當我再度醒來，聽見鼾聲，就想，媽媽終於睡著了，然後非常安心地又進入夢鄉。不知道睡了多久，我突然驚醒，心裡覺得不妙。媽媽像之前一樣打呼，但那卻不像是安穩熟睡的人發出的聲音。她仰面躺著，閉著雙眼，張開嘴巴吃力地呼吸，

喉嚨裡像是有什麼正翻攪著。我開始拉扯她、叫她，她張開眼，用空洞的眼神看著我。「媽媽，媽媽，你聽得到我的聲音嗎？」還是同樣的眼神，然後就疲憊地閉上了雙眼。

天啊，她看不見我，也聽不到我的聲音，她就要死了。額頭冰冷，手、腳都是冰的，脈搏也幾乎停止跳動。我跑去求救，鄰居來了，生爐火，熱了水瓶，裡面是甜的熱咖啡、維他命之類的飲料，但一切都無濟於事了。媽媽緊咬著牙，即使我們強灌咖啡，她也沒有吞嚥。清晨六點，鄰居們離開了，他們要我無論如何繼續試著餵媽媽喝東西。最後的幾個小時，我就坐在床邊陪伴著她。她再也沒有清醒過來，漸漸沒了聲息，靜靜地死去，即使我就坐在她的床頭，也沒有發覺。就像其他死於衰弱的人一樣。

1 譯註：高爾基（Горький）為今日的下諾夫哥羅德（Нижний Новгород），一九三二至一九九〇年間改稱高爾基，以紀念出生於當地的作家M．高爾基。

2 蓮娜．穆希娜的叔叔B．H．穆辛之妻。

3 譯註：熱尼什卡、熱尼亞皆為葉甫根妮婭的暱稱。

4 譯註：留申卡、阿留夏皆為蓮娜的暱稱。

將近三點我去郵局給熱尼亞發了電報，然後去「青年」電影院[1]，但今天不賣票，接著我又去了米亥伊洛夫斯基劇院（Михайловский театр），得知大約兩個星期前基拉就已經撤離了。我去找加利亞，怕趕不上見他們一面，但結果不是這麼一回事。

阿利克的爺爺幫我開門，眼睛都哭紅了。原來，他的妻子尤莉婭·德米特里耶夫娜在三天前去世了。加利亞回到家裡，她消瘦了很多。基拉也來了。後來我和加利亞一起送阿利克去幼稚園。

在這裡他們待我像是親人一樣，大家見到我都很開心。加利亞緊緊抱著我、親吻我，我覺得很好。

明天我們要送走尤莉婭．德米特里耶夫娜。

加利亞和她的父親熱心地建議我搬過去和他們一起住，他們保證會盡力幫助我，若是撤離，也會當我是女兒，帶著我一起走。我完全沒有預料到他們會這樣同情我、溫暖地對待我。共同的不幸遭遇拉近了人與人之間的距離。阿利克的爺爺喜愛大自然，是個非常慈藹的人。我馬上復活了。我找到了朋友，我並不孤單。多麼好的一件事，真是太幸福了！

真是可惜，尤莉婭．德米特里耶夫娜就像她的丈夫一樣，是個非常善良的好人。加利亞擔心父親也會撐不下去。不，這是不可能的。在我看來，最可怕的都已經過去了，如今還能生存下來的人都會繼續活下去。我是這麼認為。

命運真是殘酷啊。

1 位在花園街（Садовая улица）十二號的「青年」（Молодежный）電影院於一九四二年三月四日恢復運作。詳見《列寧格勒真理報》，一九四二年三月五日。

## 7/III

我八點鐘起床，十點多收拾好必要的東西，裝進背袋，放上小雪橇，然後出發去找加利亞。我們三個人一起把尤莉婭·德米特里耶夫娜送去古比雪夫醫院（Куйбышевская больница）[1]。加利亞的姊妹基拉〔先離開了〕，回程的路上只有我和加利亞。天氣非常晴朗，陽光燦爛，溫暖得已經像是春天的樣子，甚至連冰柱都開始融化，落下水滴。春天，春日正盛。我們上我常去的食堂拿了四份*[2]濃湯和一份臘腸，接著又去二十八號房，我非常幸運，才開始賣葡萄乾，排隊的人不是很多。加利亞帶著湯回家，我排隊拿到葡萄乾之後也去找她。我們鋸了很大一截木頭，在院子裡劈碎成小塊。然後加利亞去接阿利克，我開始生爐火。

加利亞回到家，給父親倒了茶。他在床上躺了一整天，心跳微弱，還因為壓力太大拉肚子——失去生命中的伴侶是多麼沉重的打擊。我為自己盛了湯，六點半吃了飯。加利亞人真好，要我帶一片麵包走。唉，現在能夠這麼做，是因為有尤莉婭・德米特里耶夫娜的麵包。

然後我喝了茶，配著葡萄乾和麵包，吃得很飽。明天就是三月八日婦女節了。加利亞在家，她是多麼好的朋友。現在要上床睡覺了，好睏。

1 指位於鑄造廠大街（Литейный проспект）五十六號的古比雪夫醫院，亦即是今日的馬林斯基醫院（Мариинская больница）。

2 手稿此處無法辨讀。

# 13
# /
# III

「嚴寒和太陽，美妙的一天……」[1]春天即將來臨的感受越來越強烈。已經是春日的太陽，冰雪上冒著水氣，冰柱也流下淚滴，不過在曬不到太陽的地方，寒冬還是毫不留情地刺痛鼻子。

現在我和加利亞一起住，照顧她生病的爸爸，做些我幫得上忙的家事。今天她爸爸的狀況比昨天好，我和加利亞並不放棄，希望他能恢復健康。他因為情緒低落而拉肚子，身體非常虛弱。加利亞早上八點帶阿利克出門，晚上六點回家，一整天我獨自陪著她爸爸，他大部分的時間都在睡覺，我可以做自己想做的事。

現在是兩點鐘，我坐在窗邊寫日記。春日的陽光照亮整個小房間，只要不去想

胃裡強烈的飢餓，一切都還好。但我好想吃東西，真是無法忍受了。現在我靠三百克的麵包和湯過日子，白天吃麵包，晚上七點再喝兩碗湯，這就是我所有的食物。最近幾天我明顯瘦了，變得虛弱，不知道能不能撐得過去。我好想要活下來，得盡快找到熱尼亞，到時候就得救了。

昨天真是太痛苦了。我大口喝著清湯，沒有麵包吃（昨天麵包吃完了），而就在我身旁，桌上放著很多麵包和一罐糖，加利亞切下一片片厚實的麵包，撒上糖吃。我明白嫉妒是不好的，但還是覺得，就算加利亞每天分給我一小塊麵包，對她而言也不會有任何損失。畢竟現在除了自己的五百克，她還可以拿到另外七百克麵包——媽媽的三百克和爸爸的四百克（他現在不吃麵包了）。她不可能吃掉那麼多的麵包，也很少做乾麵包，想必是把麵包放在那個總是上了鎖的櫃子裡囤積起來。這樣很糟，人因為飢餓一天天變得虛弱，而麵包卻在櫃子裡變乾發硬。

當然，我怎麼樣都不會碰那麵包，那不是我的，是加利亞的。而加利亞是個外人，和我沒有任何關係，但是——小小的「但是」……，我若是加利亞，一定會於心不忍，出於憐憫地分享一點麵包。我不會主動要求任何東西，我太驕傲、自尊心太強，不能允許自己當乞丐。為什麼加利亞不會主動給我食物呢？她明明知道我有

多餓，一天三百克的麵包實在太少了。我餓得要命，好想吃東西。老天啊，老天啊，拜託，我想吃東西，你知道嗎，我真的好餓。我好痛苦。

天啊！這一切何時才會結束！

1 詩句摘自A·C·普希金的作品《冬日清晨》（*Зимнее утро*，一八二九）。

## 16 / III

已經三月十六日了，也就是說，春天的第一個月份都已過了一半，天氣竟然還這樣嚴寒。在太陽下很溫暖，但走進陰影處還是冷。

現在我跟加利亞住在一起。老人家的狀況一天比一天糟，應該是撐不了多久了。他已經不太能說話，舌頭也不聽使喚了（阿卡和媽媽過世前三天也是這樣）。此外，還有另一個大限將至的徵兆——（我想到阿卡和媽媽）感覺口渴。

昨天我們差點沒被燒死。事情發生在晚上，住在二十七號的鄰居來向加利亞借斧頭，打算把門撬開，說是已經敲了整整一個鐘頭的門卻沒人來應門，這讓他非常擔心，家裡只有他年邁虛弱的母親，不知道發生了什麼事。加利亞給了他斧頭，他

撬開門，房間裡煙霧瀰漫，他的母親倒臥在廚房的門檻上，半燒焦的屍體下方樓板正在燃燒，沙發和棉被也已經著火，再晚個兩分鐘，一切都將陷入熊熊的火海。所幸及時發現，火勢還不大，大家趕緊呼叫消防員，同時在公寓裡集水救火。我們滅了火，將還在燃燒的衣服帶出去丟在雪地上，這時候消防隊到了，拆開整片地板，把火完全撲滅。

能逃過一劫真是太幸運了，畢竟所有的東西都可能付之一炬。萬不得已的時候，我們當然可以從大門逃出去，但老先生怎麼辦？單憑我們的力氣是沒辦法帶他出去的，而求援，誰又能幫我們呢？等待消防隊到達的時間就足夠他窒息三次了。

假使她的兒子今天沒有回家，或者再晚個幾分鐘回來，一切就都完了。他本來應該明天才會回家的，今天只是碰巧。生命中還是有這樣幸運的巧合。

基拉一直很希望我能將她暫時登記在我的房間裡，但我不想這麼做，還拿不定主意。

雖然在加利亞家裡，我並沒有得到預期的溫暖和關懷，但我並不因此——像基拉說的那樣——對她失望。我能夠體諒加利亞，獨自照顧正在死去的人和孩子是很沉重的負擔（她的姊妹一點忙也沒幫不上），難免會變得有些易怒煩躁。但情況很

快就會改變，老先生馬上就要死了，如此一來她便能卸下肩上的重擔，感覺輕鬆一些。我們會想辦法埋葬他，那時我再看看，該和加利亞一起住，還是自己一個人生活比較好。到時候再說吧，現在還沒辦法決定任何事情。

## 18/III

夜裡加利亞的父親過世了。多麼好、多麼善良的……

昨天我去買麵包，出門稍微晚了些，結果什麼也沒買到，白白排了兩個鐘頭的隊，委屈得都要哭了。離開學校，我去了商店，不用排隊就買到一百克的肉。回到家裡，沒有收到任何電報。我帶著銅水壺來到市場，不過沒能賣掉，倒是自己禁不住誘惑，買了九張明信片，三張一盧布。天氣非常好，已經是春天了，微風溫暖，就連在太陽曬不到的地方都不覺得冷。我回家拿了東西，又去市場。實在是太餓了，所以即使覺得非常可惜，我還是決定，無論如何都要把鋁製的小桶子換成麵包。我意外看到有人在賣明信片，又忍不住挑挑揀揀。各式各樣彩色的、大部分還

是進口的明信片，讓人難以抗拒。我愛不釋手，總共買了十五張，一張一〔盧布〕。如果我和別人分享自己的戰利品，一定會被罵得狗血淋頭，但也活該，在這樣的關頭還把錢花在什麼明信片上，實在是不能饒恕的愚蠢行為，不過這一切帶給我很大的樂趣和滿足。這些明信片可都是在其他地方買不到的，都是些老明信片，況且還是外國的，怎麼能不好好把握機會呢？一想到這些明信片全都是我一個人的，我就覺得開心極了。把錢花在這樣美妙的明信片上，一我一點也不覺得可惜，我已經有三十四張新的明信片了。

就這樣，我買了十五張明信片，用桶子換了兩百五十克的麵包。回到家，加利亞已經把火熄了，我沒機會煮肉，也就沒飯可吃，只好吃麵包配熱水，然後上床睡覺。這晚我睡得很沉，還做了香甜的夢。我一直夢到格利沙·哈烏寧，我們像是朋友，一起坐雲霄飛車。是很刺激、神奇的雲霄飛車，我們都好害怕，不過旅程順利地結束了。早晨醒來，我聽見加利亞在隔壁房間哭著說：「爸爸，爸爸，你只是睡著了，對吧？你還會醒來。」我一聽便明白了，趕忙跑去緊緊地抱住加利亞、親她。

# 三月二十一日

我親愛的日記，你好，我又來了。現在我過得很好，滿懷愉快心情寫下這些句子。戰爭就戰爭，飢餓就飢餓吧——生活還是要照常過下去。所有我必須經歷的都只不過是暫時的，不值得灰心。

走開，憂愁和哀傷，
我勇敢地望向遠方！[1]

戰爭一結束，我就要用我的房子交換莫斯科的房子。想想，我會住在熱尼亞家

附近，擁有屬於我的家，自己作主。屋裡的一切完全依照我的喜好，一定會非常美好舒適，有一整個養寵物的小角落，窗前的桌子上放著魚缸，裡面有一整叢各式各樣的水草和其他水生植物，色彩繽紛的小魚成群悠游其間。晚上還有小燈泡照明，因此即使是關上窗戶，魚缸依舊光明透亮，就像是白天一樣舒適。窗戶旁和桌上的其他空間會擺上盆栽，種天竺葵、百合和其他的室內植物。上頭懸掛寬敞的籠子，裡面住著我的最愛——小鳥。我要養紅腹灰雀、黃雀、朱頂雀、金絲雀和麻雀，努力讓牠們習慣我的照料，變得溫馴。白色小老鼠的飼養箱也有自己的位子——又或者不養白老鼠，養常見的灰色老鼠或野鼠。除此之外，還可以養其他動物，不過我不打算養任何的貓或狗。我要將自己對媽媽和阿卡的愛寄託在小動物身上，牠們對我的依戀應該能夠代替我失去的母愛和慰藉。我心中所有的溫柔都會投注在牠們身上，而牠們也會給我相應的回報，這我知道。那些小動物會心懷感激，感受到我對牠們的用心。

現在是三月。春天，冰雪在陽光下消融，麻雀愉悅地啁啾。太陽下很溫暖，被曬得溫熱的土地散發出糞肥的氣味——春天的氣味。雖然還是寒冷，但已經是晴朗

無雲的日子。

我在加利亞那裡找到富蘭克林的《博物誌》[2]第一冊，是一本非常棒的書，我將會閱讀並且抄錄在日記裡。我很想找些嫩枝，這樣就能快一點看到春天的第一批新葉。每當我考慮起未來的工作，思緒總是離不開動物學家這個職業。和其他的專業相比，動物學更吸引我。成為動物學家是我真切的理想，而且隨著時間過去，這個夢想也將會一步步實現。我要在科學院工作，成為一位動物學家。我會被派遣去考察、造訪我國的各個角落，然後回來，對公共知識有所貢獻。

「富蘭克林以自己的觀察，引領讀者自然而然地將動物視為活生生的存在，單純看待牠們的本質，而不是作為學術研究的材料或可供利用的機械。他所有的論述都充滿了對廣義的自然、對真理和公義的熱愛。」

「想要理解動物，必須設身處地以動物的觀點出發，體會牠們的感受、牠們的欣喜和不安，要懂得在牠們的群落中找到快樂和喜悅。」

「博物學不只促進智識的發展，有時也能成為人類精神上的慰藉。」

「對於一個喜愛自然、研究自然的人而言，在面臨考驗或精神疲弱的時刻，只

需要偶然地將目光停留在小花之上，聽聽鳥兒的歌聲或昆蟲的嗡鳴，就足以讓他重拾希望。」

1 摘自Ф・萊哈爾（Легар）輕歌劇《盧森堡公爵》（*Граф Люксембург*）不甚精確的引文。

2 指強納森・富蘭克林（Джонатана Франклина）《為受過教育的讀者與青年所作的博物誌》（*Естественная история в рассказах для образованных читателей и юношества*），聖彼得堡，M・O・沃爾夫（Вольф）出版社，一八六二，共二冊。第一冊介紹哺乳動物、草食動物與鳥類。一八七五年同一出版社又發行修訂過後的第二版。

## 22/III

我很滿意今天的生活。昨晚我烤了乾麵包，其中一小塊留到今天早上。我交給加利亞，她讓小床上的阿利克吃東西的時候，把乾麵包給了我。多虧這一小塊乾麵包，我可以晚上再去買麵包。十點我先去商店，買了兩百克砂糖和五十克的肉。回到家裡，劈柴、生小暖爐、煮肉凍，然後喝了一整碗湯，吃得非常飽，又燒了熱水，洗好餐具，還洗了臉。四點左右，我回去找加利亞，路過舊貨市場，無意間在各式各樣的商品裡發現一樣少見的珍寶，太稀奇了，是裝幀精美的四大冊布萊姆[1]全集，真是非常稀罕的版本。「這寶貝要賣多少？」「半買半送，只要一百七十盧布，或六百克麵包也行。」她向我展示書的內容，裡頭無數的相片和彩色表格掠過眼前。

不到四點，我來到加利亞家，我們已經約好，我三點來她就應該在家，但她不在。我待在廚房等了她超過一刻鐘，布萊姆在我的腦袋裡揮之不去，終於，在加利亞回來之前，我打定主意要用三百克麵包和一百盧布買到這套書。不過當我收拾好東西，買了麵包，跑到市場，她已經不在了。我走遍了整個市場還是找不著她，就這樣錯過了布萊姆。

今天和昨天差不多，「嚴寒和太陽，美妙的一天。」或許我還買得到這套布萊姆。她若沒賣掉，說不定還會再來。

1 譯註：А・Э・布萊姆（Альфред Эдмунд Брем，一八二九—一八八四）為德國動物學家。

## 23/III

今天就連在陰影裡都很溫暖，傍晚太陽才被雲層遮蔽起來。加利亞今天重新調整了房間內的擺設。我一直夢想著養鳥，真希望能夠自在生活的日子趕快到來。我盼望著溫暖的天氣，到時候就能敞開窗戶，取下檔板，曬曬太陽。我期待夏天。

夏天快點來吧！溫暖的日子。天啊，我好想見到草地、綠樹、花朵、鳥兒和昆蟲。別急，蓮娜，耐心——要有耐心。時間推移，不會停止，萬物都按照自己的時序運行。五月會來，夏天也會挾帶著雨水和炎熱的日子來臨。一切都會變好。

## 24 / III

昨天晚上我回家一趟，吃了肉凍，喝了點水，把明信片插入加利亞給我的相簿裡，然後又再回來。春天似乎終於來了，寒冷的日子已經過去。溫度明顯回暖，昨天夜裡有零上一度，輕柔、蓬鬆的雪徐徐落下，溫暖的風輕輕撫摸我已經習慣了酷寒的面頰。到處都是水窪，水滴從屋頂上滑落，伴隨著冰柱斷裂的聲音。

今天也是如此，我流連街上，簡直不願離開。陽光被雲層遮蔽，非常細小、讓人幾乎無法察覺的雪花從天而降。再過不久，太陽也會加入這一團溫暖之中，那就是真正的春天了。一切都會很好。

融雪才第二天，積雪幾乎已經完全消融化開，濕氣很重。風很溫暖，但是非常潮濕。水從屋頂澆灌而下，匯流成河，道路非常濕滑。在許多地方有軌電車的軌道已經解凍了。

和雅科夫·格利高里耶維奇擦肩而過，通常他九點才會離開，今天卻不知道為什麼八點不到就走了。明天他不工作，也就是說，得等到二十七日，那麼，二十八、二十九、三十、三十一，剛好來得及辦妥所有必需的手續。

至於房子的問題，我已經問過羅莎莉亞·帕夫洛夫娜，這些事情她很清楚。現在全都取決於加利亞，她擁有多餘的房間，因為無法負擔三倍的房租，必須交還給

合作社，而她會轉讓給我[1]。羅莎莉亞·帕夫洛夫娜說，最重要的是，我必須先到合作社開個戶頭，等到新的房間確定為我保留下來，只要再繳回自己的房間就行了。如此簡單。

是的，老實說，我現在的房間也很不錯。寬敞、溫暖又明亮。窗戶開向街上，窗外景觀遼闊，可以看見一大片天空。美中不足的是空間太大，而且夏天只有晚上有陽光。

那間房子十平方公尺大，對我來說剛剛好。低天花板、格局方正、溫暖，最重要的是整天都有充足的陽光——對像我這樣一個愛好自然的人來說，光是這點就足夠了，未來我養動物的小角落最需要的就是陽光。而且，如果一個人生活煩了、悶了，還能去找加利亞。對我來說，這次搬家當然有很直接的意義。

不過新的問題來了，家具該怎麼辦呢？我有這麼大、這麼棒的餐具櫃，還是橡木製的，好捨不得脫手。但除了把它賣掉，似乎也沒有其他辦法。要搬動這麼笨重的家具實在太困難，況且這個櫃子對新房間來說也太大了。

我估計這櫃子至少能夠賣到六百盧布，正好加利亞打算賣掉桌子和櫥櫃，用這六百盧布，我可以跟她買下那些家具。剩下的錢還可以買到沙發床、小沙發或其他

東西。加油！

1 民眾租屋的價格受蘇聯中央執行委員會與人民委員會於一九二六年六月四日頒布的「房租與都市住宅區房屋使用調整辦法」（О квартирной плате и мерах к урегулированию пользования жилищами в городских поселениях）規範。每一人的住宅空間為五．五至五．七平方公尺，在列寧格勒，每平方公尺的租金為四十四戈比（每平方俄尺二盧布）。月收入一百二十五盧布以下的勞工與雇員可享有優惠，租金為每平方公尺二十五戈比。學生比照月收入二十盧布以下的住戶，可以獲得住宅費用的減免，公共設施及中央供暖系統的費用則依實際使用狀況另外支付。依規定閒置多餘的居住空間仍應按特定的費率繳納房租。

# 三月三十日

「冬天不是白白發怒，她的時候到了——春天敲響窗戶，將她自庭院趕出。」[1]街上是嚇人的暴風雪，大雪紛飛，颳著很強的風。今天我也要去義務勞動，兩點開始，或許在那之前風雪會稍微平息下來。今天已經是第四天做清除城內積雪的勞動工作，一直要持續到四月八日[2]，八日之後雅科夫·格利高里耶維奇會安排我[3]

1 俄國詩人Ф·И·丘契夫（Тютчев）詩作〈冬天不是白白發怒〉（Зима недаром злится，一八三六）的第一個詩節。

2 一九四二年三月八日舉行首次大規模的星期日義務勞動，在此之後，又陸續於當月十五日及二十二日實施。列寧格勒蘇維埃執委會三月二十五日決議，三月二十七日至四月八日期間，動員所有具備勞動能力的居民投入環境整理工作，日後又延長至四月十五日。志願勞動者每日必須工作六個小時。穆希娜在一九八二年四月七日寫給В·米留欽娜的信中提到，最初幾天的工作非常辛苦：「我的手完全沒有力氣，沒辦法用鐵橇鑿冰或用鏟子拋擲冰雪，所以被當成『馬』來用：人們將拖來的金屬槽填滿冰雪，然後幾個人（包含我在內）套上用繩索做成的拉具，把金屬槽拖向方丹卡河。路很長，而且非常難走，我們幾乎是用盡最後一分力氣拖著，坦白說都受了傷。到了方丹卡河邊，在高爾基劇院對面（那就是蓮娜媽媽最後工作的地方！），那些比較有力氣的就把冰雪卸下、扔進河裡。回程的路上我們總是盡量走得慢一些，這樣才能休息。一回到院子，槽裡又裝滿了雪，而我們這些『馬』又得拖著一大堆雪往方丹卡河去。就這樣，我們一天走了多少趟？已經不記得了。但我記得一清二楚，當苦難終於結束，我們可以回家的時候，我已經沒有力氣像個人一樣，用兩隻腳走上四樓，而必須用雙手雙腳爬行。〔……〕這是多麼殘酷的一件事：在那個可怕、飢餓的冬天過後，所有靠著某種奇蹟的力量存活下來的人——應該說是只剩下半條命的人——被強迫執行這麼繁重的勞力工作：鑿冰、堆積，然後用鏟子拋送冰雪。只有那些虛弱到連下床的力氣都沒有的人才能免除勞動，只要是能站得穩的都被趕去工作，他們被威脅，若不工作就別想拿到下個月的糧票。多少人就這樣被這次的清掃『清走』，他們耗盡自己最後的一絲氣力，然後虛弱到死去。我明白，為了避免春天來臨時出現傳染病，這樣的殘忍是必需的。」（國立中央聖彼得堡文學藝術檔案館，館藏四九五，編目一，文件三一五，頁一四—一四背面）

3 手稿原文語句未完。

# 三月三十一日

我今天非常幸運，早上八點去工作，不到十一點就自由了。是這樣的，物業管理員[1]給我們這樣的任務：找到三個通道口並清理乾淨，完成工作後就可以回家，我們就照他說的做了。

真是太棒了。工作一結束，我就去二十八號房拿到六十克的葵花油，還買了麵包。今天肯定能吃得很飽。

1 物業管理員（управхоз）與房屋管理員（управдом）皆指物業、房屋的管理者。根據蘇聯中央執行委員會與人民委員會一九三七年十月十七日頒布的「城市住房資源保存與住宅經濟改善條例」，由地方蘇維埃住宅管理局指派的住宅管理員對房屋有直接管轄的權力，其職責如下：「一、依法經營管理房屋物業；二、按時維修房屋設施並管控保修品質；三、管理維護房屋、衛生設施與公共空間（如暖氣設備、照明、廚房、樓梯、廁所、天然氣、浴室、電梯等等）。」

# 四月一日

三月結束了。今天是春天第二個月份的第一天。四月來了。

你好，四月，五月的前一個月，你將會為我帶來些什麼呢？

目前一切如常，麵包的配額沒有增加。我拿到了受撫養者的糧票。昨天晚上雅科夫．格利高里耶維奇來找我，要我今天十一點前到十號道上的二十五號房，他將會在那裡。我九點半從家裡出發，本來打算回程的路上再買麵包，但又想到，說不定我得將糧票留在那裡辦理變更的手續，所以就在列許杜科夫巷[1]口買了三百克麵包。我身上帶著小刀，當場就把麵包對切成兩半，並將其中一半切片，打算一半在路上吃，另一半在到家前不碰，等到要出門工作時，再配植物油把麵包吃完。但麵

包是那麼地鬆軟、美味，而且入口即化，還沒走到涅瓦河上的橋，我就已經吃完了第一塊。結果，當我沿著十號道走近二十五號房的時候，麵包只剩下四分之一了。

雅科夫・格利高里耶維奇要我去管理委員會填申請書，但我到了委員會，那裡只有他們的主管，他告訴我八日以前不受理任何申請，所以我根本白跑了一趟，唯一的收穫是知道該上哪裡去申請。一點鐘，我勉強回到家，馬上去合作社請了假，說自己今天沒有力氣工作，回到房裡倒頭就睡。將近三點羅莎莉亞・帕夫洛夫娜來了，帶給我城郊大街和納希姆遜廣場街角食堂的通行證。這是伊莎貝拉・阿布拉莫夫娜要她轉交給我的，她有多餘的通行證。我立刻就上食堂去，剛好在那裡遇見伊莎〔貝拉〕・阿布〔拉莫夫娜〕，便鄭重地感謝她。食堂裡完全沒有粥了，只有豌豆湯和血腸，我拿了兩份血腸跟一碗湯。一般來說，一張通行證只能領到一碗湯和一份主菜。

現在我有食堂的通行證，我得救了！

今天很暖和，一大早天空就非常晴朗，向陽一面的雪完全融化了。晚上天空變得灰暗單調。

我的房間很不錯。我特別喜歡窗外一大片令人心曠神怡的天空。我喜歡這個房

間，明亮又寬敞。噢，在這裡生活真是棒極了。一段時間之後，在窗戶旁邊，我將會擁有多麼豐富的寵物角落：魚缸裡養魚、瓶子裡種花、籠子裡還有小鳥。可愛的小鳥兒，我何時才能等到你們呢？我不會養狗和貓，只養小的寵物，主要是鳥。

1 列許杜科夫巷（Лештуков переулок）即為今日的占布爾巷（переулок Джамбула），麵包店位於城郊大街路口。

# 四月二日

一早就陰鬱沉悶，下很大的雪。很暖和。我將近八點去工作，一開始我們合作社有大約十個人來挖，不過一個小時過後一半的人都散了，到了十點，只剩下兩個年紀不比我大的女孩、我和一位女士。十二點十五分我也回家了。天氣很溫和，很不錯，只是下雪很討厭，要一直把身上的雪抖下來。

今天我真厲害，手還有力氣——這就是一碗湯的差別，再說我昨天還吃了兩份血腸。今天工作一結束我就要去食堂。

整天都在下雪，一切都又變成白色，像是正值隆冬一般。

鬆軟的白雪[1]
凌空旋轉
悄悄地
飄落地面

在那冰雪之下
萬物又是白茫茫一片
真沒人想得到
這竟然是春天

今天食堂裡有：湯麵、豌豆粥和炸肉餅，憑通行證可以各取一份，我就這麼做了。我將湯、粥和半塊肉餅煮成三碗湯，烤了乾麵包，然後鑽進被窩裡享用。

現在我吃得非常飽。我可以想休息多久就休息多久。最好是第一班就做完工作，在那之後便可自由了。我可以躺在床上看書或聽收音機，真是幸福。

1 作者引用И．З．蘇里科夫（Суриков）的詩作〈冬天〉（Зима），徹底改寫了第二節。原作為：「大清早的冰雪之下／田野蒼白一片／真像穿上了／白衣一件。」

# 四月三日

今天我打算下午兩點出門工作。不算今天，工作只剩下五天。現在我有力氣好好工作了，而當我認真工作，不只是應付義務勞動的時候，時間不知不覺就過去了。所以，今天我十二點要上食堂吃午餐，然後去工作，八點一回到家就立刻上床睡覺。我覺得這樣不錯。

今天很溫暖，但有些陰鬱，沒有下雪。剛剛種下兩顆豌豆。房間裡有點冷，但我並不想燒掉最後的木柴。我好想念糖的味道，真希望能快點拿到糖。

想做些什麼事情。該讀書嗎？一個人生活真不容易，心中的想法、憂愁和悲傷都無人可以訴說。不過，說到這個，這本日記真是幫了大忙，而牆上媽媽的肖像則

是我的另一個慰藉——我親愛的、最愛的媽媽，她看起來多麼美好。命運還真是殘酷啊！

# 四月四日

昨天將近兩點從食堂回來。原來一點才開始供應外帶回家的午餐，我拿了一碗豌豆湯和水煮麵條，回到家裡吃完飯就去工作了。工作到七點，這是我第一次幫汽車裝、卸貨，做起來很費力，不過能順便兜兜風。

今天一早就是晴朗無雲的天氣，有點涼，都已經四月了，竟然還這麼冷。今天商店裡有米，明天還會有糖。早上我在麵包店和一個男孩講好，他會幫我弄到一隻小老鼠，我則給他一百克的麵包作為報酬。有隻活著的動物陪在身旁，我就不會那麼寂寞了。我會和牠分享自己的食物，反正老鼠是雜食動物，而且一隻小老鼠又能吃多少呢？

工作剩下五天，沒什麼，我會撐下去的。希望能夠養小鳥的日子趕快來臨。

馬拉特街二十九號之六。彼斯科娃·伊莉莎白·格奧爾吉耶夫娜，獸醫。

## 10／IV—四二年

上一篇是四月四日，好久沒寫日記了。這一陣子發生了很多事，能寫的實在太多，我甚至無法全部回想起來。簡而言之，在這些日子裡，我可以說是只差一點就能出發去找熱尼亞了，但就晚了那麼一天——現在撤離已經暫停[1]，要等到拉多加湖解除冰封之後，才會重新開始。到六日為止，只要登記，當天就能出發，但六日那天我才得知這個消息。我先到撤離站[2]排隊，隊伍不長，我打算登記七日離開，隔天就出發。後來我才知道，撤離申請只在當日有效，隔天的則要第二天再登記，因為我還沒收拾東西，不可能六日出發，只好先離開隊伍。我決定隔天就走，一天都不再耽擱。我計畫好當天將所有能賣掉的物品脫手，晚上收拾行李，然後第二天

搭五點的火車離開。

首先，我將縫紉機搬到寄售商店，但已經沒時間寄賣了，而現金只能拿到九十六盧布，我認為這個金額太少——我本來打算便宜賣個一百或一百二十五盧布，絕不能再低了。我決定上市場去。在街上，我被一位知識分子模樣的女士攔下，我告訴她縫紉機賣兩百盧布。她想看看機器，於是跟著我回家，看完之後她開價一百五十盧布，我不願錯過這頭一個上門的大好機會，不想再扛著這麼重的縫紉機到其他地方去，就接受了。聽說我正準備離開，要賣掉所有家當，她又開始挑選，先是書本，然後是餐具和衣物。付清了錢，她說馬上回來拿縫紉機。結果她和鄰居一起回來，直到傍晚才從我這裡離開，買了各式各樣的東西，總共付了五百七十盧布。後來我去找雅科夫·格利高里耶維奇，和他講好，他付我五百五十盧布，我離開之後，家裡所有剩下的物品都歸他。

我一夜沒睡，接近清晨才收拾好行李。我決定隔天食堂一開就去看看，那些米糧券可以用來[3]。

這就是我沒能離開的原因。將近十二點，我來到撤離站，那裡的人們已大排長龍、正搶著登記。只開放九日的名額，我決定就登記九日離開，但兩點左右又停止

登記，說是當天不再受理，要我們隔天九點再來。這時，我犯了第二個錯誤——我相信了，那天就沒有再去排隊。結果，五點鐘開放八日的撤離申請，排在我附近的人們正好遇上，就成功登記了，八日我見到他們的時候，大家全都辦妥了手續。真是可惜！我犯的第三個錯誤在於，八日我八點鐘出門，到達撤離站時，那裡已經排了好長的隊伍，我拿到二百三十六號的號碼牌，但當天只開放十個名額。我在隊伍裡排到兩點就離開了。晚上六點又回來，在人群裡推來擠去，待到八點，不過當天再也沒有登記任何一個人。

學到了慘痛的教訓，就算幾天以來早已筋疲力盡，八日晚上我還是一夜沒睡，天剛破曉就出門了。我五點鐘開始排隊，拿的是七十八號，只要開放申請，我一定能登記，然後離開，但那一天又沒有受理申請。我們在隊伍裡排了一整天，才知道當天不會開放登記，而且沒有人清楚何時會再度開始撤離。但我們——最絕望的一群，不僅家當賣了，行李收拾好了，帳也結清了，有的人連糧票都交出去了——決定了就聽天由命吧，坐到晚上，說不定某個運輸梯隊會臨時有幾個空位。但隨後聽到有人高聲宣布，由於春日天氣回暖和最近幾個梯次的超量負載，目前撤離工作已經完全停止。我們沒有其他辦法，只能解散了。

我走上街，步伐踉蹌，好不容易回到家裡。春日晴朗暖和，在陽光下有十三度。街道上豐沛湍急的小河潺潺流淌，麻雀愉悅地嘰嘰喳喳，鮮明蔚藍的天空裡紅翅膀的鳥大聲鳴叫。這一切並沒有為我帶來快樂，反而讓我惱怒。如果稍微再冷一點，我說不定還能夠離開。真是令人生氣，東西都賣了，房間也已經弄得一團混亂，更重要的是——收到了我期待已久、從高爾基發來的電報：「來吧。熱尼亞。諾拉。」都已經準備好和列寧格勒告別了，結果——唉，現在卻還是得靠每天三百克的麵包、米糧什麼的果腹。

不然又能夠怎麼辦呢？這就是命吧。我只好期待五月的來臨。

昨天晚上我將自己的處境告訴雅科夫·格利高里耶維奇，請求他安排我加入他的工作隊。原來他已經報告過我的事情了，主管要我十日去找他，他將會收留我。不過這幾天我實在是累壞了，連站都站不穩。今天，十日，我沒辦法過去。明天再去吧，而今天我必須好好睡上一覺。況且現在才下午兩點，我卻已經吃光了所有的麵包，直到明天都沒有東西吃了。而明天又只有三百克的麵包，僅此而已。

我會過得很辛苦。現在這房間對我而言完全是陌生的，留下來的東西也是，我連碰都不想碰。畢竟我都已經和它們道別了，我會把它們留在這裡。

冬天在街上沒有留下一點痕跡。今天一早就陰陰沉沉，持續了一整天，第一場春雨鬱悶地打著窗戶，搔起我心裡要命的惆悵。街上輪車已經取代了雪橇。毛毛細雨稀疏零落地下著，我好悲傷，環顧這空無一物的房間，真想鑽進地底躲起來。

我真是不幸，太不幸了。只剩我孤單地活在這個世上，沒有人關心我。

「羞恥！惆悵！噢，我可悲的命運啊！」[4]「而幸福曾經近在咫尺，這麼近，這麼近！」[5]

1 事實上經拉多加湖路線的撤離疏運還持續了五天，直到四月十五日才中斷。

2 在列寧格勒設有兩處撤離站，分別位於芬蘭車站（Финляндский вокзал）及公社街（улица Коммуны）四十四號「明星」（Звездочка）電影院。芬蘭車站附設有商店，撤離者可以在此取得保暖衣物。

3 手稿原文如此。

4 M·И·柴可夫斯基（Чайковский）為П·И·柴可夫斯基歌劇所作的劇本《葉甫根尼·奧涅金》（*Евгений Онегин*）第三幕第六場奧涅金的台詞。

5 此處引文不甚精確。《葉甫根尼·奧涅金》劇終，奧涅金和塔季雅娜的二重唱原歌詞為：「而幸福曾經那麼容易／那麼接近！……」

# 11/IV—四二年

真是鬱悶。無聊、晦暗的一天。雅科夫·格利高里耶維奇告訴我，工作的事還要再等個兩、三天。沮喪和絕望朝我襲來。三點左右我去食堂，拿到一份豌豆粥，然後去撤離站碰碰運氣。今天沒有開放登記，但大家還是等待著，懷抱著希望。如果人們說的沒錯，疏運梯隊超載太多，撤離行動的中斷只是暫時的。回程的路上我遇見兩個來自九a的朋友，向她們訴苦。她們安慰我，告訴我絕對還會有撤離的機會，我一定能夠如願離開。告別的時候她們祝福我一路順風。

我的心裡又燃起了希望——雖然微弱，卻也還是希望。說不定三、四天之後撤離又會開始，到時候……再會了，列寧格勒！我馬上就走。因此我得收拾東西，做

好準備，再一次檢查，毅然決然留下不重要的物品。最好能把東西都裝進一個皮箱，皮箱和背袋。據說在火車站扒竊非常嚴重，而我又是獨自上路，沒有人能夠幫我看顧行李。

不過，只要有機會離開這個該死的、不幸的城市，我甚至願意拋下一切上路，不帶任何行李。在這裡等著我的只有死亡，對我來說，離開就意味著救贖。我這麼盼望著。

## 12/IV

昨日夜裡天氣就放晴了。今天非常晴朗溫暖，屋頂也完全乾了。

我在食堂裡拿了豌豆湯和臘腸，買了麵包，將臘腸和麵包切碎放入湯裡，加水煮成另一鍋湯。雖然吃得非常飽，我還是把麵包全吃完了。現在才下午三點，我坐在窗邊，望著蔚藍的天空，徒勞地[1]試著在鄰居灑滿陽光的屋頂上尋找小麻雀的蹤影，但一隻也沒有。

我的鐘突然又開始走了。明天或後天我要去雅科夫·格利高里耶維奇那裡工作，一旦勞工糧票到手，就能每天買到五百克的麵包。然後，再過一個到一個半星期，撤離大概就會重新開始，而我馬上就走。昨天我從一位高階軍人那裡聽到消息，說

撤離之所以暫時中止，是因為冰層已經不夠堅固了。現在最後一批越過湖上的冰、透過車輛載送的物資正在路上，之後貨品就會以駁船送達列寧格勒，為此，破冰船還得特別在冰上鑿出航道。也就是說，裝載物資的船將會來到列寧格勒，難道返程會空著回去？就是這些駁船將會取代冰上的路徑載運乘客。這樣一來，又會重新開始撤離登記，到時候我就能上路了。

憂愁，憂愁像是在啃噬我，讓我煎熬。我覺得難受、沉重，只能在冰冷的房間裡，坐在窗邊耐不住憂愁而哭泣，嚎啕大哭。

媽媽……媽……媽！！

我向羅莎莉亞・帕夫洛夫娜要來四十二號房裡食堂的通行證，在那裡拿了兩碗湯麵。湯很美味濃郁，我的精神一下子就提振起來。明天要新發米糧，而且勞工還能拿到糖。也就是說，我一找到工作，就可以拿到糖。人只要吃飽，就什麼都不在乎了。我現在就吃得很飽。我需要很多食物嗎？只要區區六十克的米穀食物，也就是三碗湯和三百克麵包便已足夠。明天若依舊不能找到工作，我也不至於餓死，還能在食堂用掉兩張米糧券和一張肉食券。再不然，我可以在商店裡買到一些豌豆和

三百克的麵包，或許鄰居還會用一百五十克麵包跟我換些衣服。我能活下來的！

對，差點忘了，報紙上寫，四月十五日起有軌電車開始行駛[2]，那麼我就走運啦！可以搭電車去工作。

生命中的一切是如此微妙。在跌落谷底、經歷過一番折騰的惆悵之後，竟然又充滿新的力量，精神飽滿，朝氣蓬勃。不久之前我還坐著哀號痛哭，現在卻想要唱歌，想要大笑。我感覺真棒，這簡直是個奇蹟。

**一些謎語：**

白色的田野，黑色的種子。誰播的種，誰就能明白。（信）

燃燒，融化，藏住所有的祕密。（封蠟）

四條腿，兩隻耳朵，一顆頭，喃喃低鳴。（貓）

帶著尖椿的太太在地上走，尋找帶著尾巴的太太。（貓和老鼠）

七兄弟，年紀一樣大，名字各不同。（一周七天）

世界上誰最快？（想法）

什麼時候田野綁繃帶？（耕墾之後）
播種，豐收，自己吃飽，也養活別人。（莊稼人）
什麼動物供人食物，還能照亮教堂？（蜜蜂）
強盜帶著刀和火來到陌生的小鎮，不殺居民，也不燒木屋，卻把所有好東西都帶走。（養蜂人切蜂窩取蜜）
黑黑的，小小的，孩子們的最愛。（稠李）
春天媽媽給他穿彩色洋裝，冬天媽媽只給穿白罩衫。（田野）
什麼草連盲人都知道？（蕁麻）
沒有手，卻能建築。（鳥）
秋天不枯萎，冬天不凋亡。（針葉樹）
不是鳥卻有翅膀。（蝴蝶）
誰行走不用腳？（四季）
又小又駝背，掘遍整片田。（鐮刀）
誰在田裡用腳走，出了田卻用背？（耙）
沒生病卻穿白衣。（冬天）

老爺爺不用斧頭、鑿子就能鋪橋。（河上的冰）
冬天燃燒，春天腐朽，夏天死去，秋天復活。（樹木）

## 耶誕樹[3]

學校裡傳來
孩子們喧嘩的奔跑和笑鬧……
看來
他們今天不是來上學？
不，今天點亮了耶誕樹，
裝飾得五彩繽紛，
孩子們開心極了。
玩具抓住他們的目光，
這裡有小馬，那裡有陀螺，
這是鐵道，那是獵人的號角。

燈泡和星星
好似鑽石般閃耀！
還有金色的堅果、晶瑩剔透的葡萄！
願您喜樂安康——
您以良善的手
為窮人家的孩子們
妝點了這棵樹！

**諺語：**

基督的節日為赤足者穿鞋不是罪過。
生活——不要吝惜，要和窮人分享。

**耶誕樹**

（古老的傳說）

神聖的夜晚來到——就在今夜，嬰兒耶穌誕生了。天使悄悄飛過花草樹木，宣布聖嬰的降臨。大自然為之歡騰，「走吧，去向聖嬰問好，帶給祂美味的果實和最芬芳的花朵。」草木們說。明亮的星星引領著大家出發，謙卑樸素的松樹也跟著上路。到了，松樹卻在一旁悲傷地哭泣，因為拿不出禮物讓聖子開心。天使見狀，同情可憐的松樹，就從天上扔下閃亮的星星。星星落在樹梢上，灑下閃亮的小光點，聖嬰看到就微笑了。從此以後，年復一年，人們在耶誕樹上裝飾點點的亮光，在樹梢上安上星芒。

1 手稿此處語意不清。
2 早在四月八日貨運電車即恢復行駛、清運積雪，四月十五日五條客運電車路線重新開始營運。
3 此處作者抄寫**A**．H．普列謝耶夫（Плещеев）的詩作〈耶誕樹〉（Елка，一八八七），省略了最後一節，且標點符號稍有不同。

## 四月十三日

這些全都抄錄自一九一七年出版的《播種者：識字之後的第一部讀本》[1]。我在鄰居家裡偶然發現這本書，非常有趣，媽媽上學的時候讀的也是這一本。

那時候的孩子從小就養成對父母、大自然和一切良善的愛，我覺得這樣很好。我想要保留這本書的一些部分作為紀念，其實可以跟他要整本書，但我能帶走的東西非常少，所以只挑了幾本：沒有封皮的植物圖鑑（封皮太重）、鳥類圖鑑和《大自然中的鳥類》（*Птицы в природе*）。沒有辦法帶走更多書了，所以我將特別喜歡的部分抄進這本日記裡。現在我還有時間，過了今天，明天應該就可以開始上工了。今天陽光普照，晴朗無雲，美中不足的是吹著寒冷的風。

想想，今天已經是四月十三日。四月，是春天了，大自然就要甦醒，而我卻什麼也沒看見。別急，去高爾基吧，那裡更溫暖，也有蔚藍的天空和跟這裡一樣的太陽。想想看，我將會見到真正的伏爾加河，還可以沿著河畔漫步。伏爾加，伏爾加！嶄新的體驗、陌生的人們、截然不同的遭遇和生活。噢，快讓我離開可怕的列寧格勒吧。沒錯，這是一座非常美好、漂亮的城市，我也已經習慣了這裡的生活，但越愛它，便越不忍見它。在這座城市裡，我遭逢巨大的痛苦，失去了一切，成為孑然一身的孤兒，深刻地體會到孤寂的可怕。往後，每每回憶起這座城市的名字，我都將心驚膽戰。很快地，再過不久我就會離開這裡，而且我希望，永遠不要再回來。

剛才收音機裡傳來消息，格里沙也得獎了。想想看，他會得到十萬盧布的獎金。他是格里沙・布爾沙科夫——媽媽年輕時的朋友[2]。

今天我以三百克麵包和一百四十克乾豌豆果腹，明天就只有三百克麵包了。難道明天還不能去工作嗎？

今天我收拾行李，反覆整理了一百次，終於收拾成自己想要的樣子。我有兩件

行李：一個皮箱和一個包袱，而且包袱可以放進箱子裡，這樣我就只有一件行李了。我把所有餐具都放進皮箱，裡頭還有剩餘的空間。我不打算將它填滿，說不定還得放些什麼東西，像是麵包、臘腸或其他食物。畢竟——想想事情的演變，連我自己都覺得不可思議——我孤身一人，十七歲，即將前往另一個城市，有點可怕，卻也很美好。美好，因為現在我擁有前所未有的、思想和行動上的完全自由。我和其他人毫無關係，想怎麼做就怎麼做。我正處於生命中非常重要的時刻，必須自己選擇人生的道路。一旦做了抉擇，就不能反悔了。我可以待在這裡，找份工作工作，在自己的房子裡獨自生活。聽起來很吸引人，但我無法承受這份孤獨，無法忍耐四周圍繞著陌生、冷漠的人們。不，如果我再成熟一些，可能會選擇留下，但我想，我雖然已經不是個孩子，卻也還不能算是大人，要完全獨立生活還言之過早。我還需要有人從旁協助，需要有人讓我依靠。我希望有人能夠代替我已經被命運無情奪走的至親，給我愛和關懷，就算是一點點也好。

我知道，在諾拉和熱尼亞家裡，我不會是外人。我不該給他們帶來麻煩，也不該有任何要求——這點我很清楚。我只是暫時住進他們家，我會自己賺錢，幫忙養家。

一段時日之後，我就應該努力買下自己的房子，然後獨立生活，不妨礙任何人。那將會是多麼棒的日子，無論如何我一定要活到夢想成真的那一天！

1 指К・В・盧卡什維奇（Лукашевич，一八五九—一九三二）為小學教育編著的選集《播種者：識字課本後的第一部學校與家庭讀本》（*Сеятель. Первая после Азбуки книга для чтения в школе и семье*），一九〇七年於聖彼得堡出版，一九一七年的版本為第十二版。

2 Г・Ф・布爾沙科夫（Большаков，一九〇四—一九七四）——歌劇演唱家，一九四二年及一九五〇年分別以在П・И・柴可夫斯基歌劇《女靴》（*Черевички*，一九四一）中飾演瓦庫拉（Вакула）和於《馬澤帕》（*Мазепа*，一九四八）飾演安德烈（Андрей）的演出，兩次獲得史達林獎，曾獲頒一九五一年俄羅斯人民藝術家頭銜。蘇聯人民委員會授予布爾沙科夫一九四一年度史達林獎的消息，刊載於一九四二年四月十四日的《列寧格勒真理報》上。

# 四月十五日

今天有軌電車恢復行駛，真是太好了！

## 17 / IV

已經四月十七日了。今天把鐘賣了，得到一百二十五盧布和兩百五十克麵包。今天我是這樣過的：十二點上食堂喝了湯，湯裡有馬鈴薯和麵條，然後去茶館喝了兩杯茶，什麼都沒加。三點我買了麵包，坐在涅夫斯基大街的圓形公園對面曬太陽，把麵包吃光。五點離開，去合作社重新登錄了糧票1，然後又回到涅夫斯基大街賣掉時鐘，差不多七點回到家裡。最近幾天都是陽光露臉、晴朗溫暖的好天氣，現在我的房間每天晚上還能照到大約兩個鐘頭的陽光。二十日左右麵包的配額可能會增加，還會配發米穀、糖和奶油。今天拿到一盒火柴。我已經收拾好所有的行李，一旦開始撤離，我馬上就會離開。今天在食堂遇見伊雅・奧西波娃，她在地區蘇維埃

聽說，二十日之後就會開始撤離。

前天我用紫菀繡花毯和一名軍人交換兩百克的麵包，我跟著他回到家，在路上得知，兩天前他才剛從沃洛格達（Вологда）過來。他告訴我，撤離者的伙食很好，而且完全不用花任何錢。

昨天，我的罐子裡冒出小豌豆芽。街上開始出現蒼蠅，我已經看見活的螞蟻了。有人在賣柳樹蓬鬆的嫩枝，花園裡，樹上的幼芽已經脹大，鳥兒也使勁地啁啾鳴叫。暫時沒有警報和砲擊。

1 一九四一年十月十二至十八日實施第一次的糧票重新註冊，「目的在於防止糧食票卡的濫用、杜絕偽卡糧食買賣。」（引文摘自Д·В·帕夫洛夫〔Павлов〕，《圍城列寧格勒（一九四一年）》（*Ленинград в блокаде [1941 год]*），莫斯科，一九六一，頁八五）在此之後，市民每個月都必須重新註冊糧票。一九四二年四月的註冊至四月十八日截止。詳見《列寧格勒真理報》，一九四二年四月十四日。

# 四月十八日

天氣非常好，渡鴉已經開始築巢了。今天是這樣過的：十一點去商店買了五十克臘腸和三百克麵包，在食堂喝了兩碗豌豆湯，然後又去茶館配著臘腸和麵包喝了兩杯茶，吃得很飽。今天三點以後就沒再吃任何東西了，但還是很飽。明天就會配發米，我可以拿到一百克。除此之外，我聽說，若在茶館有甜點，我還能用第五類券換得五十克。八點去了索菲亞那裡，託她幫我弄些酸奶，我很幸運，她給了我一瓶，半公升，算我七十五盧布。雖然那不是酸奶，而是「植物油脂凝乳」——標籤上是這樣寫的，不過黃豆凝乳也非常營養。

## 四月十九日

距離五月一日只剩十天，也就是說，我待在列寧格勒的日子剩不到十五天了。十五天就像是一分鐘，很快就會飛逝。還有十五天，又或者更少，十天左右——十一、十二天，然後就永別了，列寧格勒。

這就是我今天的生活：十點鐘買了三百克麵包，回到家，我分好麵包，把一部分弄成碎屑，放進酸奶裡攪拌，就成了非常美味、很有飽足感的粥。過了十二點，上茶館配著用第五類券買到的小紅莓果醬和麵包喝了兩杯茶，然後又去食堂喝了一碗湯。湯很棒，裡面有某種油、麵條、豌豆、大豆和各種穀粒。接著我去店裡買了六十克豌豆，飽足地坐在寵物店對面曬太陽。在那裡我賣掉了一個普通大小的盆子，

二十一盧布。五點回家，搭配果醬吃了一小塊麵包和一些豌豆。然後又去寄售商店估了扇子的價錢，賣七十盧布，不過夏天的絨布手套只估了一百盧布。回家的路上我把手套賣了，進帳六十盧布，又在麵包店賣掉了小盆子，六盧布。晚上八點要帶著瓶子去找索菲亞，或許她今晚會給我另一瓶。第二瓶我想要用得久一點，大概三天，到時候我應該就能存到錢買第三瓶。在那之前，我們受撫養者還可以拿到奶油和糖，這樣我就能撐到五月。然後……永別了，列寧格勒！

天氣非常好，很溫暖，很好。

明天我打算十一點前出門，去茶館買麵包，配著麵包和果醬好好地喝兩杯茶。之後去食堂喝碗湯，一樣是配麵包，再把剩下的麵包帶回家，直接出門。晚上配酸奶吃剩下的麵包，然後上床睡覺。

# 四月二十日

今天不是四月天，而是貨真價實的夏天，真是棒極了。陽光下很熱，連在陰影裡都有十五度，微風也很暖和。十一點過後，我去茶館買麵包，配著麵包和剩下的果醬喝了兩杯熱呼呼的濃茶。然後到食堂去，收糧票的年輕女孩卡嘉人非常好，按照規矩，我的糧票還不能用，日期還差得遠，但她依舊給了我食物。她真善良，難怪討人喜歡。在食堂裡，我喝了一碗湯，拿了一份肉食。我很喜歡這塊肝，非常美味，相當大的一塊，賣一盧布，隨餐還附贈一湯匙真正的肉汁，用五十克肉食和五克的油券兌換，一點也不覺得可惜。從食堂回家，我放下那塊肝和剩餘的麵包，然後出門散步，走到「巨像」[1]，買了票，終於看了一場電影《香檳華爾滋》

（*Шампанский вальс*）[2]。多麼出色的電影，突然我也好想跟電影裡的人物一樣，過著光鮮亮麗、舒適奢華的生活，以音樂、舞蹈、各式各樣的休閒和娛樂做消遣。那樣的生活——美麗奢華、打扮入時的女子，穿著服貼而整潔體面的男士，餐廳、各種娛樂、爵士、舞蹈、光輝、酒、酒和愛、愛、無止境的香吻和酒。喧嘩熱鬧的街道、豪華輝煌的店鋪、閃亮奪目的汽車、廣告，無止境的廣告。到處都是廣告看板——閃閃發亮、不停轉動、引人注目的廣告看板。轟隆聲、喧鬧和尖叫，簡直像是一陣旋風，其中的一切都有自己的節奏。

這場戰爭剝奪了我們所有的娛樂。老實說，直到戰爭爆發以前，我們在各方面都模仿美國人，絕大部分都是。我們非常喜愛國外的東西，坦白說，沒有什麼是蘇聯自己的，全都是從外國人那裡借來的。我們喜愛喧鬧和光彩，依照最新的、主要是美式的時尚裝扮自己，玩樂和其他消遣也幾乎都是美式的。說到爵士，我們的年輕人是多麼地熱愛爵士樂——狐步、探戈和各種調式的情歌。廣告，尤其是最近，對我們來說變得非常重要。收音機的廣告伴隨著音樂，像是簡短的詩歌。我們的街道看起來也和外國的街道沒兩樣：整潔有序，每走幾步都能看到警察，輕巧、明亮的汽車匯集成無盡的車流。無軌電車。光彩炫目的商店和各式各樣豐富的貨品。戰

爭使我們的生活脫軌、失序，但我相信，戰爭一結束，我們又會循著過去的途徑——以外國人，特別是美國人的方式——漸漸改善自己的生活。

離開電影院，我想去茶館，但已經打烊了。我去利戈夫斯基路找其他的茶館，但那裡也關門了。實在沒有辦法了，我問她（茶館裡的女人），能不能用二十二日的糧票跟她買麵包。糟糕的是她答應了，我也就買了。是非常好的麵包，扎實、柔軟、新鮮，還帶著香氣，當天晚上我把三百克全吃完了，明天也就沒有麵包吃了。唉，還是能熬過去的。今夜高射砲轟隆大響，有時還聽見噠噠噠的聲音，真是可怕。

明天一定會有什麼事發生！

1 指「巨像」（Колосс）電影院，一九二〇年代起，在義大利街（Итальянской улица）二十七號的貴族議會（Благородного собрания）建築中（此建築於一九一二至一四年間興建完成）營業。如今已改為廣播電台（Дом Радио）。

2 美國導演Э．蘇德蘭（Сазерленд）執導的喜劇，一九三七年於美國上映，融入「受大眾喜愛的華爾滋、史特勞斯（Штраус）的輕歌劇和當代美國爵士音樂」，原訂於一九四一年十二月初在列寧格勒上映，但「巨像」電影院直到一九四二年三月二十三日才舉行首映。詳見《列寧格勒真理報》，一九四一年十二月四日、一九四二年三月二十四日。

# 四月二十一日

一早天氣就非常好，曬不到陽光的地方也有十六度。後來雲層浮現，傍晚天空變得陰暗，太陽被遮蔽起來，還下起了毛毛細雨。

今天在食堂喝了兩碗豌豆燕麥湯，到茶館喝了三杯茶。七點要去找索菲亞，還不知道能不能拿到酸奶。噢，雨越下越大，稠密、歪斜的雨絲傾瀉而下。那是什麼？打雷了！

雷，是雷，太棒了！第一道雷，第一場暴風雨。多麼悅耳的聲響，那是天空的聲音，與高射砲和火砲射擊的聲響完全不同。

不知怎麼地，我覺得很高興，就這樣活著見到暴風雨了。暴風雨，真正的暴風

雨，甚至令人不敢相信。

我究竟在期待些什麼？就連自己也不清楚，只想要些好的、特別的事情發生。五月快點來吧！我多麼渴望離開，快點離開這裡，還想要填飽肚子，就算只有一次也好。我已經厭倦了這樣吃不飽的日子，每天都餓著肚子，即使極力地驅趕所有關於食物的念頭，到了晚上依舊餓得要命。現在肚子隱隱作痛，我簡直可以吃得下任何東西。

去了索菲亞那裡，沒有酸奶。我用一百二十盧布買了三百克的麵包，在葉卡捷琳娜公園（Екатерининский сквер）坐了一會兒，幾乎把麵包吃光了，剩下很好的一塊留到明天帶去茶館吃。無論如何，我明天不會再預支配額買麵包了，這種事只此一次，下不為例。要上床睡覺了，就這樣，一天又過去了。

## 〔四月二十二日〕

今天我的心情非常沉重。我自己也不知道為什麼，憂愁像是在啃噬我。天啊，身邊全是陌生的人們——外人，全是外人，沒有一個親近的。他們冷漠無情地走過，沒有人想要認識我，沒有人關心我。昨天下了今年的第一場暴風雨，春天就這樣來了。天地萬物都照常運行，除了我之外，沒有人注意到媽媽已經不在了。這個可怕的冬天帶走了她。冬天過去，一段時間之後又會回來，但媽媽再也不會回到我身邊。親愛的、善良的、我心愛的熱尼亞，你要明白，我的內心是多麼地沉痛。

我站在敞開的窗戶旁寫下這些句子，溫暖的微風輕拂，日照和煦。一旁放著圓形的小缸，裡頭盛著水。水草新生的幼芽透著鮮亮的綠色，十幾隻才剛出世的水蚤、

劍水蚤和其他的小生物游來游去。一旁的小罐子裡，豌豆的幼芽在陽光下昂然挺立。環顧四周，活在這個世界上真好。是很好，不過只有在吃飽的時候。我現在並不感到飢餓，但也沒有吃飽，這樣更糟糕。我每天都吃不飽，真是太折磨人了。老天啊，如果能遇見媽媽的某個朋友，我會向他要點錢，哪怕只有一點點，有了錢總還能買些麵包。噢，天啊！

何時才能見到我的親人呢？什麼時候我才可以坐在餐桌旁，感覺自己有所歸屬，而不是陌生人？什麼時候我才能和大家一起用餐，而不僅僅是看著別人吃飯？神啊，請你大發慈悲，讓我去找熱尼亞，還有莉妲、謝遼夏、丹尼亞和諾拉[1]。

今天是四月二十二日。五月之前還剩下二十三、二十四、二十五、二十六、二十七、二十八、二十九、三十，還有八天。多麼難熬，真是我生命中最艱苦的日子。

昨天，我忘了提到，在利戈夫斯基路上排隊買麵包的時候，我看到了活生生的蕁麻蛺蝶。

我最親愛的朋友，我的日記。你是我的唯一，我僅有的、能為我出主意的朋友。

我向你吐露所有的擔憂、苦痛和哀愁。而對你，我只有一個請求：在紙頁上留下我悲傷的故事。日後，在必要的時候告訴我的親人，讓他們知道這一切——當然，如果他們願意的話。

今天過了十二點，我到食堂去，拿了兩碗湯。湯不是很濃，裡面有麵條。一位女士忘了帶自己的湯匙，所以我借給她一把，讓她喝湯。為此，她在我湯裡放了很大一塊椰子油。我把椰子油從湯裡撈出來，不過湯已經變油了。然後我又讓別人使用我的通行證，換來了一張米糧券。卡嘉從來沒向我要，所以這張通行證已經好久沒用了。據說因為大家都很不滿，罵得很厲害，這間食堂二十五日就要關門了。我倒是非常滿意，而且我認為在這裡工作的人都很好。我在食堂待了很久，直到兩點，然後去利戈夫斯基路上的茶館買麵包。只有在那裡可以預買兩天之後的麵包，所以排了很長的隊伍，買麵包的人比喝茶的還多。麵包很不錯，很划算。回程我走涅夫斯基大街，順道去了食品店，裡頭幾乎沒有人。我舒適地坐在角落，吃了麵條、奶油跟麵包，吃得很飽。最後我來到拉斯耶斯日亞街上的茶館，排在長長的隊伍尾端。已經三點半了，而茶館四點就要打烊了。人們大排長龍當然不是為了買茶，而是為

了五十克的砂糖。受撫養者用第五類券可以買到，但我沒有。無論如何，我乖乖在隊伍裡排了很久，當我終於買到兩杯茶，身上只剩下一小塊麵包了。我把它切成兩半，抹上剩餘的奶油，當場就吃得一乾二淨。

離開茶館時，我滿肚子都是水，覺得自己是世界上最渺小、最不幸的人。懷著這股極度鬱悶的心情，我來到之前撤離站所在的地方，那裡空無一人，安靜無聲。我坐在長椅上，忍不住放聲大哭。盡情痛哭之後，我在入口處碰見一位女士，問她何時會重新開始登記，她要我五月一日再來。

於是，我在五月前擺脫這個地方的一切希望，就這樣永遠破滅了。

天啊，到五月還有八天，多麼可怕、飢餓的日子。

在我面前擺著這封電報：「來吧。諾拉、熱尼亞。」我淚如雨下，諾拉……熱尼亞。他們是活生生的、認識我的人啊。他們不僅認識我，還理解我的痛苦，他們全都明白。他們愛我，為我操心。他們是我的親人，在茫茫人海中，只有他們向我伸出溫暖的援手。但他們離我好遠、好遠，而我暫時還無法去找她們。這就是我哽咽哭泣的原因。

所有能夠幫助我的人都在好遙遠的地方。倘若格利沙在列寧格勒，難道不會幫

助我嗎？當然會的。他會給我錢，他現在有很多錢，基拉也會幫我，但他們都在很遠的地方，所以沒辦法幫上忙。我需要他們的幫助，尤其是此時此刻，五月一日之前，幫助我度過這八天。但誰也幫不了我。

來吧！這幾個字為我帶來奇蹟般的暖意。來吧！親愛的，我何時才能見到你們？待在列寧格勒的最後這段日子，我已經不是在生活，而是苦撐度日，一天拖過一天。我計算著每一個小時、每一分、每一秒，每一天都像是沉重的負擔。時間走得這麼緩慢，真是令人失望。我好想哭。應該做些什麼事情讓時間不著痕跡地流逝。我知道，為此我必須暫時忘記自己即將離開，但我辦不到！辦不到啊！

1　莉妲、丹尼亞為穆辛（Мухин）家弗拉基米爾・尼古拉耶維奇和安娜（即諾拉）的子女。謝遼夏則是茹可夫家葉甫根尼婭・尼古拉耶夫娜和彼得・尼古拉耶維奇之子。

# 四月二十五日

你好，親愛的日記。我終於又拿起筆來。這段時間發生了好多事情。首先，天氣變得晴朗，不過依舊颳著寒冷的強風。拉多加湖上的冰層開始流動。昨天德軍又再度提醒我們自己的存在，駭人的空襲警報持續了將近兩個鐘頭，中間還有非常可怕的砲擊。今天也有警報，持續了一個半小時，同樣伴隨著砲擊。納希姆遜大街上的食堂關門了，不過羅莎莉亞·帕夫洛夫娜提前得知消息，替我拿到真理街上另外一間食堂的通行證。今天我第一次去，雖然排了很長的隊伍，但菜色不錯而且豐富多樣。

譬如說，今天有：

豌豆濃湯——二十克米穀〔糧票〕

豌豆粥——四十克米穀

黃豆粥——二十克米穀

黃豆乳渣餅——二十克米穀加五克油

炸肉餅——五十克肉食

臘腸——五十克肉食

我拿了一份黃豆粥，在食堂裡吃完，然後去伊里奇巷（переулок Ильича）的麵包店買麵包，但那裡還不能兌換二十七日的糧票。在戈羅霍街（Гороховая улица）和城郊大街街角的麵包店也是，怎麼都不先賣二十七日的麵包，於是我毅然決定，沒拿到麵包絕不離開，說什麼都要買到三百克的麵包。果然，將近六點時，我買到了兩百五十克麵包，每一百克賣四十五盧布。

真開心，現在七點半，我吃得好飽，而糧票上二十七日的麵包還在。如我所願，問題解決了，明天我可以去任何一家麵包店買三百克麵包。這難道不值得開心嗎？還有什麼更令人快樂的事！

關於撤離目前還沒有任何消息，不知道五月上半月會不會開始。在撤離的消息

宣布之前，我打算先去學校上課。是這樣的，五月三日起各個年級都會開始上課[1]，終於有人好好關注學生了。我們偉大的史達林親自裁示，要保障留在列寧格勒學生的性命。學生會得到很好的飲食，羅莎莉亞拿給我看這份學校行政人員的指示，是她自己用打字機打出來的。

**學童餐食**

孩童繳交糧票時，請勿撕除所有的票券，以下的項目予以保留：

奶油——兩百克

糖——三百克

**學校早餐**

一、粥。二、茶。

**學校午餐**

二至三道

**配給麵包：**

十二歲以下孩童——三百克在學校吃

——一百克帶回家

十二歲以上孩童——四百克在學校吃

——一百克帶回家

每一孩童一日的食物配額

一、麵包四百—五百克。

二、肉五十克。

三、油脂五十克。

四、米穀一百克。

五、糖三十克。

六、蔬菜一百克。

七、麥粉——二十克。

八、馬鈴薯粉——二十克。
九、豆漿——五十克。
十、茶——十克／月。
十一、咖啡——二十克／月。
針對健康檢查結果評定為特別虛弱的學童配給額外的食物。

學校行政人員

那是什麼……？高射砲又響了。那些魔鬼又飛過來了。看，那些禿鷹嗡嗡地鳴響著。

學校的課業將會特別著重於複習過去教過的內容。譬如說，八年級學生複習七年級的課程，我們九年級生就複習八年級的。春季不會有任何考試。實際上，與其稱之為學校，不如說是為學生設置的醫務站[2]。這個學年已經算是耗掉了，真正的學期在暑假之後才會開始。對了，忘了提，今天在去食堂的路上我遇見了沃夫卡——我的沃夫卡。他變了好多，變得非常憔悴，骨瘦如柴。現在他待在醫務站，打

算回學校上課。

親愛的沃夫卡，就算他變成醜八怪，我也依舊愛他。

1 四月二十六日《列寧格勒真理報》上一篇名為〈課程開始〉（Начинаются занятия в школах）的報導指出，學校將在五月三日開始運作。課程自早晨八時三十分開始，下午四、五時結束，學生每日將獲得兩次熱食。但事實上，學校直到五月四日才重啟運作（《列寧格勒真理報》，一九四二年五月五日），共計六萬三千七百一十九名學生重回學校。詳見A．B．布洛夫（Буров），《圍城日誌：一九四一年六月二十二日至一九四四年一月二十七日》（*Блокада день за днем. 22 июня 1941 года – 27 января 1944 года*），列寧格勒出版社，一九七九，頁一八二。

2 指列寧格勒蘇維埃執行委員會於一九四一年十二月二十九日決議設置的一種醫務糧食站，除了市立以及地區的醫務站，圍城的第一個冬天在許多企業或機關也設置據點。根據市商業局的說法，一九四二年一至四月間，「醫務站為六萬人提供服務。」詳見《圍城列寧格勒》，頁二六六。

# 26 / IV

皚皚白雪，覆蓋一切，
街上是雪，屋頂上也是雪。
花園又變成潔白一片，
但，你聽，這可不是冬天的雪。

現在是下午兩點，屋頂已經乾了。我專程去戈羅霍街買麵包，真幸運，麵包像絨毛一般鬆軟，我拿到很大一塊。我把麵包帶回家，然後上食堂去，今天人很少，我拿了兩碗黃豆粥和臘腸。此刻，我雙腳裹在棉被裡坐著，一面聽著收音機，一面

思考應該怎麼做才好。現在拉多加湖的冰已經開始消融，也就是說，五月初就能由水路撤離，到時候我應該立刻動身去找熱尼亞，還是五月先在學校上一陣子課，多吃一點、補充營養再上路？真不知道應該如何是好。一方面我多麼嚮往回到學校，和其他同學一起坐在課桌前，拿出書和筆記本。想想看，還有食物呢，早晨一到學校——甜的熱茶和塗上奶油的麵包。差點忘了，早餐有粥，熱呼呼的粥配上奶油，還有茶。填飽肚子之後，上課、讀書將會是件多麼愉快的事情。上個幾堂課就吃午餐了，一部分帶回家，一部分當場吃，一樣是配著麵包。

沒錯，這都很好，但壞處是：回到家裡，空空蕩蕩，而且身邊都是陌生人，沒有人關心我。更別提空襲和砲擊了，還要拿自己的生命冒險嗎？每一分鐘都有可能喪命，真可怕！我想要活下來。應該怎麼辦才好呢？親愛的日記，真是可惜，你沒有辦法給我任何建議。

另一方面，倘若我不顧一切出發，在路上我可以吃飽。終於抵達高爾基，找到莫吉列維奇巷，然後沿著那條路走，一手提著行李箱，一手拎著包袱，緊張到心臟都要從胸口跳出來了，終於到了五號之一，我回到家人的身邊了。周遭不再是陌生的人們，全都是自己人。熱尼亞、諾拉、莉妲、謝爾蓋和丹尼爾，大家一起坐在桌

子前，而我也是和他們平起平坐的一分子。你們好！我的親人。

天啊，這該有多幸福啊！

我該怎麼做呢？

過了一段時間之後，我將會和莉妲一起工作。她帶我熟悉這座城市，我們將一起造訪每一個地方。夏天來臨，美好的夏天，周遭圍繞著綠意，而伏爾加，美麗的伏爾加河就在我的眼前。然後戰爭結束，我要和熱尼亞一起去莫斯科。你好，莫斯科。你好，美麗的城市。到時候我就會從列寧格勒人搖身一變成為莫斯科人，和列寧格勒再也沒有一點關係。

不，不，我當然要選擇離開。一想到孤獨寂寞，甜茶和半公斤的麵包對我來說又算得了什麼？走開，寂寞，走開。我遠方的親人，我想要和你們在一起。熱尼亞，聽我的心跳，我的心就要跳出胸膛，迫不及待地朝你而去，熱尼亞。

我的靈魂和我的心，我的一切都已經在那裡，在高爾基。我唯一的期盼和渴望，就是早日擁抱、親親你們！我要緊緊地抱住你，熱尼亞，你就像是我的第三個母親。天啊，天啊，你聽我說，讓我順利地抵達高爾基吧。這是我唯一的請求了。

高爾基，高爾基，高爾基……高爾基，我已經等不及要朝你而去。

明天我會拿到茶葉、奶油和糖。我一定要去茶館，喝兩杯甜茶配麵包和奶油。

# 四月二十七日

又是空襲警報和砲擊，已經是今天的第二次了。天空晴朗無雲，陽光普照。我想像著五月一日又會是什麼樣子。是的，到時候我還沒辦法離開，那些已經撤離的人們是多麼地幸福，他們會活下去，而我……還不知道。

距離撤離開始的日子屈指可數。難道我就該這樣死去？好可怕，砲擊和轟炸隨時都有可能奪走我的性命。五月一日前的這些日子想必會更加恐怖。

好不容易熬過飢餓、酷寒和這個冬天所有駭人的一切，卻在啟程離開前夕死去，該是多麼愚蠢、遺憾的一件事情。我都已經撐到春天，已經看見鮮綠的新草，就連行李都已經收拾妥當，若要我就這樣和生命告別，命運未免也太不公平了。

唉，真不想死啊。

或許這就是我的遺言了。拜託，發現這本日記的人，請將它寄到以下地址：高爾基市，莫吉列維奇巷，五號之一，E．H．茹可娃。

# 四月二十八日

懷抱期待地活著真好。這些日子以來，我仰賴希望度日。不，等待一點也不令我難受，我不著急，我知道所有事物都有自己的時序。多麼有趣的事情正在等著我，我將要出門旅行，到別的城市去。先搭火車，然後坐船穿越拉多加湖——順道一提，我還沒見過拉多加湖呢——然後在沃洛格達轉乘火車到高爾基。這趟旅程非常令我嚮往，一路上我可以享用免費的食物，還能得到很多麵包。這一切都在前方等待著我，剩下的日子屈指可數，旅程很快就要展開。

接著就是嶄新的生活。好奇心征服了我，前方有太多的未知，我好想知道未來究竟會是什麼樣子。別著急，蓮娜，要有耐心，所有事物都有自己的時序。今天已

經是二十八日了，明天就是二十九，然後是三十日。這幾天我都吃些什麼？還真是不怎麼豐盛。

譬如說，今天我的食物是三百克麵包、剩下的五十克奶油，還有一百五十克葡萄乾。明天我會有三百克的麵包、一百克臘腸和七十五克乳酪，三十日是三百克麵包、半公升的酒和兩百五十克的鯡魚。一日我又能去食堂買粥和湯，或許麵包的配額還會增加，再來我應該就能離開了。無論如何，直到啟程之前我都不會餓肚子，出發之後還可以吃得更飽。多好，開心地企盼著生活。

今天已經有兩次空襲警報，一大清早和下午。今天的天氣陰鬱寒冷，太陽沒有露臉，不過麻雀還是愉快地吱吱喳喳。在我窗戶對面的花園裡，五月新生的青草鋪成一片綠油油的草坪。我的豌豆不是一天天成長，而是時時刻刻都在長高，挺秀筆直，葉子鮮綠光滑，真是漂亮。我放在水盆裡的小嫩枝也已經冒出幼芽，很快就會轉綠。一切都很順利，只要德國人不來搗亂——為此，我非常害怕五月一日的到來。

嗯，希望一切都能順利過去。

很快地，再過不久我就要收拾行囊，從前門坐上九號車，付一張車票和行李的

錢，沿著熟悉的路線，經過熟悉的街道到達熟悉的芬蘭車站。然後，汽笛鳴響，火車開動，我們將會經過那座橋，我曾經多少次或獨自一人，或和媽媽一起搭著二十路電車從橋下經過。再會了，列寧格勒。人們在有軌電車站看著我們，他們的心裡會想些什麼？有的人大概會很羨慕我們，有的人會說：「滾吧，這樣我們就能分到更多麵包了！」左手邊克拉拉．蔡特金婦幼衛生學院的校舍一閃而過。

我和媽媽在那裡大約工作了兩個月。小路上一個穿著白袍、戴白色三角頭巾的女孩走過，手裡拿著文件。多少次，我也像她一樣，走同一條路傳送診斷報告。唯一不同的是，那時候是冬天，一切都覆蓋著冰雪，如今已是五月的春日了，鐵路土堤上遍布的款冬早就換上盛裝，綻放新開的黃色花朵。再會了，列寧格勒。

天空蔚藍，陽光下閃閃發亮的飛機在我們頭頂上盤旋，那是我們的空中巡邏隊。火車不停地加快速度。真好。我打開行李箱，切下一大塊麵包，望向窗外，吃著麵包。我吃得很飽，出發前我們在火車站拿到很好的一份麵湯，湯很濃，還有一整鍋豌豆粥，粥也很濃，我還剩下一些沒吃完。除此之外，還有八百克的血腸和一公斤的麵包，這還只是到拉多加湖之前的食物，到了那裡我們又能拿到熱食。

真是棒極了。我的心早已離開列寧格勒，但事實上我還在這裡，雙腿包裹在溫暖的棉被裡。收音機滴答滴答[1]，有軌電車叮噹作響，偶爾還有車子呼嘯而過。我並沒有吃得很飽，說真的，我現在很樂意吃下任何食物，但我什麼也沒有，一點碎屑殘渣、一粒葡萄乾都不剩，全都吃光了。算了，現在最好還是不要想到食物。

蓮娜，明天就有得吃了，而今天你已經吃過，也足夠了。想想，才不過兩個鐘頭，你就吃光了一大堆葡萄乾——一百五十克。可憐，真是可憐的女孩。別難過，最後這幾天再挨一挨，五月一日以後就能去食堂了。啊，第一天我一定要拿一碗湯和兩份豌豆粥，湯當場吃掉，把粥帶回家，傍晚還要買麵包。這樣一定會很開心。

1 譯註：收音機的滴答聲響指的應該是節拍器擺動的聲音。一九四一年六月二十六日起，列寧格勒廣播電台在播音中引進節拍器。節拍器藉由頻率的變異預警迫近的空襲，規律擺動的聲響成為圍城生活的記憶中非常重要的一部分。蘇聯詩人М・Л・馬圖索夫斯基（Матусовский）填詞的歌曲〈列寧格勒節拍器〉（Ленинградский метроном）這樣唱道：「節拍器不會沉默，／節拍器不會沉默，／彷彿犧牲者的心跳／也在其中敲響。」

# 四月二十九日

不知不覺，今天一轉眼就過去了。早上我待在床上刺繡，直到十一點才起床，先拿髒水出去，取了水回來，還賣掉戈里鮑耶朵夫[1]的書，賣了五盧布。然後我坐上九號車，搭到終站又往回坐到戈羅霍街，用一盧布七十戈比的價錢買了麵包。麵包棒極了！接著又去附近的商店買了七十五克非常好的乳酪，新鮮又柔軟，一公斤賣十九盧布。在買酒的隊伍裡佔了位子之後，我先將麵包和乳酪帶回家，拿了盛酒的器皿，又回到商店，買了四分之一公升的玫瑰紅甜酒，每公升二十八盧布二十戈比。回到家裡，我蓋著棉被開始大快朵頤，小塊小塊地慢慢享用，吃了大概一個小時。五點過後，我去商店，得知晚上會有鯡魚和臘腸。我只剩下一盧布，於是趕緊挑出一些書，在街上賣了二十盧布。我回到家，刺繡，幾乎把乳酪吃光了，只剩下

非常小的一塊。將近七點我又到商店排隊，買一公斤十九盧布的臘腸，不過沒能買到，只用一公斤十一盧布的價格買到小臘腸。小臘腸非常美味。

明天就能買到鯡魚和啤酒，據說還能用新的糧票買到白麵包代替麵包。而現在我要睡了，今天真是疲憊。今天的天氣非常晴朗暖和，而且奇怪的是那些「禿鷹」都不見蹤影。我們的高射砲表現得非常稱職，廣播說，光是最近三天，高射砲就在我們的城市附近擊落了七十一架法西斯分子的飛機，真是不錯的開始。

明天就是三十日。真是太好了。每過一個小時，出發的日子就越來越接近。昨天排隊買臘腸的時候我認識了一位老太太。她住在十七號之五，姓米亥伊洛娃。她孤身一人，必須到沃洛格達去，她已經長大成人、嫁給軍人的女兒和她的兩個孩子都住在那裡。老太太想和我一起走，我無所謂，和她作伴甚至對我還有好處。她非常溫和、順從，我可以利用她。旅程中她對我有用處，到了沃洛格達，我還能去她女兒家裡喝杯茶，老太太說，她就住在火車站附近。老太太請我登記之前先去找她。就這樣吧，對我來說不過是舉手之勞，更何況她還答應要請我喝茶呢。

1 譯註：A．C．戈里鮑耶朵夫（*Грибоедов*，一七九五—一八二九）是十九世紀俄羅斯作家，代表作為喜劇《聰明反被聰明誤》（*Горе от ума*）。

# 四月三十日

十一點過後蓮娜到合作社領糧票，但這天她還沒能拿到，因為管理員塔季雅娜．維亞切斯拉沃夫娜以為蓮娜已經找到工作，沒有將她列入受撫養者的名單裡。晚上五、六點她得再來一趟。蓮娜去商店，知道啤酒和鯡魚剛剛賣完了，覺得非常難過。老闆保證啤酒晚上還會送來，但鯡魚就不會再有了。有什麼就買什麼吧，於是蓮娜買了兩百五十克的鹽漬鯿魚，她拿到的幾乎是一整條，只有尾巴被切掉了。

蓮娜回到家，非常開心地吃起魚來，發現魚很肥嫩，格外地美味可口。本來蓮娜只打算吃一半，另一半留到晚上配白麵包吃。但吃完一半之後她胃口大開，又吃起另外一半，這美妙的活動持續了三個小時左右。可想而知，吃完了鹹魚，而且還

沒配麵包，蓮娜口渴得要命，喝了幾乎一整壺生水。接著她去茶館，用瓶子裝了四杯茶，回到家裡，配著剩下的魚代替麵包喝完熱茶。然後她睡了一個小時，一覺醒來，又去商店買啤酒，但沒賣，只買了鹽回家。路上蓮娜順道去合作社看看，但那裡上了鎖。已經差不多六點了，蓮娜去排隊買啤酒，和其他人一起等到十一點，結果宣布，就算啤酒送來，也要隔天早上才會販售。疲憊的蓮娜拖著蹣跚的步伐回家去了。皓月當空，繁星點點。「明天又會是怎麼樣的一天呢？」蓮娜心裡想著，鑽進被窩裡。

十二點，在莫斯科、克里姆林廣場和列寧格勒的人們，都又聽見了莫斯科那著名的鐘響。列寧格勒市民已經好一陣子沒聽到這親愛的鐘聲了，能再度聽見真是令人開心。在〈國際歌〉之後蓮娜沉沉睡去，一覺醒來已經是隔天早上了。

我決定從此以後用新的方式寫日記，以第三人稱，像是寫小說一樣。這樣日記就可以當作書來讀了。

# 一九四二年五月一日

五月一日來臨了。六點時，蓮娜當然沒有去買啤酒，今天凌晨她睡得特別香甜。不過稍晚她還是起床了，決定不要錯過啤酒。

蓮娜出門上街，外頭天氣晴朗，沒有一點烏雲。在色彩鮮艷的旗幟裝飾下，街道看起來特別亮麗，彷彿樂隊馬上就要開始演奏，遊行的隊伍也即將出現。那可不，今天是尋常的工作日——不——應該說是不尋常的工作日。今年，勞動者主動放棄休假，讓五月一日成為勞動與奮鬥的日子[1]。

商店裡沒有啤酒，根本沒有從供應站運來。蓮娜回到家，已經沒了睡意，就開

始聽收音機。她肚子很餓。什麼時候才能領到糧票呢？大概要等到今天晚上吧。沒關係，她安慰自己，今天就會有六百克的麵包了。如果羅莎莉亞在五點之前能夠為她取得食堂的通行證，那麼她便只買今天的麵包，然後為了慶祝節日，在食堂多拿一些食物。這樣的話蓮娜打算買三份粥、一碗湯和一份肉食。

收音機裡傳來一首又一首軍歌、進行曲和新的口號、詩詞。

蓮娜回憶起去年的五月一日，他們從學校走到博羅金諾街，然後就塞住了。接著下起大雪，轉眼間街道上一片濕滑泥濘。漸漸地，人潮散去，大家都匆忙回家。不然還能怎麼辦呢？人們都穿著春天的衣服，女士和女孩們穿的是輕薄的外套，男人和青年們則穿夾克。蓮娜也著秋裝，但沒穿套靴，於是跑回家穿上大衣和套靴。蓮娜還記得，她回到家時，媽媽坐著，正在縫些什麼，而阿卡則在烘烤加了葡萄乾的麵包。蓮娜趕時間，但媽媽還是讓她等一會兒，嘗嘗剛出爐的熱騰騰麵包，阿卡還給了她一些葡萄乾帶在路上吃。那是多麼美好的日子，而當時蓮娜並不懂得珍惜。她以為，那就是生活最稀鬆平常而且是唯一的樣貌。她以為，能夠擁有媽媽和阿卡，能夠有她們疼愛，是再尋常不過的事了。一切都是為了阿留努什卡[2]——她們這樣

叫蓮娜。最好的那塊食物該給誰吃？先給誰盛湯？阿留努什卡。而阿留努什卡並不懂得珍惜。

直到現在，失去了阿卡和媽媽，她才知道要好好珍惜自己過去的生活。她願意付出一切，只為了回到那個時候。但回不去了，如今，她只能在夢裡見到阿卡和媽媽了。

現在，如果真能如願見到熱尼亞，她一定會將所有能夠讓她回憶起家庭生活的一切視為最珍貴的寶物。光是能和熱尼亞、謝爾蓋一起坐在餐桌旁，將盤子挪近自己，對她來說就已經是無比的幸福。

命運以非常嚴格而殘酷的方式讓她學到了應得的教訓。事到如今，思索這一切，蓮娜對自己說：「你得學會珍惜每一塊殘渣碎屑，要知道所有事情的代價，這樣就能活得容易些。」

「禍福相依。」睿智的俄羅斯諺語這樣說道。當然，經過了這樣的「生命教育」，蓮娜未來會過得比較輕鬆。而且不只有她，對所有經歷過這段可怕的歲月倖存下來的蘇聯人民而言，戰後的生活勢必會變得更輕鬆、美好而且快樂。

十點過後，蓮娜又下樓到合作社去，總算是領到了糧票。接著她去商店，完全不用排隊就買到半公升的啤酒。她把啤酒帶回家裡，又去了最近的麵包店，在鞋店買到一百五十克白麵包和一百五十克麵包。白麵包非常美味，一公斤兩盧布九十戈比，麵包則是一盧布十戈比，很重而且帶著厚皮。買了麵包，蓮娜來到屋子對面的小花園裡，在陽光下吃了一些麵包和白麵包。她覺得白麵包比所有的點心都來得美味。可不是嗎，她從十一月起就沒再吃過白麵包了。十一月她最後一次吃到白麵包的時候，媽媽還在醫院工作，偶爾會帶一塊回家。但那種麵包完全不一樣，灰灰黏黏的。早在戰爭開始之前，她就已經好一陣子沒吃過這麼棒的麵包了。她們只有在過節的時候，才會買這樣高級的麵包。戰爭開打前幾個月，她們過著非常節儉的生活，積蓄不多，而且六、七月她和媽媽還要存錢，打算八月去一趟伏爾加河，所以她們通常吃黑麵包，就連普通的長麵包都很少在餐桌上出現。

那段日子他們主要的食物是燕麥，這種便宜的食物要多少有多少。一整個月，阿卡每天午餐都熬煮非常黏稠、像是粥一樣的燕麥湯，每個人吃上滿滿兩碗，後來蓮娜吃膩了，就連一碗都吃不太下。晚上阿卡也經常炒燕麥，烤黑麵包乾。而她管那叫作苦日子。如今，這些回憶只會令蓮娜苦笑。

吃了些麵包和白麵包，蓮娜決定去撤離站一趟，那裡和之前一樣空空蕩蕩。坐在那裡的三位女士告訴蓮娜，據說要再過四、五天才會有撤離的消息。「也就是說，暫時先去上學吧。」蓮娜這樣想，然後去茶館。她本來不抱希望，只是想經過看看，但茶館開著，等了相較之下不很長的時間，蓮娜喝了兩杯熱呼呼的茶，第一杯配麵包，第二杯配白麵包。回到家，放下白麵包，她決定出門尋找好的麵包。到所有認識的麵包店走了一遭，像是存心跟她作對一樣，每一家店裡的白麵包都很好，麵包卻很糟。不過蓮娜並不太氣惱，她愉快地漫步在街上向陽的一邊，瞇著眼睛曬太陽，享受日光的溫暖明亮和麻雀愉悅的啁啾。

要知道，今天的一切都非常完美，就像是為了節日特別準備的。天空中一片雲也沒有，陽光普照，溫暖得若不是清新的微風柔和地吹拂，在陰影裡甚至會覺得悶熱。紅色的旗海把整條街道映得通紅，這些旗幟在微風中擺動，在陽光下顯得更加鮮豔，紅得更加耀眼。花園裡滿是歡樂喧嘩的孩童。

美好的春天，五月來臨了。白天有砲擊，相當猛烈，但大家都已經習慣了，蓮娜也沒有特別注意。她忙著刺繡，還聽了收音機節慶音樂會的轉播。

1 一九四二年四月三十日的《列寧格勒真理報》上刊載了以下資訊：「呼應勞動者的請求，蘇聯人民委員會和蘇聯共產黨中央委員會公告本年度五月一、二日為工作日。」在此之前，類似的命令也援引勞動人民的訴求，宣布一九四一年十一月八、九日及十二月五日為工作日。

2 譯註：阿留努什卡為蓮娜的暱稱。

# 四二年五月二日

昨天沒有空襲警報，這當然得歸功於我們的史達林雄鷹。

今天蓮娜過了十一點才起床，還沒來得及穿好衣服，就來了兩個合作社的女孩。她們打量蓮娜的房間，這讓她為房裡的一片混亂感到慚愧。「衛生委員會可能會來罰款喲。」蓮娜很難為情，告訴她們，罰就罰吧，反正她也沒有錢。年輕女孩聳聳肩，問蓮娜怎麼付的房租，知道她還沒付四月的房租，就要求蓮娜今天付清。蓮娜答應了。

她去繳了四月份的房租，十七盧布四十戈比，身上只剩下五盧布了。

然後蓮娜去食堂，在鞋店旁邊遇見了楊尼亞．雅各布森，還沒打招呼，文學課

的老師薇拉．弗拉基米洛夫娜又朝他們走來。他們聊了幾句，原來楊尼亞一直有去上學，現在也是。他看起來氣色很好，胖胖的，而且臉頰紅潤。見到他如此，蓮娜很驚訝。薇拉．弗拉基米洛夫娜則是消瘦很多，但不改往日的樂觀開朗。

這次的見面讓蓮娜非常開心。在食堂她拿了一碗湯麵和兩份黃豆餅。湯很稀，不怎麼樣，黃豆餅倒是美味極了。蓮娜想，還是買黃豆餅最划算，用二十克和五克的油票就能拿到焦黃的兩大塊，非常好吃。她來到花園，稍微坐了一下，又去買了半升煤油。然後蓮娜算算自己的米糧券，發現她今天還可以再領一份乳渣餡餅。心動不如馬上行動，她趕去食堂，但餡餅已經賣完了，肉食也是。蓮娜站在那裡想了一會兒，拿了一份黃豆粥。接著她到戈羅霍街買麵包，到處都賣一盧布十戈比，蓮娜挑了一間麵包比較乾燥的店。回到家，她取了兩趟水，然後去找奧莉亞。奧莉亞待在床上見她，蓮娜祝賀她拿到了糧票。奧莉亞告訴蓮娜，今天是她的生日，於是蓮娜又祝她生日快樂。蓮娜打算和奧莉亞一起去花園坐坐，但奧莉亞病得很重（她的雙腿感染了結核病），而且不良於行。蓮娜在奧莉亞家待了一會兒，她不喜歡那間大而昏暗、擺滿昂貴家具的房間，那裡讓她覺得又沉重又冰冷。蓮娜跟奧莉亞借了一本書──《在錫霍特阿蘭山脈》[1]，然後就到花園去了。她還不想回家。街上

很悶熱，花園裡擠滿了小孩子，他們宏亮的叫喊和笑鬧聲傳遍了整條馬路。

蓮娜在長椅上坐下，試著讀書，但看不太下去，於是就開始觀察孩子們，看他們開心地跑來跑去。蓮娜心想，等到這些現在還年幼的孩子長成她這般年紀，一定會比自己幸福得多，而且他們的青春將會非常燦爛。他們不必經歷她承受的一切苦痛，他們不必面對雙親的亡故，他們將會過得更好。

太陽消失了，天氣也變得涼爽。蓮娜回到家裡，用煤油爐燒了茶。已經好一陣子沒用煤油爐了。蓮娜配著麵包喝完一杯熱茶，然後做了魚湯。還剩下一些吃剩的鯿魚、魚骨和鱗片，她把魚放進白鐵罐裡，然後淋上熱開水。泡好了湯，蓮娜喝了一整碗濃郁又美味的魚湯，接著開始修補、清理自己的鞋子。在人們面前還是得體面一點，嚴寒的冬季大家都不太在意外表，但現在可不同了。五月溫暖的日子已經到來，人們開始打扮，在外表上下工夫，尤其是年輕人，又可以見到時髦的髮型和帽子，男生也穿起西裝和講究的圍巾。蓮娜也想要穿得好一點、體面一點。如今，當她看到打扮邋遢、還穿著破爛衣服的人們，都會為他們感到難過。不過他們大都上了年紀、生了病或非常虛弱，而蓮娜——雖然最近也是累得連腳都提不起來——再怎麼說也是注意外表的年輕女孩。得要穿得好看些才行，她心想，同時埋怨著頭

髮長得太慢。頭髮有很大的裝飾效果，少了還是不大好。在家裡，看著鏡子中的自己，蓮娜開心地發覺，自己的臉已經不像之前那麼可怕。她的身體確實消瘦不少，只剩下皮包骨，她豐滿的胸部也已經不再了。曾經，她不滿意自己豐腴的胸部，夢想變得像莉妲·克列門季耶娃那樣苗條，而現在，她已經變得比莉妲還要瘦了。

今天平靜地過去了——沒有警報，也沒有砲擊。

1 指B·K·阿爾謝尼耶夫（Арсеньев）的著作《在錫霍特阿蘭山脈：俄羅斯地理學會進阿穆爾區勘查文集，一九〇八年六月二十四日—一九一〇年一月二十日》（*В горах Сихоте-Алинь [Очерк экспедиции Приамурского отдела Русского географического общества, 24 июня 1908 г. по 20 января 1910 г.]*），一九三七年由青年近衛軍出版社（Молодая гвардия）出版、一九四〇年由兒童出版社（Детиздат）發行。

# 五月三日

今天一早天空就被雲層遮蔽，敵人沒有放過這樣的機會，九點不到就已經發布了兩次空襲警報，不過持續的時間都不長，也不那麼可怕。警報一響，高射砲就開始猛烈擊發，然後砲火漸歇，可以聽見空中的雄鷹發出轟隆的聲響。沒有感覺到任何震盪，也就是說完全沒有投下炸彈。或許，敵軍根本就沒能接近我們的城市。

第二次警報解除之後蓮娜從床上起來，夜裡她睡得很安穩，做了很好的夢。她跑去買麵包，喝完了一杯冷茶，然後開始等待沙夏阿姨，要跟她拿盆子和桶子。已經十一點半了，沙夏阿姨還沒來，於是蓮娜上食堂去。食堂裡人很多，而且只按新的通行證供應餐食。幸好蓮娜在隊伍裡看見一個最近一起上學的朋友，她用自己的通行證

為蓮娜拿了一份黃豆粥和兩片肉餅。在食堂裡還賣五日的麵包，蓮娜忍不住又買了三百克。回到家，蓮娜吃了飯，熱了水，梳洗過後換上乾淨的衣服，出門去學校做身體檢查。街上很涼爽，天空烏雲密布，飄著細雨。她排了一個小時的隊等待健康檢查，最後終於拿到寫著「健康」的條子回到家，煮了兩杯茶，把剩下的麵包切片，然後抹上剩餘的肉餅，結果非常美味。明天各個學校就要開始工作了，但蓮娜的學校五日才開始上課，而明天四點舉行全體學生的集會。蓮娜聽收音機的學生節目，從而得知了很多消息。她知道，學校的工作已經不同以往，學生一天之中大部分的時間都將在學校度過，但和之前相比，上課的時間卻減少了。高年級學生五點半放學，課不超過五堂。八點半開始上課，十二點吃早餐，學生可以領到熱的甜茶和粥。接著繼續上課，課後休息一個小時，四點高年級學生吃午餐，之後是社團活動。五點半放學，還能夠再拿到另外一百克麵包、一些奶油和糖，帶回家吃。課程的重點是複習去年的功課，將會持續到七月一日。夏天，所有的學生都會去參加特別的少年先鋒隊夏令營，休息、娛樂並在各式各樣的國營農場裡工作、栽植作物。

這些安排讓蓮娜很滿意，假使有親人陪伴，她很樂意留在自己的學校，但想到這裡，她不禁痛苦地意識到自己在這座城市裡是孤身一人。不，她必須離開。就算

在高爾基她會吃得比待在列寧格勒更糟，她還是必須離去。就算她能夠獲得學費和伙食費用的減免[1]——羅莎莉亞．帕夫洛夫娜已經答應她，將會盡其所能地提供協助——她還是必須謝絕這一切的好意，離開，去找熱尼亞。

熱尼亞想必也正在為她擔心，焦急地等待著蓮卡[2]，而她卻還被困在列寧格勒。今天已經是三日了，再過幾天撤離的日子就要到來，現在蓮娜只需要面對一個艱難的抉擇——撤離一開始就立刻啟程，或先在學校待上一個星期，稍微休養身體。蓮娜決定和東尼亞一起走。東尼亞就是那個今天在食堂裡替她領午餐的女孩，她和母親正好也準備離開。她的父親從前線來信，建議她們盡快撤離，因為，他說，待在列寧格勒還有得受的，能走趕緊走吧。所以蓮娜最好還是和東尼亞及其母親一起上路，畢竟也是認識的人，而且三個人作伴也好。只有一件事讓蓮娜傷腦筋，如果五日她將糧票繳回學校，同一天宣布發放米糧、糖和油，而八、九日又隨即開始撤離，結果會是如何？將糧票繳回學校之後，這幾天蓮娜在學校就無法像以前在商店買到一樣多的糖和油。不過這也不能夠確定，畢竟她手上應該還能剩下兩百克的奶油和三百克的糖。或許，還會剛好留下第一次發放的糧券，那麼，也就是說，在出發之前，蓮娜不但可以在商店買到糖和奶油，還能在學校的食堂吃飯。又或者，學校可

以開立證明，讓蓮娜在商店一次領到全部的兩百克奶油和三百克糖。那就太好了，蓮娜心想。確實，能在學校用餐直到離開，而就在出發之前，還能拿到兩百克奶油和三百克糖在路上吃，那可就是美夢成真了。

但想像是一回事，而現實又是另一回事。蓮娜心想，到時候就知道了，沒有必要為了這些未知的事情傷透腦筋。

今天是潮濕、讓人憂愁的一天，但蓮娜不知道為什麼心情很好，而五月一日一切都那麼美好，蓮娜卻反倒覺得心煩意亂。

1 根據蘇聯人民委員會於一九四〇年十月二十六日的決議：「蘇聯中學高年級及高等教育機構學生學費規章及獎助津貼辦法之變動」（Об установлении платности обучения в старших классах средних школ и в высших учебных заведениях СССР и об изменении порядка назначения стипендий），列寧格勒八至十年級的學生每年應繳付學費二百盧布。一九五六年國民教育又恢復免費。市民們所得到的食物依照政府的固定價格販賣，而非免費發給。

2 譯註：蓮卡為蓮娜的暱稱。

# 五月四日

今天格外寒冷、陰沉，颳起一陣陣冰冷刺骨的強風，風勢之強勁，就連逆風行走都很困難。這樣的天氣最好待在家裡，沒有必要絕不出門。蓮娜只去了食堂，吃了菜湯和黍米粥，因為六日的糧票還不能使用，所以沒能買到麵包。她離開食堂，跑到學校，集會已經開始了。蓮娜聽到幾個令她失望的消息：首先，十五日才開始上課，八日開始供餐。第二，高年級學生一天只能拿到四百克麵包，奶油也只有三十克。蓮娜遇見米夏·伊利亞雪夫，完全認不出他來，簡直是慘不忍睹。除了東尼亞，九年級沒有其他人了。她和東尼亞說好，如果五月十五日開始撤離，她們第一天就走。

蓮娜回到家，用剩下的粥煮了點湯，坐下來修補黑色的絲襪。她必須加快腳步，畢竟每一天都可能重新開放撤離，而她還有好多事沒做。她得縫補、洗淨所有要攜帶上路的衣物。這個冬天她和媽媽變得很邋遢、不修邊幅，但那是嚴寒的冬天，如今，春天已經來了，若還穿著髒污、破爛的衣服，雙手還髒兮兮的，那就太丟人了。

況且，蓮娜還是個年輕女孩，而女孩們最大的財富就是身體和心靈的潔淨。昨天羅莎莉亞·帕夫洛夫娜和她在房間裡聊天時這樣說道，蓮娜完全同意。「就算你帶著的全是些舊東西，但只要是整潔的、縫補好的，只要衣服上沒有缺鈕扣，只要你看起來乾乾淨淨，你熱尼亞阿姨一定會對你另眼相看。她會帶著敬意的看著你，心裡想，『這女孩受了那麼多苦，卻還是維持住了人該有的樣子。』」羅莎莉亞·帕夫洛夫娜這樣說。

而蓮娜就想要這樣去找熱尼亞，從第一天起便養成習慣，凡事謹慎仔細，乾淨整潔。蓮娜想打扮得樸實，且有品味。

「好人絕對不會喜歡邋遢的女孩。真正的好男人在女人身上最重視的，不外乎就是這樣的特質：身體和心靈的潔淨。女孩的房間必須整齊，到處一塵不染、光可鑑人。窗上的簾布就算縫補過，即使是最廉價的材質做成的，只要乾淨潔白，看起

來一定比昂貴但不髒污、破洞的窗簾還要高貴。」對此蓮娜完全贊同。
傍晚天空稍微變亮了一些，就在日落之前太陽還探出頭來。今天的夕陽像是火舌舔舐著地平線，非常漂亮。

# 五月五日

今天蓮娜只吃了麵包，但因為整天都沒出門，坐在床上補襪子，飢餓的感覺已經不那麼難受。她早上就買了麵包，下午一點吃完麵包，整理、挑選出比較完好、打算帶著上路的幾雙襪子，開始縫補，縫了好多雙。

今天一早就是晴朗但寒冷的天氣。儘管還算溫暖，不過凜冽的寒風依舊刺骨。傍晚時天空看起來非常純淨。下午從學校捎來通知，說明天中午十二點將要舉行高年級同學的集會。簽名時蓮娜瀏覽了名單，塔瑪拉不在上面，但有沃夫卡的名字。蓮娜覺得很開心，明天又能見到他了。

蓮娜對收音機很不滿意。接近十二點廣播開始斷斷續續，然後發布了區域的砲

擊警報，解除之後才播送音樂，但又馬上中斷，然後收音機就沒再發出聲音了。有意思的是，在砲擊時蓮娜沒有聽見任何砲火齊射或單獨擊發的聲響，高射砲是打了幾發，但這算哪門子砲擊呢？真是奇怪。蓮娜打算，明天離開學校之後，和東尼亞一起去撤離站，說不定能夠打聽到什麼消息，然後去買麵包，再花上一整天認真地縫縫補補。要把握時間才行，不知道撤離什麼時候會開始，得快點把東西收拾、整理妥當，做好一切出發的準備，才能在開放撤離當天就馬上登記、啟程，不浪費任何一天。畢竟她唯一的目標，就是盡快去高爾基找熱尼亞。十五日才開始上課，到時候蓮娜想必已經離開了，說是八日起供應伙食，這讓她很失望，只有麵包可吃的日子還要捱個兩天，而三百克的麵包——可想而知，根本是不夠的。不過也沒有其他辦法了。蓮娜仔細地算了算手邊的糧券後確定，如果這兩天還在食堂裡買東西吃的話，她就會超支米穀糧券，到時候可能會無法繼續在學校吃午餐。關於這點，在集會上可是特別警告過的。

假使明天就開始撤離，那麼，七日蓮娜便已經離開了，這樣可以少挨一天餓，但這不過是幻想罷了。別再想著食物，蓮娜對自己說，一陣噁心湧上喉嚨，她感覺到肚子裡可惡的空虛飢餓。但當隔壁鄰居屋裡傳來煤油爐的聲響和鍋蓋碰撞的聲

音，又怎麼有辦法不去想到食物呢？蓮娜聽見湯匙和刀的聲響，甚至還有切麵包時酥脆的聲音。

飢餓難耐卻只能大吞口水的苦楚真是太折磨人了。

## 〔五月〕六日

夜裡下了雪，不過馬上就融化了。天氣陰鬱沉悶，一樣颳著冷風，但已經比較暖和一些。早上蓮娜吃完麵包，讀了一會兒書。雖然奧莉亞說《在錫霍特阿蘭山脈》不怎麼有趣，但蓮娜還是很喜歡，剛好她最愛讀這一類的書。十二點蓮娜出門去學校，高年級學生（八、九、十年級）的集會在校長的辦公室裡舉行，總共來了十五個人，其中蓮娜認識的有妮娜（蓮娜誤以為她叫東尼亞）、加利亞·庫茲涅佐娃和米夏·伊利亞雪夫，沃瓦沒來。會議由校長親自主持，他說，十五日學校就要開始上課，高年級學生肩負著保護學校免於敵人空襲危害的所有責任。簡而言之，他們是學校僅存的守護者。他將出席的同學分成小組，蓮娜和妮娜被分在通信組。接著

校長宣布，八日起他們將會被列入自衛隊員的名單，十日起供餐，與此同時他們也將開始值勤。想像一下，這些消息帶給蓮娜什麼樣的感覺。不是八日，而是十日才開始供應伙食，而且在連腳都站不穩的狀況下，竟然還要做通信員的工作。最近幾天蓮娜真的十分虛弱，就連爬樓梯上四樓對她而言都變得非常吃力，像是要耗盡所有的力氣，每次她幾乎都得抓著欄杆，才能爬上最後一層階梯。如果外出上街——蓮娜已經盡可能減少外出——萬不得已非出門不可的時候，她得努力走得快一些，幾乎是要跑起步來，如果走得慢反倒會跌跌撞撞，一個不小心就要摔跤。

蓮娜離開學校，隨即上食堂去。今天格外難走，蓮娜像是喝醉酒似的，一路上搖搖晃晃，而且一直絆到腳，旁人看了應該不會留下太好的印象。食堂裡的人已經不那麼多了，蓮娜和排在身邊、有通行證的人說好，請她替自己拿一份粥。過了幾分鐘妮娜來了，原來她的媽媽還沒來食堂。蓮娜在發放食物的隊伍裡排隊，妮娜拿給她兩份麵條。在發食物之前，蓮娜成功的將其中一份換成豌豆粥。妮娜則是為自己拿了兩份麵。排隊時，女孩們聽旁邊的人說，十日將會開始撤離，但也可能是七日，而且好像五日就已經開放登記了。她們的精神為之一振，離開食堂後，忐忑不安地來到撤離站。但她們徹底地失望了，撤離站空無一人，沒有任何告示，什麼都

沒有。蓮娜回到家，吃了一些冷掉的麵條和豌豆，燒了煤油，煮了一整鍋湯。湯棒極了，蓮娜吃了半鍋，決定把剩下的留到明天再吃。因為今天拿了兩份主食，明天就不去食堂了。

午餐之後蓮娜感到睡意襲來、倦怠無力。她不想動，不想思考，不想幹活，就連手指都懶得動一下。不過蓮娜明白，接下來她將會非常忙碌。既然人們已經開始談論，那麼撤離的日子肯定不遠，得加緊收拾東西才行。說到這個，昨天蓮娜和雅科夫．格利高里耶維奇講好了，他六日會再和她談談收購家具和其他物品的事情，若他決定購買，就在七日星期四處理，那天他放假。

今天蓮娜會去找他拿小鐵爐，到時候就知道了。

雅科夫．格利高里耶維奇要蓮娜將準備帶走的東西另外放好，剩下的衣服一部分放在箱子裡，一部分收進包袱。因此，即使非常吃力，蓮娜還是忍住倦意，強迫自己動起來。今天的湯很鹹，後來她覺得非常口渴，便打起精神下樓取水。她用水壺燒水，喝了熱呼呼的濃茶獎勵辛苦勞動的自己。蓮娜有許多工作要做，因為大部分她要帶走的襯衣都是髒的，得好好清洗一番，之後還需要縫補。

五月十日，這就是她殷切期盼的日子。至於學校，當然，她已經決定註銷自己

的學籍。很快的，再過不久她就能和列寧格勒告別。她聽說已經宣布配發油了，「明天大概就會宣布發糖。」她想，然後滿意地舔了一下嘴唇，再過不久她就能用糖果來佐茶，抹奶油吃麵包了。

蓮娜決定，明天一早就去撤離站，打聽所有消息。然後搞定和雅科夫・格利高里耶維奇的交易，再去拿兩桶水、劈柴、洗衣服。八日下午一點，她要去學校取消自己的學籍，在學校還能見到妮娜，到時候再一起商量往後的計畫。

# 五月七日

蓮娜十點左右起床，先去商店買了九十克的葵花籽油，然後到撤離站去，那裡的人要她十日再來。她順道在麵包店買了三百克麵包，然後便回到家裡。正準備吃早餐，就聽見有人敲門，從合作社傳來通知，軍事委員會要求她十一點去報到。蓮娜匆匆忙忙吃完早餐，麵包屑撒得到處都是，奶油也是一會兒落在地板上，一會兒掉到外套上。她帶著通知去軍事委員會，想破了頭也猜不到，自己究竟為何會被召喚，而這委員會又是做什麼的。

在軍事委員會中，蓮娜得知自己即將被徵召進地區防空隊，必須到隔壁的房間體檢。蓮娜非常激動，以至於在被問到姓名和父稱[1]的時候，一個字也答不出來，

最後忍不住嚎啕大哭。醫生安撫她，說沒必要哭，一切都還言之過早，說不定她會因為視力不合格而被淘汰。蓮娜回答她，自己不是為此而哭，只是怎麼都忍不住。不久眼科醫師來了，蓮娜排第一個，沒有通過檢查，她自由了。蓮娜回到家裡，配著奶油吃完了麵包，還熱了湯，然後滿足地喝了一碗半。湯油潤又美味，最重要的是還熱騰騰的。

蓮娜去了雅科夫．格利高里耶維奇那裡，但他去工作了，她只得轉回家繼續補襪子。才剛坐定，又有人來敲門。一開門，走進一個女孩，苗條，中等身材，戴著眼鏡和褐色的護耳皮帽，踩著靴子，穿著棉大衣和棉褲。「你認得我嗎？」她笑著說。蓮娜一看，竟然是薇拉奇卡[2]——薇拉．米留欽娜[3]，媽媽的同事和朋友。

蓮娜領她走進房間，讓她坐在大箱子上，自己也在她身旁坐下。薇拉並沒有在蓮娜家裡待很久，但她們聊了很多。蓮娜長話短說，將一切遭遇告訴薇拉，向她說明她們是如何度過這個冬天——最初是三個人，然後少了阿卡，後來媽媽也過世了。蓮娜所說的，薇拉很能理解。

「可憐的孩子，你已經受了多少苦。但沒關係，很快就會結束了。你馬上就能離開，在路上，上帝保佑，一切都會很順利的。到了熱尼亞那裡，你就可以開始新

的生活了。」

蓮娜覺得好開心，至少在列寧格勒還能找到一個親近的人——媽媽的朋友。

薇拉為蓮娜擔心，問她是一個人上路還是與人同行，蓮娜告訴她自己不是單獨一人，而是跟同學和同學的母親一起，薇拉這才鬆了一口氣。她問，「妮娜的媽媽看起來如何？健康，還是有點虛弱？你可要慎選能夠信賴的旅伴才行。」總之，薇拉非常仔細、關心地詢問蓮娜所有的細節。她是不是帶很多行李上路？錢夠不夠用？有沒有朋友？是否有人幫忙？她強烈地要求蓮娜頭兩天千萬別吃太多，別為了什麼粥葬送了自己的性命。

原來，在路上，有許多人就是因為暴飲暴食，吃了太多食物而生病，甚至死亡。對已經長時間挨餓而變得虛弱的器官來說，過飽是可以致命的。

「這需要過人的意志，但一定要克制，尤其是麵包。在火車站你會拿到一公斤的麵包，很多人當天就全吃光了。千萬別這樣，我認識的一個人就因為吃了太多黍米粥和麵包，吃得太撐了，死在路上。

也別讓別人吃太多。畢竟這樣的死太令人遺憾了——好不容易在轟炸和砲擊中倖存下來，逃過一千次的死亡，卻栽在額外的一份粥上，再也沒有比這更愚蠢的死

法了。」

蓮娜將薇拉的話牢牢記在心上。不，她不要這樣愚蠢地死去。她保證會遵照薇拉的建議，最初兩天，在面對豐足而誘人的食物時，一定會克制住食欲。不，她才不要因為吃太多粥而死掉。蓮娜揣想著那將會是多麼地煎熬，但無論如何都要克服這項考驗。

薇拉奇卡說，她現在做畫工，有勞工的糧票，但對她來說還是不夠。幸好，因為工作非常辛苦，她可以憑特別的票券在特定的食堂用餐。她問媽媽的畫筆有沒有保留下來？蓮娜興奮地將媽媽所有的畫筆、顏料和其他器具都交給薇拉，告訴她，自己非常開心，媽媽的遺物能夠交付給像她這樣的人，而非落到雅科夫．格利高里耶維奇那樣的外人手上。在她手裡，這些東西不僅僅是物品，而是回憶。

蓮娜另外將一張媽媽中學時的相片和自己的書《小船長》（*Маленький капитан*）交給薇拉作為紀念。她們溫馨而親切地告別，說好明天還要再見。薇拉答應她隔天五點會再過來。

薇拉的關懷令蓮娜深深感動。她身上並沒有很多錢，但還是留下了二十盧布，並將袋裡的一小塊麵包分了一半給她。她承諾蓮娜將會盡力幫助她。

「明天等我過來。或許我會兩手空空，或許能弄到什麼吃的，無論如何，至少都還能分你一些麵包。」她熱切地親吻蓮娜，這對蓮娜來說有某種神奇的力量，轉眼間她覺得非常溫暖、美好。

明天值得等待。首先，離出發的日子又推近了一天，其次，又能和親近的人見面，還有食堂。明天蓮娜打算用掉一張米穀券或肉食券，除此之外，明天還會配給糖和巧克力，蓮娜可以拿到一百克的糖和一百克的巧克力，不過她打算將巧克力換成五十克糖和五十克糖果，剩下的之後再說。那麼明天她就能喝茶配烤麵包。「明天就是五月八日了。」蓮娜心想，若有所思地望向窗外。

今天的天氣陰鬱沉悶，街上很冷。砲擊剛剛結束，這次非常猛烈，可以清楚聽見砲彈從頭頂呼嘯而過的聲音和爆炸的悶響。蓮娜縫補襪子，直到晚上。

薇拉．米留欽娜的地址：列寧格勒，下諾夫哥羅德街[4]，二十三 a 之四十二號。

1 譯註：俄羅斯人的姓名依序由名字、父稱及姓氏三個部分組成。

2 譯註：薇拉奇卡為薇拉的暱稱。

3 薇拉·弗拉基米洛夫娜·米留欽娜（*Вера Владимировна Милютина*，一九〇三—一九八七）為列寧格勒藝術家，一九三二年自藝術學院（Академия художеств）畢業，從事表演裝飾藝術工作，曾經參與建立小歌劇院博物館，擔任列寧格勒國家歌舞團（Ленгосэстрада）藝術總監。大祖國戰爭期間參與防衛工作，為列寧格勒製圖（Ленгороформление）繪作圖稿和宣傳畫，創作組圖《圍城中的冬宮》（*Эрмитаж в дни блокады*），並和A·П·奧斯特羅烏莫娃—列別捷娃（*Остроумова-Лебедева*）共同創作繪有列寧格勒景觀風貌的畫冊，贈予蘇格蘭女性作為禮物。藝術家晚年多從事劇場藝術。詳見《薇拉·米留欽娜其人其事》（*Вера Милютина и о ней*），莫斯科，一九九一，頁五—一一。

4 下諾夫哥羅德街（*Нижегородская улица*）為今日的列別捷夫院士街（*улица Академика Лебедева*）。

## 五月八日

蓮娜一如往常在十點起床。她去商店，拿到五十克巧克力和一百克糖果，然後買了麵包，回到家裡準備飽餐一頓。她泡了茶，配著用植物油烤了的麵包、巧克力和糖果喝了兩杯茶。

接著去食堂，希望能見到妮娜·卡達雪娃，但她不在。蓮娜沒有通行證，平常沒有通行證是不給餐點的，但今天蓮娜拿到了食物，甚至沒有被要求出示通行證。她拿了黍米粥，在食堂吃了一些，將剩下的帶回家，不直接吃，而是添水做成湯。然後她去了一趟學校，註銷自己的學籍。

（芭芭拉·帕夫洛夫娜·茹可娃要她到高爾基拜訪她的朋友。）

回家後，蓮娜煮了湯，吃了一些。

# 一九四二年五月九日

昨天晚上在蓮娜身上發生了許多有趣的事情。薇拉・米留欽娜答應她會在五點以前過來，但蓮娜等了又等，她卻遲遲未現身。七點左右，當蓮娜就要放棄希望時，她才突然現身——不是單獨前來，而是和一位女士一起。她向蓮娜介紹，這位女士是她的朋友[1]。薇拉帶來裝在罐子裡的一點湯和一小塊麵包，還有基薩的信和三十盧布、謝遼夏叔叔[2]的十盧布，她自己也給了蓮娜十盧布，為此蓮娜非常感激，熱烈地道謝。薇拉說，她為蓮娜找到了買主，她的朋友想買些東西，會用麵包付帳。薇拉的朋友是個討人喜歡的女士，中等身材，一看就知道是個有文化內涵的人。一開始她問蓮娜賣不賣大箱子，她願意今天就用三百克麵包買下來。蓮娜想了想，認

為她可以自己決定，只要對她有利，雅科夫．格利高里耶維奇沒有資格因為她賣了東西而多說什麼。簡而言之，她決定暫時不考慮雅科夫．格利高里耶維奇。她同意了，然後從箱子裡取出前一天晚上花了好大工夫收拾、疊好的衣服，放回角落。

此時蓮娜才明白，原來這個新買家對衣服真是來者不拒，這還得要親眼看見才能夠明白——她興奮地在舊衣堆裡翻找，挑揀出蓮娜覺得毫無價值的衣服。蓮娜的「掠奪者們」辛勤地忙碌了一整個晚上，最後兩個人都搜括了許多物品。這讓蓮娜大吃一驚，她一直以為自己已經賣掉了所有能夠脫手的東西。可以這麼說，蓮娜非常高興，如她所願，許多東西不必落到雅科夫．格利高里耶維奇手上。薇拉奇卡自己買了三頂阿卡的帽子，試戴了，結果非常合適，她還為基薩挑了好多各式各樣的衣服。蓮娜把自己的小鷹送給她做紀念。除此之外，薇拉奇卡還帶走了媽媽留下來的顏料、素材和模型玩具。最後，她的朋友看上一個小櫃子，決定買下來。多虧了這場「劫掠」，蓮娜可以到麵包店買半公斤的麵包。她很開心，一個人到「真理」電影院後面的店裡買了麵包。麵包非常好，乾燥、柔軟又蓬鬆。半路上蓮娜遇見奧莉亞，她走著，穿著夏天的衣服，嘴裡嚼著一大塊麵包。她問蓮娜怎麼沒去找她，答應會來拜訪蓮娜，拜託蓮娜為她找些東西來讀。蓮娜告訴她撤離即將開始，問她

怎麼打算，會不會離開。奧莉亞說她已經預先買好了麵包，這個月還不打算走，她另外還說了些什麼，蓮娜沒有完全聽明白。

蓮娜的客人們待到深夜才離開，薇拉奇卡和蓮娜約好，如果她沒有過來，請蓮娜七點到他們家去。薇拉詳細地為蓮娜畫出找到她住處的方式，交給她兩封信，託蓮娜轉交給她住在高爾基的朋友，並請她親自拜訪他們，向他們描述列寧格勒的生活情況。薇拉說，她的一些朋友很有影響力，或許能夠幫得上忙，她向蓮娜保證，他們一定會好好疼愛她、做她的靠山。

薇拉的朋友也和蓮娜約好，明天早上十點將會和丈夫一起來拿購買的東西。

經過了這一切，蓮娜覺得很疲憊，配著植物油和鹽吃了點麵包就上床睡覺了。她睡得很沉，早上一覺醒來就吃起麵包，在昨天認識的新朋友和她丈夫上門之前，蓮娜幾乎吃完了所有的麵包，只留下一些配湯。真是奇怪，有時候人對時間的感覺真不可靠。蓮娜以為已經十一點了，心想他們遲到了，沒有依照約定的時間前來，而當她從夫婦倆口中得知才不過早上九點時，她真是驚訝極了。這讓她很不開心。新朋友和丈夫搬走了大箱子，說一個小時之後再來拿架子。蓮娜試著睡覺，但沒能入眠，想要看書，卻也讀不進去，腦袋裡只想著一件事——櫥櫃上有湯。於是她改

變心意起身，點著煤油爐加熱那鍋倒楣的湯。她已經預先在湯裡添滿了水。那是放了小碎肉塊的燕麥湯，即使加了許多水稀釋，湯依然很油、很濃郁。煤油爐已經燒到油芯，勉勉強強煮好了兩碗半滿滿的湯。就別提蓮娜有多麼滿足了，她已經好久沒吃到這樣熱騰騰的美味肉湯。

然後她開始看書，接著又一次改變心意，穿好衣服上麵包店去。不過就在她關上門的時候，新朋友剛好來拿架子。她們聊了一會兒，她的丈夫似乎是某個舞蹈學校的主任。這對夫婦救了薇拉的命，他們安排她去醫務站，同樣也是透過他們，薇拉才有機會在不需要糧票的食堂裡用餐。而他們之所以能存活下來，又要感謝他們的狗，他們吃了整整一個月。除此之外，和蓮娜跟媽媽一樣，他們也經常吃木工膠，她們還聊了好多其他的事情。

蓮娜問新朋友能不能為她取得一張食堂的通行證，她答應蓮娜會和丈夫談談，甚至提議帶蓮娜到舞蹈學校的食堂吃飯，但蓮娜拒絕了。從她的話中蓮娜終於確定，她就是那所學校的主任的妻子，因為房子毀於轟炸，暫時住在學校裡。她還知道，撤離一旦開始，舞蹈學校也將遷走，所以她的丈夫一定會知道撤離的時間，十日之

前是不可能的。

然後她說，或許可以和丈夫商量，安排蓮娜跟著學校一起撤離，這樣對她比較好。總之，她向蓮娜保證，自己一定能幫上大忙。

她離開時，她們講好，她會去找薇拉，並且將所有打聽到的消息和能幫忙的地方轉告薇拉。蓮娜到商店去，用剩下的票券買了麵包和五十克的糖。回到家，她用爐子在層板上煮了茶，配著麵包喝了五杯熱呼呼的甜茶，然後開始看書。現在閱讀變成一件非常棒的事，書也特別有意思。蓮娜讀著書，蘸糖吃了幾塊麵包，吃完麵包，她把剩下的糖也吃得精光，然後很開心地覺得「飽了」！

她開始清點自己擁有的財產，結果有兩百五十盧布。她想，明天要去付五月的房租，還可以順道看看索菲亞有沒有酸奶，可以的話帶一瓶回來。然後她又做了些事情，才去看看幾點了。她又一次弄錯時間，她以為至少已經六點，結果才四點而已。

蓮娜覺得睏了，決定上床睡覺，但後來又改變主意。她裹在被窩裡，盯著地圖思考良久，仔細地研究未來這趟旅行的路線，想像著這將會是怎樣的一趟旅程。如果真能跟那些跳芭蕾舞的女孩們一起走，那該有多好啊。說不定她還有機會見到加利亞・切爾諾雅洛娃[3]呢。

倘若這位女士的丈夫是如此重要的人物，只要他願意，一定能為蓮娜做出最好的安排。他們想必有專屬的車廂，或許還不只一節，不必替行李操心，還能比較容易取得食物，更重要的是，和自己同年齡的女孩們一起旅行肯定會比較開心。行李和食物的問題確實可能會搞砸她對這整趟非比尋常的旅行的印象。

蓮娜很高興。想到如今撤離只是時間早晚的問題，其他的阻礙都已經被拋在後頭，她覺得自己好像小鳥般自由自在。任何事情都與她無關，她沒有任何責任，和誰也都互不相欠。

完全自由的感覺真好，可以整天做自己想做的事情，等待離開的日子來臨。剩下的日子也不多了，無論如何都不會晚於二十日，更準確地說，應該是十五、十六日。而最後的這段時日她也並不孤單，她有朋友陪伴——薇拉和基薩，在她們身邊，她就像是自己人一樣。別氣餒，打起精神向前看，一切都會很棒的！

1 指瑪麗亞・費奧多羅夫娜・巴爾達謝維奇（Мария Федоровна Барташевич）——列寧格勒蘇維埃執行委員會藝術局副局長安德烈・安德烈維奇・巴爾達謝維奇（Андрей Андреевич Барташевич）的妻子。

2 謝遼夏叔叔——謝爾蓋・尼古拉耶維奇・葛拉祖諾夫（Сергей Николаевич Глазунов），是B・B・米留欽娜的祖母瑪蒂爾達・瓦希里耶夫娜・米留欽娜—于格（Матильда Васильевна Милютина-Гуго）的第二任丈夫；基薩——柳柏芙・伊凡諾夫娜（Любовь Ивановна），舞台裝飾藝術家、畫家C・B・謝納德爾斯基（Сенаторский）的妻子。

3 指加琳娜・亞歷山德羅夫娜・切爾諾雅洛娃（Галина Александровна Черноярова）——白俄羅斯大芭蕾歌劇院（Большой театр оперы и балета Белоруссии）獨舞者、教師。自列寧格勒撤離至彼爾姆州（Пермская область）的普拉東申村（Платошино），一九四四年五月返回列寧格勒，同年自瓦加諾娃學院（Вагановское училище）畢業之後遷居明斯克（Минск）。

## 〔一九〕四二年五月十日

昨天晚上七點整，蓮娜就穿好衣服，搭電車去找薇拉。她很快就找到了他們的住處。他們讓蓮娜坐在鐵爐子旁邊，親切地招待她。蓮娜很喜歡薇拉的家，現在薇拉、上了年紀的謝遼夏叔叔和基薩住在一棟兩層樓木造屋子的一樓角落的兩個房間裡。其中一間開一扇窗，另一間則有兩扇，窗外有樹和灌木叢。他們居住的屋子和其他幾棟相似的樓房圍出一個不大的庭院，一條走道在中間展開，兩側則是草坪，上面種有樹木和灌木。這裡的環境那麼地美好，和一旁傾頹的石頭房子相比很不搭調。是這樣的，薇拉的家非常靠近芬蘭車站，隔著對面的一棟房子就緊鄰著鐵路。這個區域受創非常嚴重，敵人轟炸車站，炸彈卻落在周圍。所以，雖然這裡看起來

寧靜宜人，但其實非常可怕。自鄰近的石造房子延伸，花園的兩側擱著一堆堆瓦礫，過去薇拉和謝遼夏叔叔的家就是其中一棟、位在現在住處的右手邊。

蓮娜開心得不想離開，決定就在他們家裡過夜。他們坐著喝茶，薇拉給她——用她的話說——「一小塊」麵包和一湯匙砂糖，除此之外他們還喝了檸檬汁。然後他們替蓮卡在很高的大箱子上鋪了床，這樣的睡鋪就像是長途火車的車廂，蓮娜喜歡極了。她開心地脫了衣服，鑽進被窩。睡夢中，她感覺自己置身在車廂內，隨著床鋪舒適地、輕柔地晃動，彷彿正要前往某個很遙遠的地方。這天蓮娜有點頭暈，滿腦子都是即將來臨的旅行，而鐵軌就在附近，聽得見蒸汽火車頭的氣笛聲，這一切讓她有正在移動的錯覺。

蓮娜睡得並不好，收音機的喇叭就掛在頭頂上，節拍器[1]響亮的敲擊聲擾人清夢。早上她被薇拉叫醒，稍微盥洗，用肥皂好好地把臉和手洗乾淨。薇拉在門邊劈柴，蓮娜去麵包店買麵包，然後幫忙把柴搬進屋裡，於此同時，基薩則在準備茶水。天氣非常好，風吹散烏雲，陽光再次照耀大地，從縫隙中可以看見蔚藍的天空，鳥兒啁啾鳴叫，還能聽見蒸汽火車令人嚮往的汽笛聲，像在叫喚的招呼著：上路吧，上路吧！

早上蓮娜配著麵包和基薩給的砂糖喝了五杯加檸檬水調味的茶，然後忙著翻閱

薇拉的童書。就像人們說的，「每個人都有熱愛的事情和自己的嗜好。」舉例來說，基薩熱中收集繡飾的圖樣、毛線和漂亮的布片，而蓮娜對明信片、鳥和其他動物有狂熱的愛好。薇拉的嗜好很奇怪，她購買、收集主要是給幼兒看的童書。她有非常多這類的童書，有非常古舊的，她母親的，也有當代的，像是《愚笨的小老鼠》（*О глупом мышонке*）、《小閣樓》（*Терем-теремок*）之類的。

謝遼夏叔叔躺著休息，基薩坐著寫信，薇拉也開始工作。她的工作是描繪今日的冬宮，畫下遭受轟炸和砲擊摧殘過後各個廳室的實景[2]，然後回到家裡修改圖稿。她正在記錄歷史，用藝術家的畫筆留下法西斯暴徒的罪證，這一切都將成為歷史的一部分。薇拉是非常出色的畫家，這份工作她做得很成功。大家都忙著自己的事情，而蓮娜則是懊惱地發現，翻看書本使她感到疲倦，於是停了下來。倦意襲來，她一點都不想動，閉上雙眼，一陣天旋地轉，全身都覺得噁心。她很不舒服，但還是努力不讓任何人發覺。蓮娜將書本放回原位，在屋裡走動的時候，她感覺雙腿正在發抖。「我是怎麼了？該不會是要生病了吧？」蓮娜不安地想。心情變得憂鬱沮喪。太陽躲了起來，天空又變得灰暗沉悶，此時又響起警笛不祥的哭號，警報開始了。持續了大約一個小時，解除之後，蓮娜穿好衣服，和大家道別，離開昨晚過夜的地

方。回到家，她拿了餐具便上食堂去。她在隊伍裡等了很久，然後又離開，因為豌豆粥、麵條和肉餅都已經賣光了，只剩下一份黃豆餅，隨後也被買走，所以無論如何蓮娜都買不到食物，而且收銀的小姐是新來的，沒有通行證就不給餐點。蓮娜在商店裡買了六十克的豌豆，回家煮粥，結果煮出一鍋既不是粥也不像湯，不知道是什麼的食物。不過豌豆至少是膨脹了，變得鬆軟而且耐嚼。蓮娜吃了三碗，這樣的飽足感夠她撐一個晚上。蓮娜還是覺得非常虛弱，早早就上床睡覺。晚上還有一次警報，但並沒有持續多長的時間。就在日落之前，陽光再次露臉，照亮了悲傷凌亂的房間。成堆的物品和書本、滿了的尿盆就放在正中央——蓮娜沒有力氣將裝著穢物的桶子拿下樓去。蓮娜覺得今天是悲傷、憂鬱的一天。「明天又會如何呢？」入睡之際她這樣想著。

1 見一九四二年四月二十八日註解1。

2 B．B．米留欽娜日後回憶道：「安德烈．安德烈維奇．巴爾達謝維奇來了——身體瘦弱、臉色蠟黃。他走了多麼遠的距離，企圖拯救多少人，試著讓所有『失落』的人們加入工作的行列。『能走到冬宮嗎？』『可以。』『回來呢？』『我會休息，這樣來回……』『嗯，畫畫你是會的。』他肯定地說。原來，要描繪、記錄下冬宮因轟炸和砲擊而留下的創傷，這就是藝術委員會交辦的任務。」（國立中央聖彼得堡文學藝術檔案館，館藏四九五，編目一，文件一五四，頁一九）

# 五月十一日

十二點左右蓮娜起床，出門離開家的時候才剛過[1]。她決定先去撤離站一趟，或許已經開始登記了，這個念頭讓她非常不安。天氣很溫暖，陽光燦爛，但撤離站依舊空空蕩蕩。蓮娜問在門口值班的太太有沒有撤離的消息，她回答不會早於十五日。蓮娜心裡一沉，當下太陽、藍天和溫暖的天氣都再也無法讓她開心起來。

接著她去找瑪麗亞·費奧多羅夫娜·巴爾達謝維奇。蓮娜很幸運，在樓梯上遇見了她。她正拿著一整鍋通心麵從食堂回來。她領著蓮娜回到自己的房間，她們走過長長的走廊，左拐右轉，若只有蓮娜一個人恐怕就要迷路了。終於到了，蓮娜見到自己的兩個枕頭擺在床上，都已經清洗乾淨，每個角都還縫上了蝴蝶結，非常賞

心悅目。蓮娜的櫃子也在那兒，架子上鋪蓋著繡花布巾，陶瓷小玩具就放著[2]，阿卡的藍色糖罐也在其中。瑪麗亞．費奧多羅夫娜的房間非常溫暖舒適，有帶著鏡子的衣櫥、鋼琴、寫字桌，放了許多書，地上還鋪著地毯。瑪麗亞．費奧多羅夫娜把捆帶交給蓮娜，並告訴她，如果她願意，丈夫允許她使用這裡的食堂。蓮娜熱烈地感謝她。接著兩人一起去了食堂，瑪麗亞．費奧多羅夫娜將蓮娜介紹給在食堂工作的女孩，告訴她蓮娜暫時會在這裡拿食物，算在巴爾達謝維奇的帳上。然後，她向蓮娜示範不用通行證進入食堂的方法，簽了通行證，請她在見到薇拉、基薩和謝遼夏叔叔的時候，代她向大家問好，並請她轉達薇拉，自己期待著她的造訪。她要蓮娜有問題再來找她，說完便離開了。蓮娜留下來排隊，隊伍不長，大約七個人左右。蓮娜環顧四周，發現自己在一間整潔、空間不大、開兩扇窗的房間裡。其中一邊，窗戶旁有四張桌子，都鋪著乾淨的塑膠布，桌面上擺了小花瓶，窗台上也插了花，窗戶上還掛著乾淨的白色窗簾。房間的另一邊站著一位長得好看、乾乾淨淨，穿著白色工作服、戴紅帽子的女孩，她的三面有桌子圍繞，身後則是櫥櫃。這裡的一切都特別地整潔，湯、粥和通心麵都放在閃閃發亮的、加蓋的鋅桶裡。女孩非常認真、嚴謹地工作。食堂裡有乾淨香濃的黍米粥——兩百五十克、通心麵——兩百克，還

有湯，也相當濃郁，湯裡有小麥和麵條，肉食則是小臘腸。蓮娜拿了黍米粥，在回家途中買了麵包。回家後，配著麵包吃了粥，覺得很飽。然後她算了算餐券，結果她一天可以花四十克的米穀糧券，還能拿兩次肉食。這是到十五日的。之後蓮娜去拿水和[3]

1 手稿原文如此。
2 手稿原文如此。
3 手稿原文語句未完。

# 16／V─四二年

（五月十五日）天氣晴朗暖和，就連在陰影裡也有十六度。綠草青翠，新芽飽脹，春日正盛，不過德軍也沒打瞌睡，每天都有好幾次砲擊和空襲。

現在正值可怕的砲擊，蓮娜走在涅夫斯基大街上，打算把她花了九十盧布買到的兩百克麵包換成米糧。砲聲一響，蓮娜就越過馬路，躲進葉卡捷琳娜公園的壕溝裡。砲彈一顆接著一顆，不間斷地從她的頭頂上呼嘯飛過，爆炸聲此起彼落，有些嚇人，就連一直嘰嘰喳喳的鳥兒都沉默了下來。在砲聲暫歇的片刻，蓮娜從掩蔽物中探出頭來，眼前的景象令她大吃一驚。人們已經太過於習慣隨時身處在危險之中，就像是沒有任何人察覺到砲擊一樣。有軌電車開過，汽車疾馳，人們有的如常行走，

有的安穩地坐在長椅上。大家都繼續做自己的事情，蓮娜甚至覺得不好意思。人們大概會想，看看那個怪人，居然還躲進壕溝裡呢。於是她回家去，正好砲擊也已經變弱，最後終於完全平息下來。

今天一整天太陽都沒露臉，但還是很溫暖，甚至有些悶熱。蓮娜又在薇拉家裡過夜，今天薇拉和基薩決定多睡一會兒，但蓮娜已經睡不著了。那還用說，昨晚基薩告訴她多麼令人興奮的消息。晚上，蓮娜一來到他們家，基薩就問她撤離的事情辦得如何。蓮娜悲傷地說，撤離要到二十日以後才會恢復，十八日起開始登記，不過名額暫時只對已經登錄的民眾、殘疾人士和帶著十二歲以下孩童的女性開放[1]。

而基薩卻告訴她：「喏，你看，蓮卡，已經幫你登記，申請書也交了。」她這才把一切解釋清楚。原來，今天她成功到了網子另一邊的撤離點去，接下來將回到那裡工作，受理撤離申請。她代蓮娜寫了申請書，登記為六十號。現在，蓮娜再也不必奔波忙亂、焦慮不安，用不著每天都跑去冷卻工業學院[2]了。她只需要收拾好東西，等待二十日撤離開始，最初幾天就能夠離開。為什麼蓮娜起了個大早？現在一切都清楚了。她好好洗了個澡，然後坐著打毛線，時間就這樣不知不覺地過去。終於，大家都起床了，蓮娜出門去買麵包。麵包根本沒熟，但蓮娜將它烤成非常棒

的乾麵包，真是美妙極了。她們坐下喝茶，謝遼夏叔叔請蓮娜吃肉凍，薇拉還給了她一塊奶油。蓮娜按基薩的指示寫了申請書，然後又開始繼續編織，成果就如她所預期的，她很滿意，覺得非常開心。她算好十一點半出門，剛好能去食堂，結果沒能如願。十一點鐘空襲警報響起，一直到十二點二十五分才解除。雖然警報一結束蓮娜便立刻搭上第一班電車，而且很快就到達食堂，但她還是來晚了，可想而知，那裡已經什麼都不剩了。

蓮娜上樓去找瑪麗亞．費奧多羅夫娜，與她分享自己的好消息。然後跑去真理街上的食堂，排了兩個鐘頭的隊，終於拿到豌豆粥和腦。粥很濃，很好，腦很油潤、美味而且有飽足感，用五十克的肉食券買三十克的腦也不算吃虧。蓮娜在食堂遇見妮娜．卡提雪娃[3]，得知學校二十日才會開始工作，至少要等到十八日之後才會供應餐食。也就是說，離開學校的蓮娜一點也沒吃虧，反倒還佔了便宜——她是自由的，而妮娜則必須加入地區防空隊。離開食堂，蓮娜去付了五月的房租，然後又開始編織。晚上六點下樓去合作社，拿到了文件，證明她沒有積欠任何費用，合作社允許她離開——這是受扶養者在撤離站所需要繳交的唯一一項證明。

晚上蓮娜和過去幾天一樣，到她的新家去，一心期盼著享用酸溜溜的熱茶和烤

乾麵包配奶油的滿足滋味。天氣陰鬱，疏落地飄著小雨。這個時間的電車總是要等上很長的時間，今天也不例外。終於，兩班車一起來了，第一班已經超載，第二班車上人少一些，但同樣擠滿了乘客。蓮娜成功地擠進車廂，終於順利地到了芬蘭車站。行經鐵橋的時候，她已經不知道是第幾次欣賞美麗的涅瓦河了，多麼遼闊寬廣，彼得保羅要塞（Петропавловская крепость）的剪影嵌在落日的餘暉裡，如鏡般平和的水面上倒映著岸邊停靠的軍艦和對岸建築的每一個微小細節。蓮娜欣賞著，無法挪開視線。她就要離開了，趁現在，每天還有機會見到美麗的涅瓦河兩次，她要將這條河刻進自己的記憶裡。她不知道何時才能再見到這條河流，或許，至少也是多年以後了。

薇拉家裡來了客人，是一位她熟識的藝術家和他的妻子。兩人都剛從醫務站出來，現在正在補充營養。他們逃過了死亡，被安置到那裡，不然都已經虛弱得走不動了，藝術家的妻子除了是第二級營養不良，還有敗血症。不過現在他們都已經康復，而且也打算在二十五到二十七日之間離開，準備要去雷賓斯克（Рыбинск），這趟來找薇拉，就是想請基薩幫忙。

蓮娜心想，他們八成會與她同行。基薩承諾會安排，讓他們三個人一起上路。

結果蓮娜早上留下來的那一點乾麵包完全不夠吃，她餓著肚子，悶悶不樂地上床睡覺，下定決心隔天一早六點就要去麵包店買麵包。不過早上她睡過頭了，七點才起床，而且也不覺得那麼飢餓難耐了。八點半她出門買麵包，九點鐘三個人一起喝茶。薇拉分給蓮娜兩湯匙的蕎麥粥，基薩則給她一些生肉。剛好今天宣布發放肉食，基薩早上就去為自己和薇拉買了非常棒的羊肉。基薩和蓮娜都滿足地吃[4]了生肉[5]。蓮娜用蕎麥粥代替奶油抹在麵包上，但吃完早餐，蓮娜覺得根本沒吃飽，所以又吃掉了為晚餐預留的麵包。蓮娜急著離開，怕空襲警報一響，她又要來不及去食堂了。但警報沒響，反倒是食堂沒開門，於是蓮娜在真理街上拿了小麥粥和湯當午餐。回到家，她把所有食物混在一起，加水煮成一整鍋湯。結果她做出兩碗湯和一道主食（小麥粥和黃豆豌豆湯的渣滓），留了些湯在玻璃罐裡當晚餐。現在她覺得飽了。蓮娜又開始打毛線，時間就這樣不著痕跡地過去。五點鐘收音機又發出聲音。

然後砲擊開始。窗外傳來爆炸的巨響，收音機裡則播送兒童的演出。孩子們為守護他們的戰士準備了這一場音樂表演，他們有些笨拙、走音的響亮聲音非常動人。他們吟唱歌曲、朗誦詩歌、演奏鋼琴和小提琴，而窗外卻砲聲隆隆，德軍想要消滅我們，甚至企圖毀掉這些在麥克風前賣力演出的小表演者——這一切在蓮娜心裡留

下非常深刻的印象。此外，五位波羅的海艦隊水手的事蹟，也讓蓮娜為自己的祖國和人民更加感到驕傲[6]。他們迎戰法西斯的坦克大軍，奮戰直到最後一發子彈，抵禦那些鋼鐵怪獸的猛烈攻擊，但終究寡不敵眾。五位勇士知道活不久了，便互相道別，最後一次擁抱，一個接著一個親吻彼此，纏上手榴彈，投身鋼鐵的履帶之下，和坦克同歸於盡。這些勇士們犧牲了，但也成功阻擋了敵軍的坦克。我們的國家永遠不會忘記他們的名字。他們將名留青史，祖國各個民族的人民都會為他們編寫歌曲、壯士歌[7]和故事。榮耀歸於他們。

是這樣的，他們，五位勇士，
必須對抗敵軍的坦克。
他們英勇地、無所畏懼地奮戰，
但敵人更強大，死亡迫在眉睫。
不，在死去之前，
他們要履行職責，直到最後一刻。
雖然右手已經沒有力氣，

他們的腰帶上還掛著手榴彈。
他們遍體鱗傷，熱血流淌[8]

1 根據列寧格勒方面軍軍事委員會一九四二年五月十八日的命令，預計撤離三十萬人，主要包括育有兩個（或以上）孩童的女性、無勞動能力者、任職於已經先行撤離的企業的勞工或雇員家屬、軍眷、育幼院孩童和戰爭傷殘人士。撤離行動擬於五月二十五日開始。詳見B．M．柯瓦丘克（Ковальчук），《圍城九百日：列寧格勒一九四一—一九四四》（*900 дней блокады. Ленинград 1941-1944*），聖彼得堡，二〇〇五，頁一六三。

2 指列寧格勒冷卻工業技術學院（Ленинградский технологический институт холодильной промышленности）。圍城期間，冷卻工業技術學院為孩童和傷患研究出豆漿及油粕的取得技術和圍城麵包的食譜配方。一九四二年三月該學院撤離至基茲洛沃茨克（Кисловодск），隨後又撤至塞米巴拉金斯克（Семипалатинск）。

3 前文提及此人時姓氏作卡達雪娃，應為筆誤。

4 手稿此處語意不清。

5 一九八二年四月七日，E．穆希娜在給B．B．米留欽娜的信中寫道：「五月一日，我和其他人一樣拿到一片白麵包、一塊生肉和砂糖，像是禮物。我清楚記得，我走出商店，穿過馬路，在我們家對面的小花園裡坐下，做了非常怪異的三明治（現在覺得奇怪，當時並不這麼認為）。我是這樣做的：在白麵包上面放生肉，撒上很多砂糖，然後非常開心地享用。這種東西我現在可吃不下去了。」（國立中央聖彼得堡文學藝術檔案館，館藏四九五，編

目一，文件三一五，頁一四背面）。

6 指主任指導員М·科古特（Когут）在〈五位水手的事蹟〉（Подвиг пяти моряков）一文中所描述的事件。該文刊登在五月十四日的《紅色艦隊》（*Красный флот*）報刊上，隨後於五月十七日為《列寧格勒真理報》轉載，講述政治指導員Н·Д·費利琛科（Фильченко）、海軍戰士В·Г·茨布伊科（Цибулько）、Ю·К·帕爾申（Паршин）、И·М·克拉斯諾西爾斯基（Красносельский）和Д·С·奧金佐夫（Одинцов）等人在塞瓦斯托（Севастополя）堡擊退法西斯坦克攻擊的英勇事蹟。

7 譯註：壯士歌（*былина*）為斯拉夫民俗口傳文學的古老文類，主要題材為民族英雄的傳奇事蹟。

8 手稿原文語句未完。

# 五月十八日

不知道為什麼今天特別悶熱。天空中遍布陰沉灰暗的烏雲，似乎是風暴將至，或至少會下一場雨。已經是真正的夏日，樹木和灌木叢都綠了，花園裡草坪上新生的綠草長得茂密濃厚。列寧格勒人已經開始出城採蕁麻和糙葉酸模。這陣子蓮娜過得很不錯。早上出門買麵包，鳥兒歌唱，樹木青翠，火車鳴著汽笛，有軌電車叮噹作響，天空中還有飛機發出嗡嗡的聲音。活在這個世上真好。真可惜媽媽沒能活著看見這樣美好的日子，她是多麼地想要見到春日初生的嫩葉。

薇拉對蓮娜說：「蓮卡，你多麼幸運。你就要看見伏爾加河，在這樣美麗的時節出門遠行，你就要開始嶄新的生活。想想看，你的未來完全掌握在自己的手裡。

真有意思，不是嗎？」是啊，蓮娜覺得很幸福，只有一件事情讓她無法好好地享受這份喜悅——那就是食物的缺乏。如果能夠稍微再吃多一點，這個世界將會變得更美好一些。雖然覺得幸福，但心中還是鬱悶，而這樣的愁思驅走了所有的快樂。

憂愁……蓮娜已經迫不及待，企盼著那一天的來臨。她會在火車站領到兩公斤的麵包，粥和湯[1]，然後坐上火車和列寧格勒告別。

今天早晨蓮娜配糖果喝了茶。憑勞工糧票，基薩和薇拉領到一百克的巧克力和兩百克的糖果，他們各分給蓮娜一顆糖果和一塊巧克力。幸好蓮娜昨夜喝了一碗湯，她吃過麵包之後就覺得飽了，甚至還留下一大塊麵包打算晚上再吃，但就在出門之前，還是忍不住把麵包吃完，只剩下一小塊麵包和一點巧克力。算了，就別和自己作對，也別自我欺騙了，事實就是事實：蓮娜一直餓著肚子。

顧不得明天了，至少今天要吃飽，蓮娜這樣想，然後在食堂拿了兩份小麥粥，用掉四張券。在食堂裡蓮娜只吃了一湯匙熱粥，很少見地把剩下的帶回家，添水煮湯。結果湯很不錯，濃稠而且美味。她喝了兩碗，還吃掉了湯裡的渣滓，不過還是沒有以前真正填飽肚子的滿足感。是這樣的，胃裡已經滿了，但依舊覺得餓，還想

再吃點什麼。

明天，十九日，基薩說會有撤離的消息。她答應會盡可能讓蓮娜在最初幾天離開。夜裡有空襲警報。高射砲發出轟隆巨響，猛烈到讓整棟屋子隨之搖晃，玻璃也跟著顫動作響。蓮娜向窗外望去，天空中聚光燈無數的藍色觸手正來回搜索，閃爆的火光一刻不停地照亮整片夜空。警報是何時結束的？蓮娜並沒有聽到。死就死吧，她心想，翻過身去又睡著了。夜裡颳起風暴，挾帶傾盆大雨，稍晚又開始駭人的砲擊。究竟是敵是我？只知道這砲聲又響又近，引發房屋震盪，玻璃也哐啷作響。最初蓮娜以為是高射砲的聲音，不過收音機裡隨即宣布，那是砲擊。

1 撤離時居民可以領到旅途中的食物。啟程之前，撤離者於居住地或工作處繳交糧食和商品的購買票卡，以此交換通行和伙食券。供食的配額曾多次變更，在芬蘭車站、卡波納（Кобона）和拉夫洛沃（Лаврово）發給餐點和乾糧。詳見B·M·柯瓦丘克，《圍城九百日：列寧格勒一九四一－一九四四》，聖彼得堡，二〇〇五，頁一六四。

# 五月二十二日

昨天蓮娜遇上一件非常有趣的怪事。九點她從薇拉家離開，等了很久，電車終於來了。上面擠滿了人，下一班車也一樣，於是蓮娜決定搭上反方向的車。「反正無所謂，」她想，「也不趕時間，坐車逛逛，搭到底站，然後就可以安安穩穩地回家了。」但在半路上她才發覺，這班電車是要回車場的。蓮娜馬上跳下車，然後等待下一班反方向的車，但沒能等到，只好走路了。從第一穆林斯基大街（1-й Муринский проспект）她得走上四．五公里（這只是到薇拉家的距離），而且還是在這樣的一天之後——早上以三百克麵包果腹，晚上只吃了薇拉給她配茶的兩塊黑麵包乾——但也沒有其他辦法了。蓮娜上路了，走得飛快，剛開始她哭著，心裡只

想快點走過林蔭大街（Лесной проспект），她甚至閉著眼睛走，不願看見前方的路還有多長。但周遭的環境讓她漸漸忘記了痛苦。美好的春日夜晚，溫暖的微風吹拂，聞得到新綠萌發、令人心曠神怡的氣味。一旁灌木叢還帶著黏性的嫩葉延展開來，樹叢後方一直到鐵路路基的土堤邊上，是一列列已經開墾、翻整過的苗圃。周圍一片遼闊、靜謐，蓮娜走著，品味這個春天的夜晚，呼吸著美妙的香氣、春天芬芳的氣息，不知不覺已經來到鐵路橋。她看見人行道旁停著一台卡車，正噗哧噗哧地排著氣，駕駛就在一旁忙碌著。在蓮娜的苦苦哀求下，卡車駕駛終於答應載她到芬蘭車站，她則付出一盒火柴和薇拉給她的五盧布作為報酬。

然後又來了一個女人，他收了她帶在身上的一塊麵包，答應載她到五角場，後來她又說服駕駛送她到鑄造廠大街和涅克拉索夫路（улица Некрасова）交叉口。新同伴爬進車裡，蓮娜則坐在駕駛身旁。卡車裡頭溫暖又舒適。路上很冷清，卡車瘋狂飛馳，時不時超越落單的行人。路上蓮娜說自己也要往五角場去，請駕駛在最接近的地方放她下車，他同意了。後來他在經過橫越涅瓦河的橋時改變主意，不繼續走鑄造廠大街，而在第二個路口轉彎。他說，車庫在馬廄街上，所以他會沿著方丹卡河，經過夏花園（Летний сад）和戰神廣場，建議她們在那裡下車。蓮娜同意了，女人則下車

繼續沿著鑄造廠大街走。蓮娜當然是佔了便宜，駕駛載她到戰神廣場和米亥伊洛夫花園（Михайловский сад）的轉角。向救星道謝之後，蓮娜沿著花園街快步跑回家，經過亞歷山大劇院，走羅西街（улица Росси），然後是車爾尼雪夫巷。到處都空空蕩蕩，只有零零落落的行人腳步聲在人行道上敲響。蓮娜到家時，收音機早就播完〈國際歌〉了。她勉強爬樓梯上四樓，打開房門，脫了衣服就倒在床上，馬上陷入最深沉的夢鄉。她睡得很熟，直到十一點半才醒來。起床之後就去舞蹈學校的食堂吃午餐，並在路上買了麵包。就在此時，可怕的砲擊開始了，砲彈一顆接著一顆從頭頂呼嘯飛過，涅瓦河對岸也有地方爆炸了。蓮娜在食堂遇見瑪麗亞・費奧多羅夫娜，並告訴了她關於薇拉的病況，昨天噬菌體[1]已經送到，她很虛弱，非常絕望，無法工作……而瑪麗亞則是要蓮娜轉達給薇拉、基薩和謝遼夏叔叔誠摯的問候。因為身上的錢不夠，蓮娜向她借了一盧布。她拿了一份麵條和五十克的肉。

這時候砲擊結束了，於是蓮娜跑去薇拉家。

謝遼夏叔叔正準備生爐火，為自己熱晚餐，蓮娜用薇拉給她的油炒麵條，開心地吃完了，接著又配麵包喝了兩杯茶。兩點半，謝遼夏叔叔去醫生那裡，薇拉奇卡在睡覺，蓮娜翻看書本，挑選要讀的書，然後洗了些衣服。謝遼夏叔叔回來之後，

蓮娜去取水，並幫他把木柴從棚子裡拿回家。在路上，蓮娜不知怎麼地特別想要趕快離開。天氣暖和、陰沉，下著毛毛細雨，聞得到春天的氣味。很溫暖，鳥兒啁啾鳴叫。樹上、灌木叢裡、地上，四周盡是一片新綠。當下蓮娜覺得真是美好，尤其當蒸汽火車的汽笛聲傳來，多麼希望能在這樣的雨天裡搭上火車，然後到好遠、好遠的地方去。

準備好木柴，蓮娜舒適地在沙發上坐下，待在薇拉的腳邊，她看書、聽收音機、和薇拉說話。然後基薩回到家，蓮娜從她口中得知，主管說二十五日第一個運輸梯隊就會出發，所以今天他們將收到的申請書分成四類：第一梯南向、第二梯南向和第一梯東向、第二梯東向。蓮娜、包利斯．別羅焦洛夫和他的妻子妮娜都被編在第二梯東向。這個消息令蓮娜非常開心，這代表五月二十五日就會開始撤離，不必像之前推測的苦等到六月。喝了茶，吃了黑麵包乾，蓮娜跟大家道別，回到家裡。她覺得很好，很愉快。明天就是二十三日了。基薩說，她的主管今天去打聽消息，明天就會有關於撤離更清楚的資訊了。

1 譯註：噬菌體（бактериофаг）是病毒的一種，在蘇聯時期作為抗生素使用。

## 〔五月二十五日〕

今天已經是五月二十五日，這幾天我就會離開列寧格勒。第一個運輸梯隊已經在今天啟程，基薩說，明天或後天我也許就能出發。但我已經變得如此虛弱，一切都無所謂了。我像是生活在半夢半醒之間，腦袋對任何事情都已經沒有反應。我越來越虛弱，分分秒秒都在耗盡自己所剩無幾的精力。實在沒有力氣了，就連出發在即也無法讓我有任何感覺。老實說，真是可笑，畢竟我沒有任何殘疾，不是老先生、老太太，而是還有大好未來的少女啊。我是幸運的，馬上就要離開了。不過於此同時，看看我變成了什麼樣子：心不在焉的愁苦眼神，走起路來勉強地一跛一拐，像是三級殘障，光是爬上三階樓梯都非常吃力。就連我都認不出自己來了，這可不是

胡說，也沒有一點誇大。真是哭笑不得，以前，不過是一個月前，白天每當我感到強烈的飢餓，總會鼓足力氣，想弄些食物來吃。我準備好，哪怕是到天涯海角，都要找到額外的一塊麵包或其他能吃的東西。如今，我幾乎不再感到飢餓，但也沒有任何感覺了。我已經習慣了，但卻還是一天比一天虛弱。難道人就不能只靠麵包過活嗎？真是奇怪。

今天我起了個大早，買了麵包，回到「家」裡。基薩已經擺好茶炊，謝遼夏叔叔還在睡覺。我和薇拉、基薩坐著喝茶。坐在圓桌旁感覺真棒，茶炊噗哧噗哧地冒著蒸氣，桌上大把新綠的嫩枝和一束白色的花朵非常賞心悅目。喝完茶我就離開了，因此還剩下一小塊麵包。我把麵包、編織的毛線和A．托爾斯泰的書《工程師加林的雙曲射線》裝進小皮箱帶走。蓮娜搭上第二班有軌電車，在「真理」電影院下車，來到公園，然後讀起書來。

四周綠意盎然，鳥兒正忙碌地築巢，孩子們活潑玩鬧、尖聲叫嚷。好極了。隨後蓮娜到食堂去，用最後兩張米糧券拿了份豌豆粥，裝在圓形的鐵罐裡。走出食堂，她坐在小花園邊的圍牆上，開始慢慢地享用熱呼呼的美味的粥。怪了，以前怎麼從

來沒用豌豆煮過粥？豌豆湯是有的，但豌豆粥從來沒在任何一間食堂裡看過，家庭主婦也不這麼煮。食品店裡總是能找到豌豆，而且價格很便宜。豌豆這麼有飽足感，買兩公斤煮成粥，想吃多少就有多少。以後我一定要做豌豆粥當午餐。

吃完了粥，蓮娜抄捷徑走過院子回家，在垃圾場裡注意到一株幼小、蓬鬆的綠草。她彎下腰一看，原來是才冒出新芽的蕁麻。高大概一寸，三片葉子約指甲般大小。蓮娜採下這株蕁麻，裝進袋裡，回家之後放入鍋子，竟然有滿滿一鍋。她去向沙夏阿姨打聽蕁麻湯的作法，阿姨恰好就在煮蕁麻湯。原來非常簡單，先用水燙過、切碎，然後熬煮就行了。蓮娜決定，今天晚上回到「家」就煮蕁麻肉湯。

1 譯註：A·H·托爾斯泰（Толстой，一八八三—一九四五）為二十世紀俄羅斯作家。《工程師加林的雙曲射線》（*Гиперболоид инженера Гарина*）出版於一九二七年，為其著名的科幻小說作品。

# 後記　重建蓮娜．穆希娜的生平

離開或是留下？死去，或終究存活下來？如果答案是肯定的，她接下來的命運又是如何？翻過蓮娜．穆希娜日記的最後一頁，這些問題立刻浮現出來。

首先必須釐清已知的部分。我們手上的資訊非常有限：就讀於列寧格勒第三十中學的女學生，和母親與阿卡（保母？奶奶？）同住在城郊大街、弗拉基米爾廣場（當時的納希姆遜廣場）、社會主義街或拉斯耶斯日亞街一帶，有親人居住在高爾基（今日的下諾夫哥羅德），日記裡甚至提到了地址……除此之外，還有確切的生日。不過父稱不詳，在列寧格勒的住址也無從得知……

調查同時朝幾個方向展開：我們向聖彼得堡戶政事務委員會提出查詢——若蓮

娜在列寧格勒出生，我們便能得知確切的地址，從戶籍簿冊至少還能查出她是否離開了這座城市；同時，我們向收藏手稿原件的國立中央聖彼得堡歷史政治文獻檔案館（Центральный государственный архив историко-политических документов Санкт-Петербурга）打聽收錄這份文獻的時間與經過。館方的回應令人不甚滿意：日記於一九六二年隨其他文件納入檔案館藏，至於是什麼文件就不得而知了。不過，檔案專家們還是提供了一個令我們稍稍振奮的消息，一部不久之前出版的圍城選集收錄了數頁蓮娜．穆希娜的日記，並附註如下：「數日後伊蓮娜．穆希娜撤離列寧格勒，後續遭遇不詳。」「你是如何知道的？」我們向該書的作者Г．И．莉索芙斯卡雅（Лисовская）打聽，得到這樣的回應：「是一位在檔案館工作了好多年的員工提供的消息。」但究竟是誰？又是何時說的？同樣無從查起。也就是說，她終究是存活下來了！不過我們希望能找到更多的證據。

此時，從聖彼得堡戶政事務委員會傳來回應，是個壞消息：蓮娜．穆希娜並非在列寧格勒出生。循著在網路上查到的電話號碼致電下諾夫哥羅德，也沒有任何幫助。第一階段的調查告一段落，結果非常有限。

我們回到日記本身，希望能找到新的線索。仔細研讀手稿原件終於有所成果，

我們在筆記本最後，其中一頁空白的頁面上發現了顯然是由另一人寫下的鉛筆字跡：「E·H·別爾納茨卡亞。城郊大街二十六號之六，電話：5·62·15」。我們馬上想起日記裡的句子：「我寫在媽媽的記事本上。」或許，E·H·別爾納茨卡亞就是「蓮娜媽媽」？我們的假設得到證實，在圍城的紀念名冊中，我們找到於一九四二年二月逝世的E·H·別爾納茨卡亞，就居住在日記標示的地址。

但為何她們兩人的姓氏不同，名字卻一模一樣？為什麼蓮娜經常稱母親為「蓮娜媽媽」，而不直接稱呼「媽媽」？另外，又該如何解釋，緊接在日記裡兩個關於母親逝世的篇章之後，作者提及母親時又像是她依然活著？或許，別爾納茨卡亞並非親生媽媽，是養母，而在一九四一年七月過世的才是蓮娜的親生母親？雖然合乎邏輯，但一切都只停留在推論的層次。

最主要的問題——女孩本身的命運——目前還沒有任何解答。如果嘗試查詢列寧格勒女藝術家薇拉·弗拉基米洛夫娜·米留欽娜的文件會得到什麼樣的結果呢？一九四二年春天蓮娜經常提及她的名字，且從日記中可見，她在安排蓮娜撤離的過程中扮演了最積極的角色。

B·B·米留欽娜和丈夫音樂學家亞歷山大·謝緬諾夫維奇·羅札諾夫（Александр

Семенович Розанов）的私人文獻，保存於國立中央聖彼得堡文學藝術檔案館。我們瀏覽目錄，超過七百項文件的名稱條列其中……突然，文件三二五——藝術家伊蓮娜・弗拉基米爾洛夫娜・穆希娜致B・B・米留欽娜的信件！一九四二至一九八四年間的七封信，共二十四頁。會是她嗎？

一周之後，當我們收到附在輕薄的文件夾裡的信件和明信片，一切都清楚了：是她沒錯——她寫給B・B・米留欽娜的信和日記的內容有太多的相符之處。我們解開了最關鍵的問題：蓮娜・穆希娜在一九四二年六月自列寧格勒撤離，四十年之後依然活著，而且居住在莫斯科。

除了信件之外，檔案中還收錄了寫有地址的信封和關於親人的短文，其中部分的內容在圍城日記中也有提及。或許，她至今仍然健在？在致電莫斯科之前，我們的心情非常忐忑。接電話的人會如何看待我們的問題？最初，電話的另一頭有些慌亂失措：「是的，我們認識伊蓮娜・弗拉基米爾洛夫娜・穆希娜。什麼日記？圍城期間寫的？沒聽她提過……」

不過我們談論的是同一個人，伊蓮娜・弗拉基米爾洛夫娜已經不在，但她的姪女塔季雅娜・謝爾蓋耶夫娜・穆辛娜（Татьяна Сергеевна Мусина）和丈夫拉希德・

馬拉托維奇（Рашид Маратович）理解地接受我們的訪問。他們收藏的相簿、伊蓮娜・弗拉基米爾洛夫娜、她的母親和「蓮娜媽媽」三人的信件，以及我們取得的文獻資料，不僅可以解答所有困擾我們已久的問題，還能夠重建列寧格勒女學生蓮娜・穆希娜生命中的主要事件。

一九二四年十一月二十一日，伊蓮娜・弗拉基米爾洛夫娜・穆希娜誕生於烏法（Уфа）。一九三〇年代初期，她和母親瑪麗亞・尼古拉耶夫娜・穆希娜就已經居住在列寧格勒。不久之後，母親因為重病，不得已將小女孩交由親姊妹伊蓮娜・尼古拉耶夫娜・穆希娜（從夫姓別爾納茨卡亞）收養。

說到這裡，我們必須簡短地補充說明穆辛家的背景。除了瑪麗亞和伊蓮娜，家中還有尼古拉、弗拉基米爾兩兄弟和姊妹葉甫根尼婭（從夫姓茹可娃）。他們的母親索菲亞・波利卡爾波夫娜（София Поликарповна）是一位鄉村女教師，在莫斯科附近的督利金諾村（Дурыкино）工作。根據家族裡流傳的說法，索菲亞・波利卡爾波夫娜曾經參與由非貴族出身的平民知識分子主導的民粹主義運動（народничество）[1]，她的丈夫尼古拉則是莫斯科市參議會的會計員。

蓮娜的養母伊蓮娜・尼古拉耶夫娜・穆希娜自幼喜愛騎馬，對馬術運動的喜愛

伴隨她一生。這項嗜好日後為芭蕾舞者別爾納茨卡亞的生命帶來劇變——自馬背上意外摔落之後，她被迫告別舞台。不過，E．H．別爾納茨卡亞依舊保持著與劇場界的關係，在列寧格勒小歌劇院擔任模型藝術家。蓮娜和母親的朋友們——歌劇演唱家格利高里．菲力波維奇．布爾沙科夫、藝術家薇拉．弗拉基米洛夫娜．米留欽娜、舞台裝飾藝術家謝爾蓋．維克多洛維奇．謝納德爾斯基（Сергей Викторович Сенагорский）和妻子柳柏芙（基薩），甚至還有在列寧格勒小歌劇院文學部門（當時的文化部門）工作的基拉．尼古拉耶夫娜．利普哈爾特（Кира Николаевна Липхарт）等人，都相當熟識。關於這一點，蓮娜的日記就是最好的佐證。

遺憾的是，劇場工作並未帶來寬裕的物質生活。即使別爾納茨卡亞開始從事複製圖稿的工作，情況也沒有明顯改善。「現在——寫信給你的此刻，我沒有任何工作，身上的錢撐不到三個星期，不過我並不因此而憂愁，畢竟我從一九三四年起一直過著這樣的生活……夏天快要來了，但我就連一戈比的積蓄都沒有。」一九四一年春天，她在寫給姊妹熱尼亞的信中承認。對此，蓮娜也非常清楚：「今年夏天我們不會去度假小屋。沒有錢，」她在一九四一年五月二十八日的日記中悲傷地提及，然後打起精神，繼續寫道：「不過也沒有必要，這樣反而更好，我已經好久不曾在

城市裡度過夏天。我一定要工作〔……。〕」不幸的是，不到一個月，戰爭就爆發了。

日記詳實記載了蓮娜・穆希娜圍城第一年的生活。而接下來呢？

一九四二年六月初，蓮娜・穆希娜離開列寧格勒，撤離梯隊的目的地為基洛夫（Кировской）州的科捷利尼奇（Котельнич），但當月蓮娜因為某些原因來到了高爾基，進入磨麵工廠的技術學校學習。直到一九四五年秋天，她才又回到列寧格勒，進入列寧格勒藝術工業學校（Ленинградское художественно-промышленное училище）就讀，三年後順利畢業，取得鑲嵌技師的專業。蓮娜在列寧格勒營造社第四施工段（СУ-4 Треста Ленотделгражданстрой）擔任鑲嵌技師，工作一個多月後又回到學校，隨後於一九四九年一月進入列寧格勒製鏡工廠（Ленинградская зеркальная фабрика）工作。「我不只照著設計稿，還創造自己的構圖，而且做得不錯。」日後她在寫給熱尼亞阿姨的信中提到。蓮娜喜歡這份工作，但她因為撤離而失去了自己的房子，必須租屋居住，工廠大規模的裁員又讓她丟了工作。

站在人生的十字路口，本來蓮娜打算進入技術學校，學習其他的專長，獲得新的工作機會，但並不是每間學校都提供宿舍，一百四十盧布的津貼無法負擔房租，而蓮娜也不願一直向親友求助。想到自己過去在磨麵工廠工作的經驗，蓮娜來

到莫斯科，進入蘇聯農產收購儲備部麵粉工業總局（Главмука, Главное управление мукомольной промышленности Министерства заготовок СССР），並輾轉被派遣至亞羅斯拉夫（Ярославль）和雷賓斯克（時稱謝爾巴科夫〔Щербаков〕），在那裡，她的命運又轉了個大彎。一九五〇年三月，蓮娜辭掉了磨麵工廠實驗員的工作，受雇到科麥羅沃州（Кемеровская область），參與國立南科麥羅沃區域火力發電廠（Южно-Кузбасская ГРЭС）的修築工作。一開始她做粗工，同年年底轉調總局勞動與薪資部門擔任畫師。「我最主要的工作是把跟社會主義競賽[2]有關的一切——標語、展示板和榮譽牌——都做得漂漂亮亮，薪水是五百多盧布。」蓮娜在給熱尼亞阿姨的信裡提到。

一九五二年三月，蓮娜的合約到期，是時候該為後續的出路打算。「我非常想念列寧格勒，想念歌劇院和博物館，但在那裡我無處落腳。」她在定期寫給E·H·茹可娃的信裡提到。在莫斯科蓮娜也沒有住處，但有親人，於是她選擇了首都。一九五二年六月，蓮娜進入昆切沃（Кунцево）的機械工廠擔任標記員，在那裡她工作了十五年。因病退休之前，伊蓮娜·弗拉基米爾洛夫娜在昆切沃藝品百貨（Кунцевская фабрика художественной галантереи）擔任布材圖飾的描圖畫師，並

幫蘇軍工廠（Фабрика им. Советской Армии）做家庭代工。

一九九一年八月五日，伊蓮娜．弗拉基米爾洛夫娜逝世於莫斯科。

1 譯註：常譯為「民粹主義運動」——十九世紀下半葉至二十世紀初俄羅斯重要的政治社會運動，主要以А．И．赫爾岑（Герцен）與Н．Г．車爾尼雪夫斯基（Чернышевский）的思想為基礎，對社會主義革命及近代俄國歷史影響甚鉅。

2 譯註：社會主義競賽（соцсоревнование）指蘇聯時期各機關、企業的勞動競賽，有別於資本主義世界的商業競爭模式，社會主義競賽更強調整體生產力的提升、國家經濟發展方針的實踐和社會主義社會關係的建立與鞏固。

# 年表　列寧格勒圍城大事記

## 一九四一年

六月十四日：塔斯社（TACC）發布消息駁斥有關「德國意圖毀約與入侵蘇聯」的傳言。

六月二十二日：大祖國戰爭爆發。

六月二十二日夜：列寧格勒首度發布空襲警報。

六月二十六日：列寧格勒廣播電台在播音中引進節拍器。

六月二十七日：北部方面軍軍事委員會決議於列寧格勒組成志願軍，也就是日後的列寧格勒民兵組織。

六月二十七日：列寧格勒蘇維埃執行委員會決議徵召列寧格勒與周邊地區居民執行義務勞動，修築防禦工事。

六月二十七日：開始將孩童從列寧格勒往亞羅斯拉夫（Ярославская）、基洛夫（Кировская）和斯維爾德洛夫斯克（Свердловская）州撤離，但大多數孩童仍撤離至列寧格勒州境內。當時的列寧格勒州包括今日的諾夫哥羅德（Новгородская）和普斯科夫（Псковская）州。

六月二十八日：列寧格勒蘇維埃決議通過「市民繳交無線電發射與接收器材規定」（О сдаче населением радиоприемных и передающих устройств）。

七月初：開始大規模派遣列寧格勒居民進行近郊與遠程道路的防禦工程修築工作。

七月十日：法西斯德軍進入列寧格勒州，並對列

寧格勒展開直接的攻擊。

七月十八日：兩架德軍戰機突破防線，進入列寧格勒南部郊區，於塞茲蘭大街（Сызранский проспект）二十七號投下二枚炸彈。

七月十八日：蘇聯人民委員會決議於莫斯科、列寧格勒等莫斯科與列寧格勒州的城市啟動糧食配給機制。每日的麵包配額如下：勞工與工程技術人員八百克、雇員六百克、受撫養者與十二歲以下的孩童四百克。

七至八月：盧加防線（Лужский рубеж）保衛戰。盧加防線由芬蘭灣延伸至伊爾門湖（озеро Ильмень）共兩百五十公里。

八月三十日：法西斯德軍佔領姆加（Мга）火車站，截斷列寧格勒與本土的最後一條鐵路連結。

九月二日：第一次調降麵包配額為：勞工與工程技術人員每日六百克、雇員四百克、受撫養者與十二歲以下孩童三百克。

九月四日：列寧格勒首次遭到砲擊。

九月六日：列寧格勒首度遭受轟炸，共計有三十八人傷亡。

九月八日：法西斯空軍首次對列寧格勒發動密集空襲。

九月八日：巴達耶夫糧食倉庫大火，三十八座倉庫和其餘十一棟房屋付之一炬。

九月八日：法西斯德軍佔領什利謝利堡（Шлиссельбург），列寧格勒進入圍城狀態。

九月十一日：列寧格勒蘇維埃執行委員會決議限制工業及日常民生用電。

九月十二日：第二度調降麵包配額為：勞工與工程技術人員每日五百克、雇員三百克、受撫養者二百五十克、十二歲以下孩童二百克。

九月十三日：列寧格勒方面軍軍事委員會決議，在進一步指示以前，除特定用戶之外，即刻停止個人及公用電話服務。

九月十六日：列寧格勒方面軍軍事委員會決議將列寧格勒南部區域的醫療機構與育有兒童的婦女遷移至北部。

九月十七日：法西斯軍隊佔領斯盧茨克（Слуцк，即帕弗洛夫斯克〔Павловск〕），並進入普希金市中心。

九月十九日：位於蘇維埃大街（Советский проспект，亦即今日的蘇沃洛夫大街〔Суворовский проспект〕）與紅色騎兵路（улица Красной Конницы）轉角的醫院遭轟炸起火，計有四百四十二人傷亡。

十月一日：又一次調降麵包配額為：勞工與工程技術人員每日四百克，其餘身分居民二百克。

十月一日：列寧格勒蘇維埃執委會通過「破損窗戶修復規範」（О порядке заделки поврежденных окон），規定以夾板修復破損的房屋窗戶。

十一月四日夜：蘇聯飛行員A・T・塞瓦斯季亞諾夫（Севастьянов）執行列寧格勒空戰中唯一一次的夜間衝撞任務。被擊毀的德軍轟炸機墜落於塔夫利公園（Таврический сад，當時的第一次五年計畫公園〔Парк культуры и отдыха им. Первой пятилетки〕），以此功績，少尉軍官塞瓦斯季亞諾夫獲頒蘇聯英雄頭銜。

十一月八日：法西斯德軍佔領季赫溫，輸運物資至拉多加湖往圍城列寧格勒的最後一條鐵路自此中斷。

十一月十三日：再度調降麵包配額為：勞工與工程技術人員每日三百克，雇員、受撫養者及十二歲以下孩童一百五十克。

十一月十七日：此日起，列寧格勒僅對斯莫爾尼宮（Здание Смольного）、總參謀部大樓（Здание Главного штаба）、警察局、黨區域委員會、區執行委員會、區軍事委員會、

地區防空隊、電報局、郵政局、電信局、市消防局、司法機關、軍醫院及一般醫院、住宅辦公室和列寧格勒電信公司有限供電。

十一月二十日：蘇軍收復小維舍拉。

十一月二十日：最後一次調降麵包配額為：勞工與工程技術人員每日二百五十克，雇員、受撫養者及十二歲以下孩童一百二十五克。

十一月二十一日：馬匹雪橇隊穿越冰封的拉多加湖，為坐困列寧格勒的居民運來第一批數十噸的麵粉。

十一月二十二日：首批ГАЗ-АА運輸車隊經一〇一號軍用車輛道路（日後的「生命之路」〔Дорога жизни〕）穿越拉多加湖，抵達列寧格勒。

十二月六日：中央住宅供暖系統終止。

十二月九日：蘇軍收復季赫溫，供應站遷移至該地火車站，大幅縮短了車輛貨運至列寧格勒的交通路線。

十二月二十日：列寧格勒無軌電車系統全面停駛。

十二月二十四日：蘇聯共產黨市委會與列寧格勒蘇維埃執委會共同決議，拆除破敗老舊或位於受創地區的木造房屋建築以取得木柴。

十二月二十五日：首次增加麵包配額為：勞工與工程技術人員每日三百五十克，其餘身分居民二百克。

## 一九四二年

一月三日：列寧格勒有軌電車系統全面停駛。

一月十三日：《列寧格勒真理報》首次刊登列寧格勒蘇維埃貿易局的通知，公告市民食品交易按照每月糧食票券的限額計算配發，日後報紙上定期刊載這樣的通知。

一月二十二日：國防委員會（Государственный Комитет Обороны）決議自列寧格勒撤離五十萬民眾，優先疏散無勞動能力的居民。

一月二十四日：增加麵包配額為：勞工與工程技術人員每日四百克、雇員三百克、受撫養者與十二歲以下孩童兩百五十克。

一月二十五日：圍城期間唯一一次《列寧格勒真理報》由於停電未能出刊。

一月：根據於一九四二年七、八月實施的身分重新註冊結果，本月份在列寧格勒、科爾皮諾和喀琅施塔得計有十二萬六千九百八十九人喪生。戶政事務委員會的資料指出，本月份在列寧格勒十五個區共計有十萬一千八百六十八人死亡。

一月底、二月初：由於供電短缺，列寧格勒麵包供應中斷，延遲兌換二月份的糧票，導致死亡人數更為增加。

二月十日：蘇聯共產黨市委會決定開放列寧格勒的公共澡堂。

二月十一日：糧食麵包配額增加：勞工與工程技術人員每日五百克、雇員四百克、受撫養者與十二歲以下孩童三百克。

二月：根據於一九四二年七、八月實施的身分重新註冊結果，本月份在列寧格勒、科爾皮諾和喀琅施塔得計有十二萬二千六百八十人喪生。戶政事務委員會的資料指出，本月份在列寧格勒十五個區共計有十萬八千零二十九人死亡。

三月七日：列寧格勒蘇維埃在會議中決議設立第一磚造火葬場（1-ый кирпичный завод крематория）。

三月八日：貨運有軌電車恢復行駛。

三月八日：第一次城市清理星期日勞動，並於三月十五日及二十二日接續實施。

三月二十五日：列寧格勒蘇維埃決議於三月二十七日至四月八日期間動員所有勞動人口執行城市清潔整理的工作，日後工作期程延長至四月十五日。

三月：根據於一九四二年七、八月實施的身分

重新註冊結果，本月份在列寧格勒、科爾皮諾和喀琅施塔得計有十二萬二千六百八十人喪生。戶政事務委員會的資料指出，本月份在列寧格勒十五個區共計有九萬五千八百六十九人死亡。

四月十五日：客運有軌電車恢復正常行駛。

四月：根據於一九四二年七、八月實施的身分重新註冊結果，本月份在列寧格勒、科爾皮諾和喀琅施塔得計有六萬六千三百六十五人喪生。戶政事務委員會的資料指出，本月份在列寧格勒十五個區共計有八萬一千五百四十一人死亡。

五月二十七日：新一階段的居民撤離開始。

五月：根據於一九四二年七、八月實施的身分重新註冊結果，本月份在列寧格勒、科爾皮諾和喀琅施塔得計有四萬三千一百二十七人喪生。戶政事務委員會的資料指出，本月份在列寧格勒十五個區共計有五萬三千二百五十六人死亡。

## 一九四三年

一月十八日：突破列寧格勒周圍的封鎖。部分列寧格勒方面軍和沃爾霍夫方面軍在希尼亞維諾（Синявино）一號和五號勞工居住區會合。

## 一九四四年

一月二十七日：列寧格勒完全脫離圍城狀態，三百二十四門砲盛大鳴響。

圍城期間：

敵軍對列寧格勒空投超過十萬七千枚炸彈和燒夷彈，擊發超過十五萬發砲彈。列寧格勒平均每一平方公里遭受四百八十枚砲彈、三百二十枚燒夷彈和十六枚炸彈的攻擊，計有一百八十七座歷史建物被摧毀或損壞。

僅僅在列寧格勒城內，因飢餓、疾病、砲擊和轟炸而喪命的死亡人數高達七十五萬。這個數據僅是估計值，此外尚有數千人無法到達新的居住地，在撤離過程中死亡。文獻資料中，死亡人數的統計數據自六十四萬一千人至一百五十萬不等。

**國家圖書館出版品預行編目 (CIP)資料**

留下我悲傷的故事 : 蓮娜 .穆希娜圍城日記 / 蓮娜 .穆希娜 (Lena Mukhina)著 ;
江杰翰譯 . -- 初版 . -- 臺北市 : 網路與書出版 : 大塊文化發行 , 2014.05
480面 ; 14.8 X 20公分 . -- (Spot ; 8)
ISBN 978-986-6841-54-5(平裝 )

1.穆希娜 (Mukhina, Lena, 1924-1991) 2.傳記 3.俄國

784.88 103006121

瑪麗亞·尼古拉耶夫娜·穆希娜（Мария Николаевна Мухина）和女兒蓮娜。

蓮娜．穆希娜的祖母——女教師索菲亞．波利卡爾波夫娜．穆希娜（София Поликарповна Мухина）和孩子伊蓮娜與尼古拉，攝於督利金諾村（Дурыкино），革命之前。

蓮娜．穆希娜的祖父尼古拉．穆辛（Николай Мухин）和女兒葉甫根尼婭．茹可娃（Евгения Журкова，從夫姓），攝於革命之前。

伊蓮娜·尼古拉耶夫娜·穆希娜（Елена Николаевна Мухина，從夫姓別爾納茨卡亞〔Бернацкая〕），一九一一年。

羅莎莉亞·卡爾洛夫娜（阿卡）·克倫姆斯—史特勞斯（Розалия Карловна [Ака] Крумс-Штраус）與學生，攝於革命之前。

格利高里·菲力波維奇·布爾沙科夫（Григорий Филиппович Большаков）——歌劇演唱家，別爾納茨卡亞的朋友。

伊蓮娜·尼古拉耶夫娜·別爾納茨卡亞。歌劇《培爾·金特》（Пер Гюнт）中的安妮特拉之舞（Танец Анитры），國立小歌劇院（Малая государственная опера），莫斯科，一九二〇年代初期。

伊蓮娜・尼古拉耶夫娜・別爾納茨卡亞，攝於蘇聯國防與航空化學建設促進協會（Осоавиахим）馬術俱樂部，一九三八年。

蓮娜・穆希娜，一九三二年（？）。

列寧格勒小歌劇院（Ленинградский академический малый оперный театр，今日的穆索斯基歌劇與芭蕾劇院〔Академический театр оперы и балета им. М. П. Мусоргского〕）模型工作室，中坐：謝爾蓋・維克多洛維奇・謝納德爾斯基（Сергей Викторович Сенаторский），由左至右：薇拉・弗拉基米洛夫娜・米留欽娜（Вера Владимировна Милютина）、文學部門的基拉・尼古拉耶夫娜・利普哈爾特（Кира Николаевна Липхарт）和她的好友，以及伊蓮娜・尼古拉耶夫娜・別爾納茨卡亞。攝於革命之前。

塔瑪拉・阿爾捷米耶娃（Тамара Артемьева）——蓮娜・穆希娜的朋友與同班同學，一九四〇年。

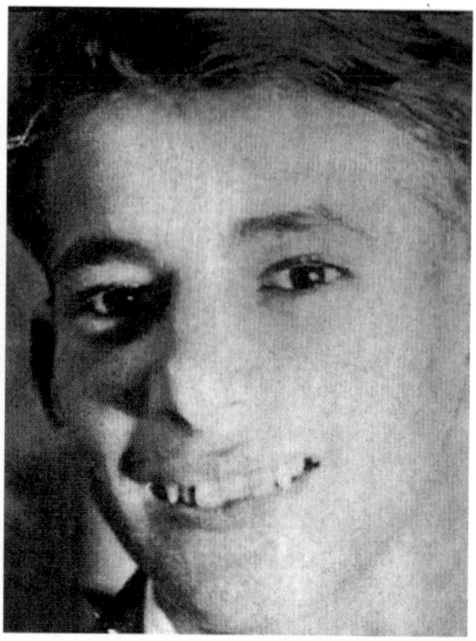

瓦洛加・伊金遜（Володя Иткинсон）——蓮娜・穆希娜中學時期的戀人。

一九四一年六月，攝於八年級結業之後，最上排左三為蓮娜・穆希娜，第三排右二——瓦洛加・伊金遜。

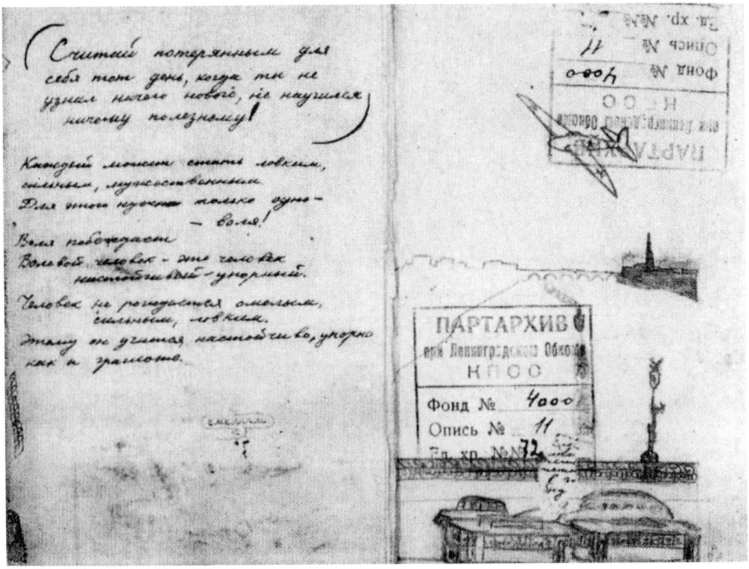

(Считай потерянным для себя тот день, когда ты не узнал ничего нового, не научился ничему полезному!

Каждый может стать ловким, сильным, мужественным. Для этого нужно только одно — воля!

Воля побеждает

Волевой человек - это человек настойчивый - упорный.

Человек не рождается смелым, сильным, ловким.

Этому он учится настойчиво, упорно как и грамоте.



蓮娜・穆希娜日記首頁。

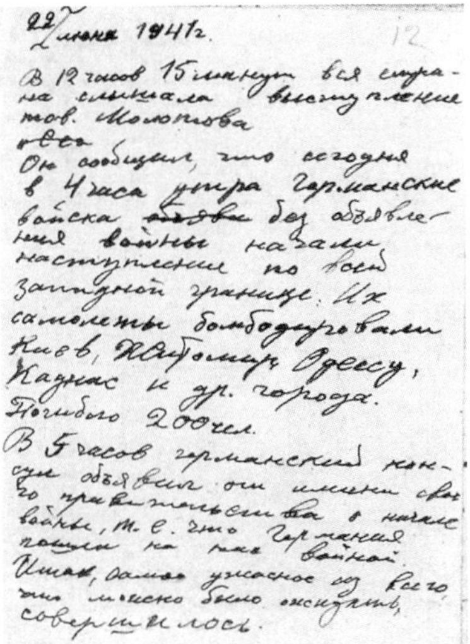

22 июня 1941г.

В 12 часов 15 минут вся страна слышала выступление тов. Молотова

Он сообщил, что сегодня в 4 часа утра германские войска без объявления войны начали наступление по всей западной границе. Их самолеты бомбардировали Киев, Житомир, Одессу, Каунас и др. города. Погибло 200 чел.

В 5 часов германский консул объявил от имени своего правительства о начале войны, т.е. что Германия пошла на нас войной.

Итак, самое ужасное из всего что можно было ожидать, свершилось.

蓮娜・穆希娜日記，一九四一年六月二十二日。

薇拉・米留欽娜炭筆畫作品《清理工作，在大天窗的廳室》（*Уборка в зале с большим просветом*），取自《圍城中的冬宮》系列（*Эрмитаж в блокаду*，一九四二），國立冬宮博物館（Государственный Эрмитаж），聖彼得堡。攝影：Л・Г・海菲茨（Хейфец）。

戰爭爆發之前及圍城期間蓮娜·穆希娜、蓮娜媽媽與阿卡居住的房子：城郊大街（Загородный проспект）二十六號，現代照片。

蓮娜在日記中經常提及、位於住處對面的小公園，現代照片。

列寧格勒藝術工業學校（Ленинградское художественно-промышленное училище）鑲嵌工作室，中坐者為蓮娜·穆希娜，一九四七年。

（上）伊蓮娜．弗拉基米爾洛夫娜．穆希娜，
一九五五年。
（下）伊蓮娜．弗拉基米爾洛夫娜．穆希娜
與姪孫，一九八六年。